Heyne Report...

In derselben Reihe erschienen außerdem als Heyne-Taschenbücher

Wallraff/Hagen: *Was wollt ihr denn, ihr lebt ja noch* · Band 10/1
Karin Arndt: *Der erste Mann in meinem Leben* · Band 10/2
Wilfried Nelles: *Das rote Tuch* · Band 10/3
Jennings Michael Burch: *Tiere sperren sie nur nachts ein* · Band 10/4
Peter Grubbe: *»Warum darf ich nicht sterben?«* · Band 10/5
Anton-Andreas Guha: *Schild oder Waffe?* · Band 10/6
Peter Lanzendorf: *Medien von morgen* · Band 10/8
Jacques Leibowitch: *AIDS* · Band 10/9
Anton Kovacic: *Suppe genug, aber Seele kaputt* · Band 10/10
Lea Fleischmann: *Dies ist nicht mein Land* · Band 10/11
Gudrun Lukasz-Aden: *Tiefer kannst du nicht fallen* · Band 10/12
Stephanie Sand: *Künstliche Intelligenz* · Band 10/13
Gitta Sereny: *Dann schon lieber auf den Strich* · Band 10/14
Karin Arndt: *Wir haben unheimlich viel gestritten* · Band 10/15
Ernest Bornemann: *Die neue Eifersucht* · Band 10/16
Peter Grubbe: *Alter macht frei* · Band 10/17
Gudrun Lukasz-Aden: *Ich bin so frei* · Band 10/18
Marjorie Jackson: *Ein Junge namens David* · Band 10/19
Wolfgang Wiesner: *Leben ohne Drogen* · Band 10/20
Matthias Horx: *Das Ende der Alternativen* · Band 10/22
Roland Girtler: *Der Strich* · Band 10/23
Heinrich/Schmitt: *Der Atom-Atlas* · Band 10/24
Frederic Vester: *Bilanz einer Ver(w)irrung* · Band 10/25
*Das Männerwunder* · Band 10/26
Rudolf Grass: *Die Alternative* · Band 10/27
Gudrun Lukasz-Aden: *Trennungen* · Band 10/28
Thomas Hauschild: *Die alten und die neuen Hexen* · Band 10/29
Keppler/Mehler: *Der sanfte Schrei* · Band 10/30
*Öko-Atlas Bundesrepublik Deutschland* · Band 10/31
Ingeborg Friesendorf: *Frauen im Knast* · Band 10/33
Lea Fleischmann: *Ich bin Israelin* · Band 10/34
Erich Kuby: *Der Spiegel im Spiegel* · Band 10/35
Emilio Sanna: *Affenliebe – Affenschande* · Band 10/37
Monika Goletzka: *Die schiere Lust oder
Ist die Sexualität am Ende?* · Band 10/39
Martin Ahrends: *Das große Geld* · Band 10/40
Stephanie Sand: *IBM* · Band 10/41
Karin Jäckel: *»Es kann jede Frau treffen«* · Band 10/42
*Gorbatschows historische Rede* · Band 10/44
Richard Manning: *»Sie können uns nicht alle umbringen«* · Band 10/45
Gudrun Lukasz-Aden: *Scheidung was hat's gebracht?* · Band 10/50

Tobias Mündemann

# Die 68er

## ... und was aus ihnen geworden ist

**Originalausgabe**

Wilhelm Heyne Verlag
München

HEYNE REPORT
Nr. 10/53

*Für Sybille*

Redaktion: Bernhard Michalowski

Copyright © 1988 by Wilhelm Heyne Verlag GmbH & Co. KG, München
Printed in Germany 1988
Umschlagfoto: Ullstein Bilderdienst/Schirner, Berlin
Umschlaggestaltung: Atelier Ingrid Schütz, München
Satz: Fotosatz Völkl, Germering
Druck und Verarbeitung: Ebner Ulm

ISBN 3-453-02839-2

# Inhalt

Vorwort .............................. 7

## I. Angekommen? ...................... 12
»Ruhmreich in die Zeitgeschichte« .......... 12
Ein kleines Dorf in der Schwäbischen Alb ..... 20
»Heute können wir fröhlich formulieren« ...... 23
»Die Verantwortung liegt bei den Mitläufern« ... 32

## II. Von Bewegungen zur Bewegung ....... 43
»Man muß doch sagen, was falsch ist!« ....... 43
Radikalisierung über den Kopf ............ 52
Vom Seminar auf die Straße .............. 66
Vietnam: Das Ende eines Traums ........... 75
Der 2. Juni: Es fügt sich alles zusammen ...... 84

## III. Das Ende im Anfang ................ 89
»Eine beängstigende Zeit« ................ 89
Das Paradoxon des Erfolges ............. 95
Risse in der APO ...................... 99
Springer – Verfassungsschutz – Gewalt ........ 107
»Ungestüme Sicherheit« und »utopische Ferne« .. 118

## IV. »Ziele im Nebel« .................... 133
Rückzug in »geborgte Realitäten« ........... 133
Das Ende vom Ende der Utopie? ........... 143
Das unsichere Terrain einer Bilanz .......... 152

## V. Früchte eines kollektiven Lernprozesses . 163
»Das gehört zu mir, das gehört zu meinem Leben« . 163
»Ich habe angefangen nachzudenken« ........ 169
»Wir sind eine wachsende Kraft« ............ 175
Spuren der Veränderung? ................ 182

**VI. Das Dilemma der Angekommenen** . . . . . 186
   Die »verletzte Nation«? . . . . . . . . . . . . . . . . 186
   »Wir waren nicht nur Opfer« . . . . . . . . . . . . . 197
   »Es ist nichts entschieden« . . . . . . . . . . . . . . 206

**VII. Zeittafel** . . . . . . . . . . . . . . . . . . . . . . . . . . . 215

   Anmerkungen . . . . . . . . . . . . . . . . . . . . . . . 233
   Register . . . . . . . . . . . . . . . . . . . . . . . . . . . 241

# Vorwort

Ein Buch über die 68er? Noch dazu geschrieben von jemandem, der damals gerade die Segnungen eines Sandkastens entdeckte? Als die Idee dieses Buches an mich herangetragen wurde, war ich skeptisch. Die Assoziationen, die die Studentenrevolte in mir heraufbeschwor, waren widersprüchlich und kaum unter einen Hut zu bringen.

Klar, auch ich hatte gehört und gelesen von den Unruhen, die in den späten sechziger Jahren von den Universitäten ausgingen und, wie es schien, eine ganze Generation in Aufbruchstimmung versetzten. Klar kannte ich Namen wie Rudi Dutschke, Benno Ohnesorg, Che Guevara, Ho Chi Minh, wußte in etwa, wofür sie standen, hatte eine ungefähre Ahnung, an welchen Themen sich die Studentenbewegung in Deutschland entzündet hatte. Die täglichen Fernsehbilder aus Vietnam gehörten, so wenig ich auch verstand, worum es ging, zu den frühesten Eindrücken meiner Tele-Sozialisation. Und die Songs von Dylan, den Stones, den Beatles, obgleich in den 70ern schon nicht mehr »top of the charts«, konnte ich mitsummen, als ich sie noch gar nicht verstand. Soweit die eine Seite.

Auf der anderen drängten sich die Bilder eines BBC-Dreiteilers in die Erinnerung, der, von irgendeinem Dritten Programm ausgestrahlt, mich zu wahren Lachkrämpfen hingerissen hat. Held der Trilogie mit dem Titel »Das süße linke Leben« war ein englischer Professor für, natürlich, Soziologie und Politologie, der sich, ebenso natürlich, besonders engagierte für linke Themen, immer ein offenes Ohr hatte für die Belange seiner Studenten und, vornehmlich, Studentinnen, und auch sonst unheimlich modern war. Er war verheiratet, aber natürlich nicht in einer dieser bürgerlichen Zweierkisten verhaftet.

Nein, die Ehe hatte durchaus revolutionären Charakter, schließlich war er ja wer und hatte einen Ruf zu verlieren.

Und wenn im Seminar ein Joint herumgereicht wurde, sukkelte Professor glücklich mit und beschwor alte Zeiten.

Keine Fete, auf der er seine Groupies nicht mit flotten Zitaten aus Marx', Engels', wahlweise Freuds oder Reichs Werken abspeiste. Wenn sich die Gelegenheit bot, war unser Held auch neuen sexuellen Erfahrungen nicht abgeneigt; und so sah man ihn des öfteren durch die Betten seiner Studentinnen turnen, während sich daheim die Frau über den Abwasch hermachte oder dafür sorgte, daß dem süßen linken Leben keine dreckigen Unterhosen im Weg lagen.

Kein Klischee, das nicht auf die Spitze getrieben wurde, bis sich die Balken bogen. Professor verhedderte sich immer mehr in »Nebenwidersprüchen«, seine Frau flüchtete in Psychosomatisches, seinen Anhängern schwante, daß ihr Star, wenn er schon nicht einfach ein mieses Stück war, zumindest auch seine blinden Flecken hatte.

Mit einer Haltung aus Sympathie und Skepsis habe ich mich auf die Reise nach Frankfurt, Hannover, Göttingen, München, aber auch Wackersdorf, Gorleben und Wyhl begeben. Und immer wieder Berlin. Zunächst war eine reine Sammlung von Interviews mit den »alten 68erinnen und 68ern« geplant, die sich vor allem um die Fragen drehen sollten: Was machen sie heute, wie denken sie über damals, was hat sich als Irrtum, Illusion herausgestellt? Hat die APO heute überhaupt noch irgendeine Bedeutung? In Zeiten der Ökologie- und Friedensbewegung sind, so nahm ich an, ganz andere Dinge gefragt als irgendwelche abstrakten Gesellschaftsmodelle und Utopien, wie sie die antiautoritäre Revolte hervorgebracht hat, und es sind andere Leute, die an den Bauzäunen und Raketendepots der Republik ihre Haut hinhalten.

Das vorliegende Buch weicht von dieser Absicht erheblich ab. Im Laufe der Arbeit zeigte sich, daß viele Interviews hintereinander und auf sich alleine gestellt höchst langweiligen und zudem häufig unverständlichen Lesestoff abgegeben hätten. Viel wichtiger aber: Bereits nach den ersten Gesprächen mit einigen der Richter, die in Mutlangen die Tore einer amerikanischen Raketenbasis blockiert hatten, zeigte sich, daß meine Thesen in dieser Härte nicht haltbar waren.

So ist »Die 68er – Und was aus ihnen geworden ist« ebenso

der Versuch zu zeigen, daß 20 Jahre nach den Studentenunruhen noch etwas geblieben ist von den Ideen dieser Zeit, daß die »alten Kämpen« und »Ex-Aktivistinnen« durchaus nicht in die Kategorie »Alteisen« eingeordnet werden können. Das hier angewandte Verfahren steht einer wissenschaftlichen Arbeit entgegen: Mit Hilfe der einzelnen Interviews, die teilweise weit mehr als 20 Jahre umspannen, wird die Zeit seit den Anfängen der Studentenbewegung rekonstruiert und mit Hintergrundmaterial abgerundet. Dennoch ist dies keine Geschichte der Studentenrevolte, denn die hier sprechen, sprechen im Jahre 1987 bzw. 1988, sie erinnern sich, sie zeichnen ihren eigenen Lebenslauf nach.

Ihnen, den mehr als 60 Interviewpartnerinnen und -partnern, gehört mein Dank. Sie haben bisweilen sehr Persönliches preisgegeben, ohne zu wissen, was genau ich damit anfangen würde. Stellvertretend auch für diejenigen, die hier nicht auftreten, dennoch wichtig waren für das Entstehen dieses Buches, seien genannt: Jürgen Treulieb, Wolfgang Lefèvre, Helmut Gollwitzer, Gert-Hinnerk Behlmer, Siegward Lönnendonker, Doris Henning, Jutta Oesterle-Schwerin, Klaus Meschkat. Ebenso danken möchte ich Herrn Claus S. Dörner, Herrn Dirk R. Meynecke und der Dörnerschen Verlagsgesellschaft, ohne deren Engagement dieses Buch nie zustande gekommen wäre. Frau Gisela Graichen hat die ursprüngliche Idee zu diesem Buch gehabt. Inzwischen ist es ein anderes geworden, dennoch gebührt ihr mein Dank ebenso, wie den vielen Freunden und Bekannten, bei denen ich während der Recherchen wohnen durfte, sowie Herrn Bernhard Michalowski und Herrn Günther Fetzer, die die Arbeiten an diesem Buch mit ihren Anregungen kritisch begleitet haben.

*Hamburg/Köln 1988*　　　　　　　　　　　　*Tobias Mündemann*

**Karl-Marx-Uni**

Die Abrechnung mit politischen Denk- und Handlungsweisen der Mütter und Väter: Mai 1968, Frankfurt

# I. Angekommen?

## »Ruhmreich in die Zeitgeschichte«

»Die Leute sind einfach nicht mehr von dieser Zeit«, sagt Hartmut Gustmann, Student aus München, auf einem Kongreß ehemaliger Genossinnen und Genossen des Sozialistischen Deutschen Studentenbundes (SDS) in Frankfurt im Herbst 1986.

»Prima Klima« – unter diesem Motto läuten die einstmals führenden Köpfe der Studentenbewegung die »erste gnadenlose Generaldebatte zur endgültigen Klärung aller unzeitgemäßen Fragen« ein. Drei Tage lang wollen sie in der Kongreßhalle nicht nur Rückschau halten, sondern Diskussionen fortführen, die schon vor Jahren sang- und klanglos verstummt sind oder nur noch kleine Zirkel beschäftigten. »Wider den Zeitgeist« – auch dies hat Eingang gefunden in das vorsichtig selbstironische Veranstaltungsplakat.[1]

Und (fast) alle finden sich ein: Daniel Cohn-Bendit, Held der Pariser Mai-Revolte; Tilman Fichter, Co-Autor der Geschichte des SDS; Rainer Langhans, Ex-Kommunarde und fast zwei Jahrzehnte von der Bildfläche verschwunden; Bernd Rabehl, Oskar Negt, Ursula Schmiederer, Antje Vollmer und viele andere, deren Namen auch heute noch klingen.

Dennoch, für Hartmut Gustmann ist das Treffen nur ein trauriges Ereignis. »Grufties« seien ihm da begegnet, berichtet er später, »Leute, die ihre Ideale nicht gelebt haben«. Der Student, der sich von seiner Reise Anregungen für die Arbeit in der Juso-Hochschulgruppe erhofft hat, ist enttäuscht. Er fühlt sich an seinen Großvater erinnert, der »auch immer ganz verklärt vom Kriege erzählt hat und nicht mehr wußte, was eigentlich abgelaufen ist«.[2] Verklärung wirft er den Vertretern der APO-Generation vor, die den Blick auf die wirklichen Ereignisse trübt.

Dabei sind die »Großväter« und »-mütter«, die in Frankfurt dem Zeitgeist trotzen wollen, gerade zwischen 40 und 50 Jahre alt, und ihr »Krieg« jährt sich erst zum 20. Mal.

20 Jahre sind vergangen, seit Tausende von Studenten gegen den Völkermord in Vietnam auf die Straße gingen, die Enteignung des Springer-Konzerns forderten, gegen die Notstandsgesetze aufbegehrten, in Sit-ins, Go-ins und Teach-ins Hörsäle belagerten, um mit einem Schwung den Muff von 1000 Jahren aus den Universitäten zu kehren.

Kaum mehr als 20 Jahre ist es her, seit der Berliner Polizeiobermeister Karl-Heinz Kurras den erst wenige Tage in Berlin lebenden Studenten Benno Ohnesorg im Hof des Hauses Krumme Straße 66/67 durch Schüsse aus seiner Dienstpistole tötete. Der Todestag des 26jährigen Studenten markiert ein historisches Datum in den Geschichtsbüchern: der 2. Juni 1967 – Beginn der Studentenrevolte.

Die Studentenrevolte, die Studentenrebellion, die außerparlamentarische Opposition, die antiautoritäre Bewegung, die Studentenbewegung – Begriffe, die alle nur einen Aspekt der späten 60er Jahre treffen, eines aber gemeinsam haben: Sie ermöglichen es, die Jahre der Studentenunruhen zeitgeschichtlich einzuordnen und damit zur Zeitgeschichte abzustempeln. Ist heute in der Presse von »68ern« die Rede, so zumeist in Verbindung mit dem Adjektiv »alte«. Von den Akteuren wird nachsichtig-ironisch als »APO-Veteranen«, »alten Kämpen«, »ehemaligen Aktivisten« gesprochen.[3] »Grufties« eben, wie der Student aus München sagt.

Versuche dieser »Veteranen«, die Zeit der Studentenrevolte zumindest in den Medien noch einmal aufleben zu lassen, werden schnell der Rubrik Selbstinszenierung zugeordnet. Daniel Cohn-Bendit, dessen Spitzname »Dany le rouge« bis heute unerbittlich an ihm haftengeblieben ist, ist einer, der es versucht hat. In einer sechsteiligen Fernsehserie mit dem Titel »Wiedersehen mit der Revolution«[4] führt er die Aktivisten von damals vor, Freunde zumeist, nach dem Schema »vorher – nachher«. Daß Cohn-Bendit, heute unter anderem Herausgeber der Frankfurter Alternativ-Zeitung »Pflasterstrand«, dabei häufiger selbst ins Bild gerät, wird ihm als Eitelkeit verübelt.[5]

Wenn Reporter im Auftrag der Zeitgeist-Zeitschrift »Tempo« Schüler des Pädagogen A. S. Neill aufspüren, um deren Lebensweg von der Summerhill-Schule bis zum heutigen Tag zu verfolgen, lautet ihr Befund, daß aus den Kindern der antiautoritären Schule durchaus etwas geworden ist – trotz alledem.[6]

Auf der anderen Seite wird kein Jubiläum ausgelassen, um der Ereignisse der späten 60er Jahre zu gedenken, und auch die Idee zu diesem Buch beruht zum Teil auf der 20. Wiederkehr der Studentenrevolte. Regelmäßig rauscht es im Blätterwald, werden Zeitzeugen hinzugezogen, alte Bilder abgedruckt.

Als im Sommersemester 1987 an den meisten Universitäten Niedersachsens massiv gestreikt und demonstriert wird, ist dies für das Nachrichtenmagazin »Der Spiegel« Anlaß, mit Oskar Negt, Professor für Sozialwissenschaften an der Technischen Universität Hannover, über Parallelen und Unterschiede zur Studentenbewegung von 1968 zu sprechen.[7] Während Negt die These vertritt, die Studenten von heute seien in gewisser Hinsicht radikaler, als es die APO-Vertreter damals waren, diagnostizieren die Redakteure des Magazins bei den Demonstrierenden vor allem theoretische Unfertigkeit und mangelnde politische Perspektive. Ihr Fazit: »Die Studenten sind radikal brav.«

Klären läßt sich der Vergleich zwischen damals und heute nicht, und so hat die Frage, wer denn nun radikaler (gewesen) sei, eher akademischen Charakter. Dennoch zeigt sie, wie sehr die Meinungen in der Bewertung der Studentenbewegung auseinandergehen. Wird einerseits von »Veteranen« geredet, so müssen auf der anderen Seite eben diese Veteranen dafür herhalten, den Studentinnen und Studenten, die heute in dem Alter sind, in dem die APO-Akteure damals waren, die eigene Unfähigkeit vorzuhalten. In einem Leserbrief, der zwei Wochen nach dem Interview mit dem hannoverschen Soziologen abgedruckt wird, beklagt ein Leser gar: »Es ist traurig, was aus den wissenschaftlichen, politischen und historischen Perspektiven von 1968 bei manchem APO-Veteran geworden ist.«[8]

Und alles nur, weil Oskar Negt die Studenten von heute verteidigen wollte ...

Das widersprüchliche Bild birgt weitere Nuancen – beispielsweise die Nicht-Erinnerung.

Berlin-Charlottenburg im Sommer 1987: Das Haus Krumme Straße 66/67 gibt es offiziell nicht mehr. Das weißgetünchte Eckhaus zählt jetzt zur Schillerstraße, Hausnummer 29. Als man es Anfang der 60er Jahre baute, hat man parterre statt eines Erdgeschosses Parkplätze gebaut, die zur Straße hin offen zugänglich waren. Heute werden die Parkplätze von einem hohen, feuerverzinkten Stahlgitter umgrenzt – die einzige augenfällige Änderung an dem Gebäude seit dem 2. Juni 1967. Peter Neitzel wohnt seit 1964 in dem Haus und kümmert sich als Hausmeister gerade um die wenigen Bäumchen, die auf dem bißchen verbliebener Erde wachsen, als ich ihn nach jenem Tag frage.

Natürlich wisse er, was hier geschehen sei. »Schließlich«, sagt er, »ist das ja auf meinem Parkplatz passiert.« An dem Abend, als die Schüsse auf Benno Ohnesorg abgefeuert wurden, sei er allerdings nicht zu Hause gewesen. Ob noch oft Leute wie ich kämen, möchte ich von ihm wissen. »Am ersten Todestag«, sagt er, »wurde hier ein Kranz hingelegt. Am zehnten kamen auch nochmal Leute, aber dann gar nichts mehr.« Er überlegt lange, bleibt aber dabei: niemand mehr.

Ob schon einmal daran gedacht wurde, dem hier Erschossenen wenigstens eine Gedenktafel zu widmen, frage ich. Doch Herr Neitzel kann sich nicht an ein solches Vorhaben erinnern. Und dann, wie zur Entschuldigung, sagt er: »Jetzt wohnen hier ja nur noch alte Damen.«

Wenige Straßen weiter ein ähnliches »Nicht-Bild«. An der Ecke Kurfürstendamm/Johann-Georg-Straße steht ein modernes, siebenstöckiges Bürohaus. Im Erdgeschoß betreibt eine Kaffeerösterei eine Filiale. Jetzt, in der Mittagszeit, sind alle Stehplätze besetzt. Auf den Bänken vor dem Haus sitzen Menschen, trinken Kaffee, essen Kuchen. Einzig ein vor dem Seiteneingang patrouillierender Beamter der Berliner Polizei, Sondereinheit Objektschutz, stört das friedlich-belebte Mittagsidyll. Er bewacht, ausgerüstet mit Maschinengewehr, Pistole und Funkgerät, das türkische Generalkonsulat, das ebenfalls in diesem Haus Räume angemietet hat. Ob er wisse, daß wenige Meter von dieser Stelle entfernt ein Student namens Rudi Dutschke vor knapp 20 Jahren angeschossen wurde, frage ich den Polizisten, der ungefähr genauso alt ist wie ich, knapp Mitte 20.

»Nein, das war vor meiner Zeit.«

Aber den Namen Dutschke habe er schon einmal gehört, fügt er hinzu und fragt, ob das wirklich hier, am Ku'damm, passiert sei. Auch hier erinnert nichts an die Vorkommnisse des 11. April 1968, keine Tafel, kein Plakat, nichts.

Genau das ist es, wovon Ekkehart Krippendorff, der heute als Professor für Politologie an der Freien Universität Berlin lehrt und damals den Republikanischen Club, eines der Aktionszentren der Berliner APO, mitbegründet hat, schreibt, als er anläßlich des 20. Todestages von Benno Ohnesorg feststellt: »Das Fehlen einer schlichten Gedenktafel zeigt an, daß diejenigen, die zum 2. Juni 1967 gehören, aus der Sicht unserer Regierenden nicht geschichtswürdig, damit nicht politikwürdig und nicht gesellschaftsfähig sind.«[9] Einige Zeilen weiter und nach einem Streifzug durch die vergangenen zwei Jahrzehnte behauptet er allerdings vom 2. Juni: »Die ›neue Epoche‹, die von dort für die (west-)deutsche Nachkriegsgeschichte, wenn nicht gar überhaupt für die deutsche Geschichte ausging, liegt in einer langfristig wirksamen Veränderung der politischen Kultur.«

Nicht-Gedenken hier, langfristige Wirkung dort. Wie, mag man fragen, fügt sich das zusammen?

Um die Studentenbewegung ranken sich Legenden, und die Assoziationen, die mit der Reminiszenz an vergangene Tage heraufbeschworen werden, scheinen oft nur noch als Klischees einen gewissen Wert zu haben.

Von wem spricht man eigentlich, wenn man »die APO« sagt? Im APO-Adreßbuch von 1969/70 werden etwa 2500 Adressen aufgelistet – eine bunte Mischung. Geordnet nach den Anfangsbuchstaben der Gemeinden finden sich darin Namen wie »Club Wendeltreppe« oder »Jazzclub Katakombe«.

Die Herausgeber schreiben gleich im Vorwort, daß der legitime Herausgeber eines solchen Sammelsuriums eigentlich das Bundesamt für Verfassungsschutz sei. Das habe wohl alle darin enthaltenen Adressen und noch einige mehr.[10]

Der Politologe Karl A. Otto widmet der Frage, was »außerparlamentarische Opposition« heißt, elf Seiten seiner Dissertationsschrift. Er stellt einen ganzen Bedingungskatalog auf, um daran gemessen Grüppchen und Gruppen zweifelsfrei der APO zuordnen oder sie ausgrenzen zu können. Am Ende dieses Kraftakts merkt er nüchtern an: »In der Realität lassen sich nicht immer alle Merkmale an allen Gruppierungen der APO in allen Entwicklungsphasen nachweisen.«[11]

Im täglichen Sprachgebrauch müht sich niemand mit langen Definitionen ab. Wer sind die »alten 68er«? Die Menschen, die damals auf die Straße gegangen sind, haben ein Alter erreicht, in dem gewöhnlich das Menetekel der Midlife-Crisis herbeigeredet wird. Ist »Prima Klima« nur ein weiteres Treffen älterer Herren mit gelichtetem Haaransatz und gesetzter Damen mit Hang zur Körperfülle, die den Anschluß an die Generation ihrer Kinder verpaßt haben? Sind sie wirklich schon »ruhmreich in die Zeitgeschichte übergewechselt«, wie eine Journalistin der Wochenzeitung »Die Zeit« lakonisch feststellt?[12]

Hamburg, 1967: »Die Revolution ist nicht ein kurzer Akt, wo 'mal irgendwas geschieht, und dann ist alles anders. Revolution ist ein langer, komplizierter Prozeß, wo der Mensch anders werden muß ... Wir haben vor zwei Jahren in kleinen esoterischen Zirkeln geglaubt, wir haben den Weltgeist für uns gemietet. Heute sind es Tausende, eine Minderheit in der Tat. Aber der Prozeß der Veränderung geht über diesen Weg des – wie ich es mal genannt habe – des langen Marsches durch die bestehenden Institutionen, in denen durch Aufklärung, systematische Aufklärung und direkte Aktionen, Bewußtwerdung bei weiteren Minderheiten in- und außerhalb der Universität möglich werden kann.

Dieser Prozeß hat begonnen, und das ist eine langfristige Geschichte, die ja gerade erst von uns in Gang gesetzt wurde, aber schon darauf hindeutet, daß wir nicht allein bleiben.«[13]

Worte von Rudi Dutschke, gesprochen bei einer Podiumsdiskussion am 24. November, drei Tage nachdem der wegen fahrlässiger Tötung angeklagte Berliner Polizist Kurras endgültig von seiner Schuld freigesprochen worden war. Was das SDS-Mitglied Dutschke, für die Berliner Zeitungen des Axel-Springer-Verlages längst Inbegriff eines umstürzlerischen Revolutionärs und Rädelsführers einer linken radikalen Minderheit, an diesem Tag sagte, mußte für Mitstreiter wie für Gegner provozierend klingen. Für erstere bedeutete es Abschied von der Vorstellung – sofern sie je in deren Köpfen herumgeisterte –, schnell etwas ändern zu können. Den letzteren bestätigte es die Befürchtung, noch lange mit der Studentenbewegung und ihren Folgen konfrontiert zu werden, vorausgesetzt, die Analyse des Soziologie-Studenten Dutschke traf zu. Thema der Diskussion: »Revolution '67 – Studentenulk oder Notwendigkeit?«

Von einem langen Marsch durch bestehende Institutionen sprach Dutschke. »Spiegel«-Herausgeber Rudolf Augstein, ebenfalls zugegen, genügte diese Zielsetzung damals noch nicht. Er wollte wissen, welches System sich Dutschke denn anstelle des herrschenden Systems in Bonn vorstellen könne. Rudi Dutschke antwortete ausweichend:

»... Es gilt erst mal, ein Bewußtsein des Mißstandes zu schaffen; jetzt mich gleich zu fragen – gib doch die Antwort. Ein Dutschke will keine Antwort geben (an dieser Stelle verzeichnet das Protokoll der Versammlung »große Heiterkeit«), das wäre genau die manipulative Antwort, die ich nicht zu geben bereit bin, denn was soll es bedeuten, als einzelner Antworten zu geben, wenn die gesamtgesellschaftliche Bewußtlosigkeit bestehen bleibt. Die muß durchbrochen werden.«

Der in Konstanz lehrende Soziologie-Professor Ralf Dahrendorf bezweifelte an diesem Abend, daß »die Dinge so schlecht stehen, daß eine Revolution der einzige Ausweg ist«. Zur Revolution gehöre zweierlei: »Diejenigen, die sie machen, und die Situation, in der sie gemacht werden kann. Wenn es Revolutionäre gibt ohne eine Situation, in der sie gemacht werden kann, dann werden die leicht zu komischen Figuren.«

Sind die Revolutionäre, die antraten, die Gesellschaft aus ihrer Bewußtlosigkeit zu wecken, rückblickend nur noch komische Figuren? Revolutionäre, die die Situation verkannt haben? Ist die Frage »Notwendigkeit oder Studentenulk« längst klar zugunsten der zweiten Option beantwortet worden? Oder sind einzelne den Weg durch die bestehenden Institutionen gegangen in dem Versuch, im kleinen Kreis das fortzusetzen, was sie damals an der Universität an Einsichten und Absichten erarbeitet und formuliert haben? Als Joseph »Joschka« Fischer, im Jahre 1968 20 Jahre alt, am 12. Dezember 1985 seine Ernennungsurkunde zum hessischen Minister für Umwelt und Energie entgegennahm, sah ihn die alternative »Tageszeitung« (taz) als Angekommenen: »Einer kam durch.« Abgesehen davon, daß es sich dabei um eine zeitungsgerechte Übersteigerung handelt, was ist aus dem oft zitierten »langen Marsch« geworden?

Nicht besonders viel, glaubt man Helmut Schauer. Als der ehemalige Bundesvorsitzende des SDS, der heute in der Vorstandsverwaltung der IG-Metall-Tarifkommission arbeitet, den »Prima-Klima«-Kongreß in Frankfurt eröffnete, erkannte er:

»Der lange Marsch ist nicht durch die Institutionen gegangen, er droht heute vollends in ihnen, in der brüchigen, destruktiven Normalität des Alltags zum Erliegen zu kommen.« Der »emanzipatorische Impuls«, der von der Studentenbewegung ausgegangen sei und immerhin bis Mitte der 70er Jahre fortgewirkt habe, sei in der zweiten Hälfte des Jahrzehnts allmählich zum Erliegen gekommen.[14]

Ist der »komplizierte Prozeß«, der laut Dutschke damals begonnen hat, wirklich längst versackt? Was ist aus denen geworden, die einst ihren Marsch antraten? In welchen Institutionen muß man suchen, um sie in der »destruktiven Normalität« ihres Alltags besichtigen zu können? Haben »unsere Väter/unsere Mütter – die Revoluzzer« uns heute überhaupt noch etwas zu sagen? Wirkt die Bewegung, die mit einem einzigen Begriff nicht hinreichend umschrieben werden kann, heute noch fort?

Fragen, die auch am Anfang der Recherchen stehen.

# Ein kleines Dorf in der Schwäbischen Alb

Die beginnen in einem kleinen Ort am Nordrand der Schwäbischen Alb mit der Rekonstruktion eines Montagmorgens im Januar.

Es ist kalt an diesem 12. Januar 1987. Das Thermometer zeigt 20 Grad minus an, und eine geschlossene Schneedecke läßt jeden Aufenthalt im Freien ungemütlich erscheinen. Dennoch fährt an diesem Morgen eine kleine Reisegruppe von Stuttgart aus in das weniger als eine Autostunde entfernte Dorf. In den Glanzbroschüren, die das Verkehrsamt der nahegelegenen Stadt Schwäbisch-Gmünd für Touristen bereithält, wird die Ortschaft nicht einmal erwähnt. Die 20 Reisenden sind keine gewöhnlichen Touristen, sie alle sind von Beruf Richter.

Gegen halb neun erreichen sie das Dorf, biegen auf die Hornbergstraße ab, passieren letzte Siedlungshäuser und sind schließlich am Ziel ihrer Reise angelangt, am Mutlangen-Army Airfield. Das Army Airfield ist militärisches Sperrgebiet, gesichert mit doppelten Stacheldrahtzäunen, Wachtürmen, Flutlichtanlagen. Schilder auf deutsch und englisch warnen vor Wachhunden, die nur »authorized military personnel«, Militärpersonal mit Zufahrtserlaubnis, ungeschoren lassen. Zwei kurze Zufahrten verbinden das Militär-Depot mit der Hornbergstraße, jede wird von Soldaten bewacht. Kein schöner Ort, erst recht nicht an diesem Morgen.

Die 20 Richterinnen und Richter lassen sich dadurch nicht von ihrem Vorhaben abbringen. Sie haben vorgesorgt und sich mit Wintermänteln, Fausthandschuhen und Wollmützen gegen die Kälte gewappnet. In einem bereitstehenden Kleinbus mit Standheizung können sie sich zudem abwechselnd aufwärmen. Die Aktion, am Vorabend in Stuttgart ein letztes Mal besprochen, beginnt.

Genau dort, wo die beiden Zufahrten des Army Airfields in die Hornbergstraße münden, lassen sich die Richterinnen und Richter nieder und entrollen ihre mitgebrachten Transparente. »Richter und Staatsanwälte für den Frieden« steht da zu lesen. Auf einem anderen Plakat ist ein Männchen in schwarzer Robe abgebildet, in der linken Hand hält es ein Gesetzbuch. Die Figur tritt gegen eine Rakete, »Weg damit!« lautet die knappe Forderung des Plakates. In einer zuvor verfaßten Erklärung legen die 20 Juristen ihre Beweggründe für die ungewöhnliche Sitzdemonstration im Schnee dar:

»Wir sind Richterinnen und Richter und gehören der Initiative ›Richter und Staatsanwälte für den Frieden‹ an. Wir haben gemahnt und gewarnt, durch unsere Mitarbeit in lokalen Friedensgruppen, durch Zeitungsanzeigen, Demonstrationen und Resolutionen, durch unsere Friedensforen in Bonn im Sommer '83 und in Kassel im November 1985 (...). Es droht die Fortsetzung der weltweiten Atomwaffentestversuche.

Deswegen blockieren wir heute in Mutlangen. Wir meinen, daß dies besser gehört wird als alle unsere Worte bisher (...). Wir halten die Stationierung von Atomwaffen nicht für eine bloße politische Entscheidung im ›rechtsfreien Raum‹. Die Stationierung – nicht erst der Einsatz – von Pershing-II, Cruise Missile und vergleichbaren Waffen ist rechtswidrig!«[15]

Der Ort der Blockade ist gut gewählt. Auf dem Mutlangen-Army Airfield sind einige der Pershing-II-Raketen untergebracht, die aufgrund des Nato-Doppelbeschlusses vom 12. Dezember 1979 in der Bundesrepublik stationiert worden sind. Bereitschaftsübungen, bei denen die Raketen samt Atomsprengkopf ausgerichtet und abschußbereit positioniert werden, bieten Friedensgruppen immer wieder Gelegenheit, sich die atomare Bedrohung am konkreten Objekt anzuschauen. Die Hornbergstraße in Mutlangen zieht seit 1983, als die ersten Pershing-II-Systeme installiert wurden, laufend Gruppen von Demonstranten und Blockierern an. Seit der »Prominentenblockade«, Anfang September 1983, ist die »Straße des Ungehorsams«, wie die Hornbergstraße mittlerweile genannt wird, darüber hinaus zu einem Symbol der Friedensbewegung geworden. Bekannte Personen, wie der Tübinger Rhetorik-Professor Walter Jens oder der Salzburger Zukunftsforscher Robert Jungk, haben sich von dieser Straße forttragen lassen. Seit Ende 1984 sorgt die »Kampagne ziviler Ungehorsam bis zur Abrüstung« für eine Wochenend-Belagerung mit wechselndem Personal, von christlich motivierten Anhängern der Pax-Christi-Bewegung bis zu Seniorenverbänden. Rund 20 Menschen leben für den Protest in Mutlangen gar in einem ausgebauten Hühnerstall und sorgen so für Dauerpräsenz der Friedensbewegung.[16]

An diesem 12. Januar geschieht zunächst nichts. Einige zivile Fahrzeuge von Armee-Angehörigen werden aufgehalten, kleine Militärtransporter an der Weiterfahrt gehindert. Die Soldaten kennen das, warten geduldig, lesen Zeitung – soweit alles Routine. Pressevertreter, die vorher benachrichtigt worden sind, filmen und fotografieren. Man unterhält sich, die Stimmung ist beinahe gelöst. Die blockierenden Richter halten sich singend bei Laune.

Erst einige Zeit später taucht, so die Schilderung eines der anwesenden Richter, ein Streifenwagen der Mutlanger Polizei auf, verschwindet aber gleich wieder. Etwa um elf Uhr kehrt die Mutlanger Polizei, inzwischen verstärkt durch Kollegen aus dem Umland, mit Mannschaftswagen zur Hornbergstraße zurück. Per Megaphon fordert der Einsatzleiter die Sitzenden auf, »gemäß Paragraph 1 und 3 Polizeigesetz Baden-Württemberg« die Straße zu räumen, andernfalls müsse der Polizeivollzugsdienst unmittelbaren Zwang anwenden. Der Polizist: »Sie werden dann wegen Nötigung angezeigt und müssen die Kosten für den Polizeieinsatz tragen.« Die Demonstranten rühren sich nicht. Nach der dritten Aufforderung schreitet der Vollzugsdienst zur Tat, jeweils zu zweit tragen die Polizisten einen Blockierer nach dem anderen zu den Einsatzfahrzeugen, niemand wehrt sich, einige stehen sogar auf und folgen den Polizeibeamten bereitwillig. Während der ganzen Aktion laufen die Kameras, Fotografen halten das Geschehen fest. Noch am Tatort werden die ungehorsamen Vertreter der Judikative erkennungsdienstlich fotografiert und dann in kleinen Gruppen zur Polizeidienststelle Schwäbisch-Gmünd gefahren. Die Blockade ist für die Polizei beendet.

Nicht aber für die Richter. Sie wissen, was noch auf sie zukommen wird: Strafbefehl gemäß Paragraph 240 Strafgesetzbuch, strafbare Nötigung unter Anwendung verwerflicher

Gewalt. Gemäß diesem Paragraphen sind bis dahin fast alle Sitzblockierer im kleinen Amtsgericht Schwäbisch-Gmünd verurteilt worden. Standardstrafe: 20 Tagessätze, deren Höhe sich nach dem Einkommen des Verurteilten bemißt.

Und das, obwohl die Rechtslage unklar ist. Erst am 11. November 1986 haben vier von acht der Karlsruher Verfassungsrichter zu erkennen gegeben, daß Sitzblockaden vor Raketenbasen nicht unbedingt verwerflich seien. Die Urteilsbegründung der Karlsruher Richter löste das aus, was in der Friedensbewegung wie ein Saulus-Paulus-Wunder gefeiert wurde:

Einer der sechs Amtsrichter in Schwäbisch-Gmünd sprach fortan alle der Nötigung Angeklagten frei. Verwerfliche Motive konnte er bei ihnen nicht entdecken.

Einer von sechs. Die Richterinnen und Richter, die sich vor das Mutlangen-Army Airfield gesetzt hatten, mußten mit einer Verurteilung rechnen. Disziplinarverfahren, wie sie in der FAZ einen Tag später gefordert wurden, wurden eingeleitet. Die Blockierer nahmen das Risiko in kauf, neben der finanziellen Belastung Beförderungschancen zu verspielen und sich kollegialer Kritik auszusetzen. Daß sie mit der Art ihres Protests gegen herrschende Rechtsprechung – nicht aber unbedingt gegen geltendes Recht – verstießen, wußten sie. Wußten es bereits vor ihrer Blockade. Ein Novum in der deutschen Geschichte. Richter, die laut Richtergesetz nichts tun oder unterlassen dürfen, was an ihrer Glaubwürdigkeit zweifeln läßt, riskieren, verurteilt zu werden, um öffentlich ihre Meinung kundzutun.

## »Heute können wir fröhlich formulieren«

Drei Monate sind seit der Richter-Blockade in Mutlangen vergangen, doch die Diskussion um Recht- und Verhältnismäßigkeit der Aktion ist noch lange nicht ausgestanden.

Teilweise sind Disziplinarmaßnahmen eingeleitet, die Blockierer sind der »Grenzüberschreitung« und »Irreleitung der Bürger« bezichtigt worden. Aber auch andere Stimmen sind laut geworden. 554 Richter und Staatsanwälte aus der ganzen Bundesrepublik haben sich in einer halbseitigen Anzeige in »Der Zeit« mit ihren Kollegen solidarisch erklärt. Unter der fettgedruckten Zeile »Beendet den Wahnsinn der atomaren Rüstung« haben sie mit vollem Namen und Herkunftsort gezeichnet. Auch von anderer Seite werden die Blockade-Richter unterstützt. Von den in der ÖTV organisierten Richtern und Staatsanwälten wird Rechtsschutz für die drohenden Dienstverfahren in Aussicht gestellt.

Ich habe mich mit Ernst Grothe verabredet. Er ist Zivilrichter am Landgericht Hamburg, hat vor dem Mutlangen-Army-Airfield gesessen und steht jetzt unter Anklage. Als ich ihm beim ersten Anruf mein Anliegen vortrage und dabei vorsichtig auf den »langen Marsch durch die Institutionen« hinweise, sagt er den Interviewtermin sofort zu. Er sei durch die Studentenbewegung überhaupt erst politisiert worden. »Übrigens können wir uns ruhig duzen«, sagt er am Telefon. Ein Zufallstreffer, denke ich.

Aber trotz seiner spontan gezeigten Gesprächsbereitschaft gestaltet sich unsere Zusammenkunft schwierig. An seinem Diensttelefon im Landgericht ist er kaum zu erreichen, langfristige Termine macht er nur selten. Entweder, so wird mir in der Geschäftsstelle seiner Justizkammer mitgeteilt, hat Herr Grothe gerade eine Sitzung oder er ist einfach nicht da. Schließlich erwische ich ihn doch ein zweites Mal.

Eine Stunde später steht er vor mir, in Jeans, Cordhemd und Lederjacke. Er entschuldigt sich und erklärt mir, warum man ihn so selten am Telefon antrifft: Eigentlich habe er zwei Berufe. Neben seinem Amt als Richter bemühe er sich noch um die Erhaltung des südlich der Elbe gelegenen Stadtteils Moorburg, der einer geplanten Hafenerweiterung geopfert werden solle. Zusammen mit Freunden hat der 49jährige ein Grundstück mit Haus in dem gefährdeten Bezirk gekauft und das alte Haus renoviert. Bis heute steht Moorburg.

1964 begann Ernst Grothe sein Jurastudium, zunächst, wie er zugibt, ohne politische Hintergedanken. »Damals«, sagt er, »haben sich die Studenten gesiezt, erst auf der Baustelle mit den Arbeitern haben wir uns geduzt. Das muß man sich einmal vorstellen.«[17]

Um das Gespräch auf die Studentenbewegung zu lenken, lege ich Richter Grothe ein Zitat von Ernst Bloch vor:

»Was am meisten auffällt und eine Schwäche hinsichtlich der studentischen Bewegung notwendig in sich permanent darstellt, das ist etwas sehr Merkwürdiges: nämlich die geringe Klarheit und Sichtbarkeit oder gar Plastik dessen, wofür und wozu man kämpft. Das Negative ist sichtbar. Die objektive Unzufriedenheit, Erbitterung und Empörung mit dem, was vorliegt, ist klar! Darin ist ja auch schon das Positive enthalten ...

Andererseits: Wir haben etwas, was man als meteorologisches Wort, nicht als Beurteilung, sondern rein meteorologisch beschreiben kann: Wir haben Nebel.«[18]

Mit dieser Beschreibung der Verhältnisse, die der 80jährige Philosophie-Professor aus Tübingen nicht nur auf die Studenten bezogen wissen möchte, eröffnet er eine Tagung in der Evangelischen Akademie Bad Boll, nur wenige Kilometer von Mutlangen entfernt. Was wollen die Studenten überhaupt? Woran, so fragt Bloch, bemißt sich ihre Unzufriedenheit? Die Professoren Bloch, Maihofer, Flechtheimer und Marsch erhoffen sich bei dieser Diskussion von Rudi Dutschke Antworten auf die Frage, welche Ziele sich die studentische Linke denn gesetzt habe.

Ich frage Ernst Grothe, ob für ihn die Ziele im Nebel lagen und ob sie heute – Beispiel Mutlangen – nähergerückt, konkreter geworden sind?

»Also, es gab damals ganz konkrete Ziele. Da gab es die Notstandsgesetze, die ein ganz dicker Knackpunkt waren. Da gab es die alten, selbstherrlichen Universitätsverwaltungen, die ein Selbstverständnis hatten, daß man nur laut losschreien konnte. An Justiz war damals überhaupt nicht zu denken.«

Und er erzählt eine Anekdote, wie er sich ohne Jackett bei einem Amtsgerichtsdirektor vorstellte und gefragt wurde, ob er es denn nicht als selbstverständlich empfinden würde, ein Jackett zu tragen. »Das war damals das Klima.«

»Organisiert« hat er sich, wie es im Jargon hieß, nie. Er war nie Mitglied im SDS (Sozialistischer Deutscher Studentenbund), im SHB (Sozialistischer Hochschulbund) oder in einer der anderen Organisationen, die damals den studentischen Protest bündelten.

»Ich kann zwar sagen, ich war auf jeder Demo, aber ich habe die Bewegung nicht mitorganisiert. Das lag mir sowieso nicht. Ich habe auf den Barrikaden gestanden, gekämpft. In der Uni, beim Vorlesungsstreik. Das muß '68 gewesen sein. Wir haben damals die Straße abgesperrt und Karl-Heinz Roth, der mit Haftbefehl gesucht wurde, aus dem Audimax herausgeschleust. Dann waren da die Springer-Aktionen, und ... und ... und ...«

Sein Erstes Staatsexamen legt Ernst Grothe 1969 ab, bekommt darauf ein Referendariat im Hamburger Amtsgericht und wird anschließend gleich als Richter auf Probe eingestellt. Ernst Grothe dazu: »Ausgerechnet ich. Es war gerade Sondereinstellung, weil Wahlplakate der NPD beschädigt worden waren. Dafür wurde eine Extrastelle bewilligt. Und da, kann ich sagen, habe ich kräftig mitgemischt und mir so meinen eigenen Arbeitsplatz geschaffen.«

»*Was hat dich bewogen, die Stelle am Amtsgericht anzunehmen?*«, *will ich von ihm wissen.*

»Es war so, daß ich mir gesagt habe: Da müssen mal andere Leute in die Justiz rein. Ich wollte es versuchen. Wenn ich landen konnte, dann wollte ich da nach Kräften etwas tun, ohne mich aber einbinden zu lassen. Ich war damals ein politisierter Aktionist und habe mich an Sachfragen orientiert, an Haftentscheidungen, an menschlicher Behandlung von Leuten, die hilfsbedürftig sind, Veränderung der Gefängnisstrafe, Ausbau von Bewährungsmöglichkeiten, Behandlung von Inhaftierten als Menschen, Rückdrängung der Briefkontrolle.«

Und Ernst Grothe fühlt sich heute noch, nach fast 20 Jahren seit seiner Übernahme in den Staatsdienst, als »Marschierer«. Allerdings als einer, der eine Wandlung vollzogen hat.

»Ich war ja selbst bei den 68ern nie an organisatorischen Einbindungen beteiligt und habe auch am – um das mal so zu sagen – theoretischen Überbau nicht teilgenommen. Und zum Marschierer fehlt mir ein bißchen die Schiene: Man hätte etwas machen können mit organisatorischer Einbindung, mit dem Aufbau von Kleingruppen. Nur: Wenn man Marschierer ist und das ernst nimmt, dann ist man derartig voll mit der Abwehr des ganzen Geschmeißes, daß man darüber hinaus wenig machen kann.«

Außerdem, fügt er hinzu, habe er sich nie um einen Posten beworben, habe nie versucht, Machtpositionen zu erringen, um dann unter Ausnutzung dieser Macht auf administrativem Wege Veränderungen durchzusetzen. »Dieser Marsch durch die Institutionen kann ja so oder so verstanden werden. Wenn man sagt, das Ziel ist die Erringung von Machtpositionen, dann ist das, kann ich sagen, überall gescheitert. Da kenne ich kein Beispiel, wo ich sagen kann: Der hat es geschafft, und da haben wir jetzt eine Bastion. (...) Was dann doch gelaufen ist, ist der Marsch in bestimmte Positionen mit beschränkten Wirkungsmöglichkeiten. Das ist der Punkt, wo sie jetzt richtig laut aufschreien, weil wir damit anfangen. Das sind die Polizisten gegen Volkszählung, da kann man unzählige Beispiele nennen, wo es allen darum geht, die erworbenen Positionen in den Behörden auszunutzen.«

Daß die Bilder, die Ernst Grothe mit Worten wie »Barrikaden« und »kämpfen« heraufbeschwört, einer paradoxen Komik nicht entbehren, daß er die Fronten zwischen »die« und »wir« so klar sieht, daß man als abgeklärter Skeptiker der 80er Jahre mitunter »ein bißchen simpel« zu sagen versucht ist, soll an dieser Stelle keine Rolle spielen. Er sieht sich als »Marschierer«, als jemand, der bewußt eine Laufbahn als Richter eingeschlagen hat, um seine – an konkreten Sachfragen orientierten – Ideale umzusetzen. Die Marschierer, behauptet er, sind angekommen, nicht an oberster Stelle in Institutionen und Behörden, aber in gesicherten Positionen. Der Konflikt, dem sich Menschen wie er gerade in Justizbehörden aussetzen, ist offenbar. Ernst Grothe beschreibt es so:

»Du sitzt auf der anderen Seite der Schranke. Wenn du mit dem, der dir gegenübersitzt, irgend etwas machen willst, dann hast du diese Schranke zu überwinden. Die Schwierigkeit ist nun, diese Schranke zu überwinden, ohne den staatlichen Funktionsauftrag aufzugeben ... Und da mußt du dann grundsätzlich wohlwollende Behandlung erkennen lassen, aber nichts drehen und schieben. Wenn du damit anfängst, werden die Erwartungshaltungen auf der anderen Seite groß, zu groß, und man setzt sich selbst in die Nesseln, setzt sich den Angriffen aus.«

Eine Gratwanderung also; auf der einen Seite das Bestreben, dem oder der Angeklagten wohlwollend gegenüberzutreten, auf der anderen Seite gesetzlich vorgegebene Normen, die nicht übertreten werden können. Ein schmaler Pfad, der bei Ernst Grothe zu der Erkenntnis geführt hat, als Richter in Amt und Würden nur begrenzt seine Ideale fortführen zu können.

»Ein Richter kann sich nicht darauf beschränken, den staatlichen Funktionsauftrag in der Weise wahrzunehmen, wie es etwas mehr einer fortschrittlichen Haltung entsprechen würde – da gibt es immer irgendwelche Grenzen. Man muß erkennen: Das hier ist Job, aber woanders können wir weitergehen und etwas machen. Das ist genau das, was auch zur Blockade in Mutlangen geführt hat. Das ist ein Weitergehen über das reine Funktionieren in eine bestimmte Richtung, die jeder für sich selbst definiert.«

Genau dieses »Weitergehen über das reine Funktionieren« veranlaßt den Richter zu vorsichtigem Optimismus.

»Die Studentenbewegung hatte keine Resonanz im normalen gesellschaftlichen Leben. Es fehlte an Resonanz in den Behörden, es fehlte an Sympathie. Die Bewegung trat zwar relativ kräftig auf, aber in den Behörden selbst war überhaupt nichts zu spüren. Erst 68/69 begann der Lernprozeß. Heute haben wir in den Gerichten vielleicht 1000 Leute. Das ist schon unheimlich viel. Es ist heute so, daß wir – durch wirklich harsche Kämpfe, die an die Substanz gingen und die jeder mitbekommen hat – relativ fröhlich formulieren können, ein fröhliches Selbstverständnis darbieten können. Wir treffen uns nicht mehr nachts um zwölf im Keller, sondern gehen offen hin, treffen uns mit 200 Leuten und sagen: Wir sind die Fortschrittlichen.«

Das wirke sich, so Ernst Grothe, auch auf die »konserva-

tive Szene« seiner Justizkollegen aus, und er greift zu drastischen Ausdrücken, um diesen Effekt zu beschreiben:
»Das ist ein Virus. Kein Mensch will eigentlich immer der Arsch sein. Das wollen sie nicht. Früher haben sie sich immer gegenseitig gelobt, haben sich Orden und Beförderungen erteilt, und dann sind sie immer toll begrüßt worden – und die linken Krakeeler standen immer in der Ecke. Heute sitzen sie mittendrin.«

Nach einer halben Stunde Interview fällt das Stichwort: Radikalenerlaß. Der Versuch der Behörden, sich abzuschotten gegen die Neue Linke.

Hamburg, Dezember 1971. Die Bürgerschaft der Stadt stimmt einer Grundsatzentscheidung des Senats zu, daß Extremisten nicht zu Beamten auf Lebenszeit ernannt werden können. Einen Monat später, im Januar 1972, treffen die Innenminister und Senatoren der Länder zusammen, um über den Entwurf eines Extremisten-Beschlusses zu beraten. Den Vorsitz über die Konferenz hat Bundesinnenminister Hans-Dietrich Genscher. Bund und Länder sehen sich durch den beginnenden Terrorismus zum Handeln veranlaßt. Erst wenige Wochen zuvor sind die Polizisten Norbert Schmid und Herbert Schoner von Terroristen erschossen worden, und um ein Haar wäre der Kultusminister Baden-Württembergs, Wilhelm Hahn, einem Anschlag zum Opfer gefallen.

Bereits einen Tag nach der Innenminister-Konferenz wird der Entwurf des Extremisten-Beschlusses verabschiedet. Diesmal leitet Bundeskanzler Willy Brandt die Konferenz. Fortan steht die Mitgliedschaft in einer »extremen Organisation« einer Übernahme in den beamteten Staatsdienst entgegen. Besonders Mitglieder der sogenannten K-Gruppen, der Deutschen Kommunistischen Partei (DKP), des MSB-Spartakus, selbst Mitglieder der Sozialistischen Deutschen Arbeiterjugend (SDAJ) bekommen die Ausgrenzung auf ganzer Linie zu spüren.

392 dieser extremen Organisationen zählt das Innenministerium 1971, einschließlich der orthodox-kommunistischen, mit ungefähr 67 000 Mitgliedern. In den Jahren von 1972 bis 1976 werden 430 Beamtenanwärter abgewiesen[19], sogar

Schüler werden – verwaltungsgerichtlich bestätigt – von Gymnasien verwiesen.[20]

Die Zahl an sich scheint niedrig zu sein. Doch allein in Bayern werden in den Jahren von 1973 bis 1981, einer Studie des »Komitees für Grundrechte und Demokratie« zufolge, mehr als 186000 Menschen auf ihre politische Unbedenklichkeit durchleuchtet.[21] Die Praxis der »Regelanfrage« greift um sich. Bis 1976 werden bundesweit fast eine halbe Million Bewerber auf etwaige Zweifel an ihrer Verfassungstreue überprüft.[22] Die Zahl derer, die sich gar nicht erst um eine Beamtenstelle bewerben, taucht in keiner Statistik auf – das Instrumentarium der Ausgrenzung ist fein.

Da Ernst Grothe während des Studiums keiner »extremistischen Organisation« angehört hat, wird er von den unmittelbaren Folgen des Radikalenerlasses verschont. Zu spüren bekommt er sie dennoch. Die Atmosphäre, die sich hinter den nackten Zahlen verbirgt, beschreibt er so:

»Es war ein Runtergehen jeder Aktivität, eine grauenhafte Zeit. In den Behörden tat sich überhaupt nichts. Wir wurden einfach nicht zur Kenntnis genommen. In der Justiz war es lediglich so, daß gesehen wurde: da gibt es revolutionäre und revoltierende Kräfte, die es zu bekämpfen gilt; die wurden intern mit einem Selbstverständnis als Feindbilder hingestellt, wer auch nur im entferntesten etwas damit zu tun hatte, wurde abserviert.

Dann ging die ganze Terrorismus-Bekämpfung los, und das hat in weiten Bereichen ein absolutes Formulierungsverbot für fortschrittliche Dinge nach sich gezogen. Man hat überhaupt keine Möglichkeiten gehabt, sich auszutauschen. Es gab Initiativen, in denen man gerne etwas gemacht hätte, Mieterinitiativen zum Beispiel. Aber da habe ich mich nicht hingetraut. Hätte ich da mitgemacht, und wäre es auch nur ein Transparent gewesen, so wäre das mitgeteilt worden. Man hat damals einfach nicht den Mut gehabt.«

Die Fronten, die Ernst Grothe noch so klar im Blick hat, sind, so scheint es, aufgeweicht. Es ist nicht mehr undenkbar, daß Richter gegen die Stationierung von Atomwaffen demonstrieren. Andere, ähnlich spektakuläre Fälle werden dies einige Kapitel später noch zu belegen haben. »Die destruktive Normalität des Alltags«, sie kann durchbrochen werden, auch wenn Mutlangen nur eine Fußnote ist – sofern die Richter-Blockade überhaupt Eingang findet in das, was man einmal als Geschichte bezeichnen wird.

»Das ist ein Prozeß, der durch die gesellschaftliche Entwicklung bestimmt ist. Das kommt eben heute an, wenn man Machtpositionen herunterreißt und etwas Negatives darstellt. Da sagt sich dann der einzelne: Gut, daß da mal etwas gemacht wird. Damit greift man natürlich immer nur einzelne Positionen an. Aber diejenigen, die früher immer einen auf den Buckel bekommen haben, haben heute einfach ein fröhlicheres Dasein, ohne daß sie sich anbiedern, daß sie sich einschleimen oder richtig kräftig kloppen müssen.«

Daß nicht mehr nur die beiden Alternativen »einschleimen oder kräftig kloppen«, die aus dem Munde eines Richters am Landgericht ein wenig komisch klingen mögen, zur Wahl stehen, ist zudem ein Verdienst der Grünen, meint Ernst Grothe. Dort sieht er heute sein Aktionsfeld. Als »68er« problematisch, wie er sagt.

In seiner Haltung gegenüber den »Grünen« bricht der politisierte Aktionist in ihm durch, wenn er behauptet, daß die Grünen-Bewegung im Grunde gar keine Theorie benötige, weil alle Themen auf der Straße lägen.

Die Ansicht ist – mindestens – umstritten, zeigt aber die für den Hamburger Richter kennzeichnende pragmatische Haltung. Mit den Theoriediskussionen der Studentenbewegung verbindet er vor allem schmerzliche Erinnerungen, wenngleich er heute einsieht, daß »gewisse theoretische Grundlagen schon ganz wichtig sind, und auch bestimmte Leute, die später etwas formulieren, aufbereiten und ein geistiges Rückgrat bilden – das habe ich damals eigentlich ein bißchen übersehen«, sagt er abschließend.

## »Die Verantwortung liegt bei den Mitläufern«

Ein anderer Mutlangen-Blockierer. Auch er hat auf der Zufahrt zum Mutlangen-Army Airfield gesessen und steht unter Anklage wegen Nötigung, als ich ihn aufsuche.[23]

Michael Passauer ist Familienrichter am Amtsgericht Hamburg.

Ich treffe ihn in seinem Amtszimmer, in dem auch die Verhandlungen geführt werden. Ein karg eingerichteter Raum in einem modern-schmucklosen Zweckgebäude. Michael Passauer, promovierter Jurist, ist ein eher stiller, bedächtiger Mann. Mit den Antworten auf meine Fragen läßt er sich Zeit. Jahrgang 1942, hat er von 1963 bis 1965 in Tübingen, danach in Hamburg studiert. Bei den Demonstrationen in Hamburg ist er ab und zu mitgelaufen. Bei welchen genau, weiß er heute nicht mehr. Er sieht sich eher als Mitläufer der Studentenbewegung.

»Ich habe mich speziell für Modelle der Studienreform interessiert und habe an Treffen des Republikanischen Anwaltvereins teilgenommen, weil dort Leute waren, die das tagespolitische Geschehen mit ihrem Beruf in Verbindung brachten. Wir hatten damals ganz kleine Probleme aus heutiger Sicht, etwa ob man die Moorweide (eine Grünanlage in Hamburg, d. A.) betreten darf, obwohl da steht: ›Betreten verboten!‹

Ich habe damals ein Skript erstellt, inwieweit die Grundrechte zur Demonstrationsfreiheit, zur Meinungsfreiheit und zur Koalitionsfreiheit rechtfertigen, den Rasen zu betreten. Oder womit man rechtfertigen kann, daß Verkehrsteilnehmer, ungewollt/gewollt blockiert, genötigt werden, zu halten und zu warten, bis ein Demo-Zug vorbei ist. Ich habe dieses Skript erstellt und damit sozusagen meine fachbezogenen Interessen mit diesen Themen verbunden, ich habe auch an der Ausbildungsreform mitgearbeitet, dem sogenannten Hamburger Modell der einphasigen Juristenausbildung. Aber ich war weder im AStA organisiert, noch habe ich Demonstrationen veranstaltet, noch habe ich irgendwo Steine geworfen.«

Michael Passauer wird 1969 Referendar in Berlin und erlebt dort, wie berittene Polizei Demonstranten auseinanderzutreiben versucht, wie Pflastersteine geworfen, Menschen verletzt werden, wie die Gewalt eskaliert. Er selbst beteiligt sich an den Aktionen der Studenten nicht, er beobachtet, hält sich zurück. 1969 bereitet er sich auf sein Examen vor.

»Ich habe damals so gedacht: Entweder steigst du voll ein, oder du machst Examen. Da ich schon relativ lange studiert hatte, war das auch eine Kostenfrage. Es gibt eine Menge Gründe, aber die Entscheidung, nicht tiefer einzusteigen, war für mich eine Weichenstellung. Das habe ich bewußt gemacht. Ich habe gedacht, ich mache meinen Kram als Student, ich weiß ja, wo ich stehe, mache dann Examen und sehe zu, daß ich meine Ansichten dann irgendwo verwirkliche. Insofern war die Idee des Marsches für mich schon klar.«

»*Es gab also einen Punkt, an dem diese beiden Alternativen für Sie zur Debatte standen?*«

»Ich hätte ja jederzeit für den AStA oder für die Studentenvertretung kandidieren und mich da betätigen können. Jeden Tag wieder. Es war sozusagen die Frage: Gehst du zur Demo, oder machst du deine Hausarbeit. Das läßt sich im nachhinein nicht so auf einen Punkt bringen. Aber ich habe das schon als Konflikt empfunden, da ich mich lieber ein bißchen mehr engagiert hätte, aber andererseits dachte, dann packe ich mein Examen nicht so, wie ich wollte.«

Nach Studium und Referendariat arbeitet Michael Passauer zunächst als Dozent für Gesellschafts- und Handelsrecht an der Hochschule für Wirtschaft und Politik in Hamburg. Erst 1975, nachdem er zwei Jahre zuvor sein Zweites Staatsexamen abgelegt und einige Zeit als Anwalt gearbeitet hat, wechselt er in die Justizbehörde. »Fühlen Sie sich als Marschierer«, frage ich ihn, »als jemand, der bewußt in diese Institution gegangen ist, um innerhalb dieser Institution etwas zu verändern?«

»Ja, ich bin an diesem Marsch beteiligt. Sicherlich. Ich versuche hier schon Dinge zu tun, die mit meinem Verständnis von Bürgerrechten und Justiz als Dienstleistung im Interesse des Volkes zu tun haben. Das sind ganz banale, aber für mich wichtige Sachen. Ich schreibe zum Beispiel in meinen Urtei-

**Sit in**

Neue Formen des Protests:
April 1968, München

len nicht: ›Das Gericht meint‹ – also abstrakt, wie es Juristentradition ist –, sondern ich schreibe: ›Der Richter ...‹, so ist es doch auf eine Art persönlicher. Ich stelle mich den Leuten immer vor, und ich versuche, die Leute ausreden zu lassen. Das werden auch viele meiner konservativen Kollegen in Anspruch nehmen, und ich billige denen das auch zu. Aber es geht nicht darum, daß ich meine, ich wäre besonders freundlich oder servicegeneigt. Der Unterschied liegt darin, daß ich für die Menschen möglichst transparent und durchsichtig zu machen versuche, was ich hier betreibe. Ich will damit nicht sagen, ich bin ein guter Richter, aber ich möchte hier so eine Art Rechtsfrieden erreichen, auch bei familienrechtlichen Streitfällen. Das hat mit '68 und Bürgerrechten auf den ersten Blick gar nichts zu tun. Aber ich möchte vermeiden, daß sich die Leute hinterher etwa so äußern: ›Ich war beim Richter, ich weiß gar nicht, was da passiert ist. Kaum war ich drin, war ich auch schon wieder draußen‹, oder: ›Die haben mir gar nicht zugehört‹. Das schafft ja auch einen Teil Staatsverdrossenheit. Ich habe auch als Strafrichter praktiziert und gesehen, wie sich da sehr schnell Verdrossenheit breitmachen kann. Als Haftrichter habe ich versucht, mich in meiner Praxis ein bißchen abzusetzen von der Tendenz meiner Kollegen, gerade im Verhalten gegenüber den Beschuldigten, den Angeklagten. Ich habe gelegentlich Rückmeldungen bekommen von Dolmetschern, die bei allen Kollegen 'mal tätig sind, wenn Ausländer beschuldigt sind. Die haben gesagt, es wäre doch zu spüren gewesen, daß da ein anderer Wind wehte ... Es ist so die Art und Weise, wie ich signalisiere, daß ich zwar ein Amt habe und zu befinden habe, ob das nun Recht war oder Unrecht, aber auch ein Teil des Volkes bin. Man kann das schwer auf eine griffige Formel bringen.«

»*Der lange Marsch als Haltung, die sich in Kleinigkeiten Bahn bricht?*«

»Man hat Fernziele und man hat Ziele«, sagt Dr. Michael Passauer. »Ich träume von einer gerechten Gesellschaft, das ist eine Utopie. Aber gerade deshalb versuche ich hier etwas zu tun, was ein kleiner, ein klitzekleiner Bestandteil dieser Utopie ist. Man muß eben in jedem Einzelfall sehen, wo man gegenhalten muß gegen Entwicklungen, die einem nicht richtig erscheinen, und mit welchen Mitteln man gegenhält.«

Ist der lange Marsch zu einem Ringen um »ganz banale Dinge« verkommen? Als Rudi Dutschke die mittlerweile geflügelte Parole ausgab, spielte der Zeitfaktor eine untergeordnete Rolle. Der schlagartigen Veränderung einer als systembedingt autoritär, ungerecht und unaufgeklärt empfundenen Gesellschaft, in der die wahren Bedürfnisse des einzelnen durch die Verlockungen des Konsums ersatzbefriedigt werden, setzte er einen »langen Lernprozeß« entgegen. Seine Revolution war auf Dauer angelegt. Eine kollektive gesellschaftliche Emanzipation, bei deren Fortschreiten sich die Antworten finden würden, die er 1967, anläßlich der Podiumsdiskussion in Hamburg, nicht zu geben bereit war. Dutschke betrieb »Weltanalyse«, wie sein Biograph, der Journalist Ulrich Chaussy, schreibt. »Unter Weltmaßstab lief nichts. Das kann heute noch zu falschen Vorstellungen beim Lesen von Dutschkes Texten führen.«[24] Mit anderen Worten: Der Soziologie-Student Dutschke wußte sehr wohl, daß das Lernen nur in kleinen Schritten vorangehen und sich an kleinen Schritten widerspiegeln würde. Daran bemessen ist das tägliche Hadern mit Kleinigkeiten noch nicht als Scheitern des »langen Marsches« anzusehen.

Die prosaische Detailarbeit im Hamburger Familiengericht entsprach nicht von Anfang an den Zielen von Michael Passauer. Eigentlich wollte er an der Universität lehren.

»Ich habe das aber als zu unverbindlich empfunden, zu generell, zuwenig praktisch am Einzelfall. Das waren alles die großen Ideen, die da hin- und herflogen – viele Worte, aber wenig Verantwortung.« 1975 wird seiner Bewerbung für die Richterlaufbahn stattgegeben. »Vielleicht auch«, mutmaßt er, »weil ich Anwaltspraxis hatte, das gilt als etwas ganz Gutes, als eine Visitenkarte. Damals war ich auch politisch nicht so aktiv. Im Moment habe ich politisch ein bißchen mehr Profil bekommen.« Und er fügt hinzu: »Heute würde ich wahrscheinlich nicht eingestellt werden, da nimmt man Kollegen mit mehr Anpassung wahrscheinlich eher auf – das ist mein böser Verdacht.«

Die Richter, die in Mutlangen blockiert haben, die sich in Anzeigen solidarisch erklärt haben, sind nach wie vor eine krasse Minderheit. Von einem generellen Wandel in der Justiz kann keine Rede sein. Aber immerhin, seit 1980 treffen sich die Richter, die ihre Interessen nicht im Deutschen Richterbund vertreten sehen, regelmäßig zu Wochenendseminaren (wobei man sich davor hüten muß, den Deutschen Richterbund als konservativ, als rückständig oder als im Herkömmlichen verhaftet abzustempeln). »Richterratschlag« nennen sie diese Treffen, zu denen etwa alle neun Monate geladen wird. Beim »Richterratschlag« 1986 wurde der Plan für die Mutlangen-Blockade geboren. »Friedensforen«, Richterkongresse zu Fragen der Abrüstung, fanden 1983 in Bonn und 1985 in Kassel statt, in Bonn zog gar ein Demonstrationszug von Richterinnen und Richtern durch die Stadt. Richter engagieren sich bereits seit mehreren Jahren in der Gewerkschaft ÖTV. Als am 7. März 1987 die »Neue Richtervereinigung« gegründet wurde, welche laut Satzung »kritikbereite Richter zu gemeinsamem Handeln zusammenführen« will, stellten die Gründungsmitglieder fest: »Die Gesellschaft braucht neue Reformschübe, um die Probleme der Arbeitslosigkeit, der neu entstehenden Armut, der Vernichtung unserer natürlichen Lebensgrundlagen, der Rüstungspolitik und der neuen Technologien lösen zu können.«[25] Doch die Isolation, die Selbstbeschränkung auf den eigenen Arbeitsplatz, hat lange angehalten.

»Das hat auch mit der Karriere des einzelnen zu tun. In dem Moment, in dem ich hoffe, als fachlich und menschlich in der Organisation anerkannter Kollege befördert zu werden, versuche ich, Widerhaken abzubauen und Stromlinie zu zeigen. Es gibt 1000 Beispiele, unter anderem jetzt, als Kollegen aus Solidarität für unsere Mutlangen-Aktion unterzeichnen wollten. Diese Kollegen wurden von Vorgesetzten – väterlich freundlich oder mütterlich ermahnend – gebeten, doch zu überlegen, ob sie mit dieser Unterschrift ihre Karriere aufs Spiel setzen wollen. Diese Form der Anpassung durch Karriere-Erwartung, die wir auch aus dem Dritten Reich kennen, von daher mit Unbehagen beobachten, gibt es natürlich. In dem Moment, in dem ich in der Justiz einen gesicherten Posten hatte, auf Lebenszeit eingestellt war und auch sicher sein konnte, daß mich selber Karriere-Einflüsterungen nicht mehr wanken lassen, in dem Moment konnte ich sicher sein: Jetzt kann ich auch so etwas machen. Das dauert eine gewisse Zeit. Das ist eine Langzeitsaat, die aufgehen muß, auch bis man selbst die innere Freiheit hat. Nicht jeder Kollege hat von Anfang an Karriere-Erwartungen. Ich hatte sie, und ich hätte – und habe – mir in meiner Anfangszeit immer sehr genau überlegt, was ich tue. Andererseits habe ich schon Farbe gezeigt. Aber die Versuchung, sich wieder anzupassen, habe ich gespürt, und die spüren andere Kollegen auch. Dann reagiert man so oder anders. Es sind vor allem Kollegen aus der Mittvierziger-Generation, die im Richterratschlag organisiert sind. Wenige, die jünger sind. Das hängt vielleicht damit zusammen, daß die Mittvierziger die ersten Einstiegsschwierigkeiten in den Beruf überwunden haben, daß sie sich nicht mehr quälen mit den normalen Problemen des Rechts und mit den Akten, die man zu bewältigen hat; daß sie eben Luft haben, auch mal etwas anderes zu tun. Also ›angekommen‹ sind.«

Daß die Motivation, sich vor die Tore der Raketenbasis Mutlangen zu setzen, nicht unmittelbarer Ausdruck einer 68er-Gesinnung ist, daran läßt Michael Passauer keinen Zweifel. Neben der Bedrohung durch die Atomraketen nennt er etwas, das auf den ersten Blick überraschen mag:

»Das zweite war die Auseinandersetzung mit der Rolle der Juristen, die den Unrechtsstaat von 1933 bis 1945 erstens mitvorbereitet und zweitens mitgetragen haben.« Dem »funktionablen Typ«, dem »Rädchen im Getriebe« habe man ein anderes Richterbild entgegensetzen wollen.

»Das ist ja eine Auseinandersetzung, die bei uns beschämend spät stattfindet.«

Nachdem ich mein Bandgerät abgeschaltet habe, sagt Michael Passauer bedauernd: »Viel habe ich nicht sagen können, so richtig passe ich in das Leitbild gar nicht hinein.« Leitbilder hätten nur eine begrenzte Gültigkeit, antworte ich ihm, und er erwidert: »Das ist auch so eine Vermutung von mir, daß weniger die Leitfiguren von damals als die vielen kleinen Mitläufer jetzt die Verantwortung tragen, das weiterzuführen, was damals gedacht wurde.«

Angekommen? Jetzt, im Alter zwischen 40 und 50, nachdem der Einstieg in den Beruf geschafft ist, die Karrierehoffnungen begraben worden sind, treten da die »Marschierer« in bestehenden Institutionen lautstärker auf?

Ulf Panzer, Strafrichter und ebenfalls Mutlangen-Blockierer, schätzt, daß sich etwa zehn Prozent der bundesdeutschen Richter als »progressiv« einschätzen. Von diesen zehn Prozent, so nimmt er weiter an, sind mehr als zwei Drittel entscheidend durch die Studentenbewegung geprägt worden.[26] Er drückt sich vorsichtig aus. Verständlich, denn es gibt keine verläßlichen Zahlen über die Studentenbewegung. »Progressiv« ist ein schwammiger Begriff. Allein daran kann man den Einfluß der Studentenbewegung auf die Justiz nicht festmachen. Ob und wie viele Richter sich zudem als »Marschierer« sehen und was sie darunter verstehen, müssen sie selbst entscheiden. Biographien folgen keiner Logik.

Ulf Panzer arbeitet im Amtsgericht Hamburg-Harburg. In dem schmucklosen Backsteingebäude mit dem typischen Linoleum-Rauhputz-Ambiente deutscher Amtsbehausungen hat er ein Arbeitszimmer, in dem vor allem eine buntgespickte Pinnwand auffällt. Er macht mich auf einen Aufkleber aufmerksam, der gleich neben Fotos von seiner kleinen Tochter hängt. »Volkszählungsboykott« steht da in roten Lettern auf weißem Grund. Die Klebeplakette ist einige Jahre alt, sie bezieht sich auf die gescheiterte Volkszählung von 1983.

»Damals habe ich mir von Kollegen anhören müssen: Das ist ein Gesetz, und du sagst ganz offen Volkszählungsboykott. Da habe ich gesagt, das ist nun einmal meine Meinung. Wenig später wurde das Volkszählungsgesetz verfassungswidrig, und da habe ich sagen können: Im Grunde war der Aufkleber aktiver Verfassungsschutz.«

Ulf Panzer ist erst 1968 zur Universität gegangen. Dennoch sieht auch er seinen Weg in die Justiz als unmittelbar durch die Studentenbewegung beeinflußt. Er habe damals angefangen,

Ideale aufzubauen, und sei zum Gericht gegangen, weil er geglaubt habe, dort diese Ideale besser umsetzen zu können, als in der Anwaltslaufbahn. Zumeist verhandelt er kleine Delikte, Einbrüche, Diebstähle.

»Letztlich kann ich nur an Symptomen herumdoktern. Ich habe nun einmal die Auffassung, daß das Gefängnis der denkbar schlechteste Ort ist, zu lernen, sich so zu bewegen, wie das in Freiheit erforderlich ist und wie das unseren demokratischen Gepflogenheiten entspricht. Solange irgendeine Aussicht besteht, daß sich die persönlichen Verhältnisse meines Angeklagten verbessern, kann ich versuchen, ihn nicht in den Knast zu schicken oder ihm durch ein milderes Urteil vielleicht ein paar Monate Knast zu ersparen, indem ich auch Gesichtspunkte berücksichtige und bewerte, die andere Richter möglicherweise gar nicht in der Schärfe sehen.«

Als Strafrichter wandert Ulf Panzer noch mehr als seine Kollegen Ernst Grothe und Michael Passauer auf einem schmalen Grat. Ein anstrengendes Unternehmen, wie er zugibt, gekennzeichnet durch Auseinandersetzungen mit Staatsanwaltschaften, häufige Revisionen, Ärger mit Vorgesetzten.

»Es hat sogar Situationen gegeben, in denen die Staatsanwaltschaft meinte, ich sollte aus dem Amt entfernt werden, weil ich irgend etwas Ungewöhnliches gemacht hatte«, erzählt er. »Das kostet einfach Nerven.«

Trotz des täglichen Kleinkrieges meint Ulf Panzer, daß sich etwas bewegt – und zwar als späte Auswirkung der Studentenbewegung. »Ich denke, daß jetzt die neuen sozialen Bewegungen ohne die Studentenbewegung kaum zu erklären wären. Da hat sich auch im Bewußtsein bei einem großen Anteil der Bevölkerung etwas geändert. Viele Leute sind einfach kritischer geworden und haben angefangen, staatliches Handeln zu hinterfragen. Ich vermute immer, daß es Auswirkungen gegeben hat, die wir vielleicht konkret gar nicht fassen können, die aber zweifellos vorhanden sind. Mehr im Gesamtklima.«

Die »langfristig wirksame Veränderung der politischen Kultur«?

Gibt die Mutlangen-Blockade Ekkehart Krippendorff recht?

Welche Rolle spielen dabei die Menschen, die ihre politische Sozialisation in den späten 60er Jahren erfahren haben?

Und worin besteht die, bisweilen brüchige, Kontinuität von der Protestbewegung der späten 60er Jahre zu den »neuen sozialen Bewegungen« der 80er Jahre?

## II. Von Bewegungen zur Bewegung

### »Man muß doch sagen, was falsch ist!«

»Wie kann man sich Veränderung von Gesellschaft vorstellen? Können Sie sich vorstellen, daß zehn, hundert, zweihundert oder zweitausend Dutschkes oder Personen vergleichbaren Kalibers die Gesellschaft in ihren machtpolitischen Strukturen einfach verändern können, ohne daß vorher in den Köpfen der Menschen sich etwas ändert? Wie könnten denn auf einmal ein paar Liberale oder Christen oder Linke kommen und Machtpositionen verändern in einer Gesellschaft, die streng antikommunistisch eingeschworen ist, in der dieser Antikommunismus die Fortsetzung faschistisch-nationalistischen Bewußtseins ist? Da ist dieser bürgerliche Journalismus irgendwie tumb. Das ist fast so eine absurde Vorstellung wie die der Studenten, von der Alma Mater aus die Gesellschaft stürzen zu können.«[1]

Andreas Buro, Professor für Internationale Beziehungen an der Universität Frankfurt, wird zornig, fragt man ihn, wo denn die Ergebnisse der außerparlamentarischen Opposition, inklusive Studentenbewegung, zu besichtigen seien. »Ich habe die Euphorie der Studentenbewegung bis in die frühen 70er Jahre nie geteilt«, sagt er. »Ich bin immer davon ausgegangen, daß diese Gesellschaft eine unerhörte Flexibilität, Anpassungsfähigkeit und Vitalität hat. Sie ist Fürchterliches zu leisten imstande, und sie tritt nicht so einfach ab, nur weil da ein paar Leute kommen und durch die Straßen ziehen.«

Die Hoffnungen der Studenten auf eine radikale Änderung der Gesellschaft habe er nie geteilt. Von 1962 bis 1966 »als eine Art Industriemanager« tätig und von daher »mit der gesellschaftlichen Realität besser vertraut als die Studenten«, seien seine Erwartungen immer auf die »Entfaltung von massenhaften Lernprozessen, die die Gesellschaft von unten verändern«, ausgerichtet gewesen.

Seit mehr als 30 Jahren engagiert sich Andreas Buro in außerparlamentarischen Bewegungen. Er hat miterlebt, wie sich aus einem Häuflein Unentwegter eine breite Bewegung zusammenfand, wie diese in einzelne Gruppen und Grüppchen zerfiel, hat erfahren, wie mühsam sich soziale Bewegungen abseits großer Parteien oder Verbände entwickeln. Heute sitzt er im Vorstand des »Komitees für Grundrechte und Demokratie«. Der kleine Verein, dem unter anderem Helmut Gollwitzer, Heinrich Albertz, Dorothee Sölle, Klaus Vack, Robert Jungk und Klaus Traube angehören, sorgt mit seinen großangelegten Informationskampagnen und Unterschriftensammlungen zum Asylrecht, gegen die Volkszählung oder für größere Rundfunkfreiheit immer wieder für Aufsehen. Die Blockaden in Mutlangen wurden maßgeblich vom Komitee mitveranstaltet.

Vor diesem Hintergrund ist des Professors gelinder Zorn über den tumben Journalismus verständlich. Doch das Problem bleibt: Woran mißt man Veränderung? Wie protokolliert man Bewegung, wenn Ursache, Folge und Auswirkung nicht eindeutig festgelegt sind?

»Wenn Sie mich fragen, was denn passiert ist in der Zeit, die für mich eher eine Zeit von 17 als von zehn Jahren ist, dann denke ich, ist im Bereich der politischen Kultur, der Bewußtseinsbildung in dieser Gesellschaft, relativ viel geschehen. Wenn ich vergleiche mit dem Höhepunkt des Kalten Krieges, etwa 1960, als die Ostermärsche anfingen, dann sehe ich keine Kraft, die so viel in den Köpfen der Menschen verändert hat wie diese sozialen Bewegungen mit ihren tausendfachen Auseinandersetzungen. Denn sowohl im Ökologie-Bereich wie im Friedensbereich zeigt sich, daß für eine militaristische Politik oder für eine forcierte Aufrüstungspolitik im Bewußtsein der Leute heute kaum mehr eine Basis vorhanden ist.«

Karfreitag 1960: Von Hamburg, Bremen, Braunschweig, Lüneburg und einen Tag später von Hannover aus marschieren etwa 1200 Menschen zum Raketen-Übungsgelände der Bundeswehr in Bergen-Lohne in der Lüneburger Heide. Nach dem Vorbild der englischen »Campaign for Nuclear Disarmament« wollen sie gegen die dort stationierten Raketen vom Typ »Honest-John« demonstrieren. Auf Transparenten fordern sie, nach viertägigem Marsch durch fast menschenleere Gegenden, den Verzicht auf »atomare Kampfmittel jeder Art und jeder Nation«.[2] Die sich da versammelt haben, sind Menschen jeden Alters und jeder politischen Couleur, einig nur in ihrem Protest gegen die Nuklearwaffen. Selbst Studenten aus dem SDS und vom »Internationalen studentischen Arbeitskreis der Kriegsdienstgegner« haben sich den Marschierern angeschlossen. Sie bleiben in der Minderheit.

Auch Andreas Buro, studierter Politologe, Naturwissenschaftler und zu der Zeit in der Forschung tätig, ist mit dabei. Ein Jahr später wird er Sprecher des »Zentralen Ausschusses«, der die Aktivitäten der einzelnen Marschgruppen koordinieren soll. Jahrgang 1928, haben Krieg und Nachkriegszeit seine Jugend bestimmt. Um so erstaunter ist er über die Zurufe, die die Ostermarschierer von den wenigen Passanten am Straßenrand zu hören bekommen: »Geht doch nach drüben in die Zone!«[3]

»Ich bin jemand, der ganz aus der bürgerlichen Gesellschaft kommt, meine Eltern waren Liberalkonservative, zwar immer gegen Faschismus und Nationalsozialismus eingestellt, aber keineswegs links oder marxistisch. Für meine Mutter war der Begriff ›Sozi‹ ein Schimpfwort, wie wenn zur Zeit des Kalten Krieges jemand sagte, ›das ist ein Kommunist‹. Ich bin in den 60er Jahren kein Linker gewesen, ein bürgerlich-liberaler Pazifist, jemand, der aus der Kriegszeit, die ich ja noch sehr deftig miterlebt habe, eine tiefe Abneigung gegen das ganze militaristische Element empfand, wegen der Art des Umgangs mit Menschen. Dann spielte für mich die ganze Re-Education-Phase nach dem Zweiten Weltkrieg eine unerhörte Rolle, in der Demokratie dargestellt wurde als die Form des freiheitlich-öffentlichen Diskurses.

Und so war auch mein Anliegen: Man muß der Regierung doch sagen, was falsch ist, man muß sie aufklären, die sehen da etwas nicht. Und dann kommt die Antwort nicht auf der Ebene sachlicher Argumentation, sondern die sagen auf einmal: ›Du bist ein Kommunist‹ oder ›Du bist von Moskau gesteuert‹. Und ich denke, haben die mich vielleicht nicht richtig verstanden oder haben die den Brief verkehrt gelesen? Aber es kamen keine anderen Reaktionen. Das war ein richtig persönliches Erlebnis. Auf einmal tauchte also die Frage auf, was denn da los ist. Da muß doch etwas anderes dahinterstehen, das solche Dinge bewirkt. – Vielleicht Diffamierung? Die habe ich massiv am eigenen Leib erlebt. Während der Kampagne, als Sprecher des Zentralen Ausschusses, habe ich Diffamierung wirklich zu meiner Überraschung, zu meinem großen Erstaunen erlebt. Und dann stellte sich die Frage: Was ist Demokratie nun wirklich? Und das ist nicht nur mein Erlebnis, sondern gilt für ganz viele, die aus dem Bereich der bürgerlichen Intelligenz kommen, die ja in Deutschland keine sozialistische ist. Was ist denn diese Gesellschaft eigentlich? Die ist ja gar nicht so, wie sie vorgibt zu sein.«

Die Zurufe vom Straßenrand, die Kommunismus-Verdächtigungen waren keine vereinzelten Fehlleistungen, sondern fügten sich in den Kanon des sanktionierten Ungeistes.

Kurz zur Pathologie: Kaum zehn Jahre waren seit der bedingungslosen Kapitulation des Hitler-Reiches vergangen, da wurde der Bundesrepublik »die volle Macht eines souveränen Staates über ihre inneren und äußeren Angelegenheiten« zugesprochen. Gleichzeitig trat die Bundesrepublik der NATO bei und beschloß wenig später die Einführung einer allgemeinen Wehrpflicht. West-Deutschland war auch völkerrechtlich wieder wer.

In diesen zehn Jahren hatte sich die Weltlage radikal geändert. Berlin war von der sowjetischen Besatzungsmacht blokkiert worden. In China hatten Kommunisten die Volksrepublik ausgerufen. In Ost-Berlin hatten Truppen der Sowjetunion einen Aufstand Ostberliner Bürger blutig niedergeschlagen.

Amerikanische Truppen hatten in Korea im Auftrag der UNO gegen das Übergreifen der nordkoreanischen Kommunisten gekämpft, und im National Security Council der Vereinigten Staaten, der Präsident Truman in außenpolitischen Fragen beriet, redete man von der »Domino-Theorie«: Fällt ein Land dem Kommunismus anheim, so fallen andere bald auch.[4] Entlang ideologischer Trennlinien hatten sich die Fronten verhärtet.

Doch der Antikommunismus benötigte nicht unbedingt Fakten, um sich daran zu entzünden. Die Psychologen und Psychoanalytiker Margarete und Alexander Mitscherlich schrieben dazu:

»Die Ideologie der Nazis ist zwar nach 1945 pauschal außer Kurs geraten, was aber nicht bedeutete, daß man eine sichere Distanz zu ihr gefunden hätte. Dazu wäre eine kritische Auseinandersetzung, zum Beispiel über die Wahnhaftigkeit mancher Teile dieser ›Weltanschauung‹, notwendig gewesen; aber sie kam nicht zustande. So haben sich, sozusagen naiv, weil unreflektiert, Teilstücke dieses Weltbildes völlig unbehelligt erhalten. Das folgenreichste dürfte der emotionelle Antikommunismus sein. (...) So ist eine differenzierte Realitätsprüfung für alles, was mit dem Begriff kommunistisch bezeichnet werden kann, ausgeblieben.«[5]

Der emotionelle Antikommunismus ermögliche es gar, die eigene Trauer als »fruchtloses Wühlen in der Vergangenheit«[6] zu verdrängen. Das Buch, in dem dieses Zitat steht, erschien 1967. »Die Unfähigkeit zu trauern« wurde ein Bestseller.

Merkwürdig genug, daß gerade heute die 50er Jahre verklärt werden. Die mit Rock'n'Roll, Petticoats und Nierentischen ausgestopfte Nostalgie-Nische bietet nur wenig Platz für das, was mit den Begriffen »Kalter Krieg« und »Antikommunismus« nur unzureichend die andere Seite der Medaille umschreibt. Für Jüngere ist es heute schwierig, die Doppelbödigkeit nachzuvollziehen, die als Melange aus mehr oder minder ungebrochenen Nazi-Traditionen, kollektiver Verdrängung angesichts des erstaunlichen Wirtschaftswachstums, aus antikommunistischer Dauerpropaganda und nationalistischen »Wir-sind-wieder-wer-Gefühlen« Kindheit und Jugend der später Rebellierenden prägte.

An den Raketenbahnhöfen zeigten sich die Risse in der Fassade am deutlichsten. »Persönliche Betroffenheit«, diese in den vergangenen Jahren zum Allgemeinplatz verkommene Phrase, sei das Element, das jene Osterdemonstrationen mit den Friedens-, Ökologie- und Anti-AKW-Bewegungen unserer Tage verbinde. Trotz ihrer »realpolitisch gering einzuschätzenden Chancen« habe das, so schreibt Andreas Buro in einem Aufsatz[7], die Menschen damals motiviert, den Viertagemarsch anzutreten. Dazwischen liege, in Anlehnung an die von Rudi Dutschke geprägte Formulierung, ein »langer, kollektiver Lernprozeß«.

Andreas Buro: »Es ist der Versuch, ganz entgegen journalistischen Interpretationen herauszuarbeiten, daß ein hohes Maß an Kontinuität in sozialen Bewegungen steckt. Diese Lernprozesse haben sehr sonderbare Formen, aber es ist keineswegs so, daß ein Thema abgehandelt wird, und dann kommt etwas ganz anderes.« Sein APO-Begriff, sagt der Professor, beziehe sich deshalb nicht allein auf die Studenten, sondern umfasse die Gesamtheit der 60er Jahre. »Meine Grundthese lautet, daß sich mit den Ostermärschen so etwas wie eine eigenständig organisierte außerparlamentarische Opposition auf relativ breiter sozialer Basis bildete. Die umfaßte den Gewerkschaftsbereich, den christlichen, den liberalen Bereich, linke Positionen innerhalb der Sozialdemokratie und noch mehr ... Das Auftreten der Studenten habe ich in einem viel längeren Zeitraum erlebt als die meisten außenstehenden Beobachter. Sehr viele der späteren Studentenführer wie Helmut Schauer oder Ursula Schmiederer oder die Gebrüder Wolff waren je nach Lebensalter und Situation in der Ostermarsch-Bewegung engagiert, die sich nachher Kampagne für Demokratie und Abrüstung nennt; also auch schon im Sinne einer Politisierung und Ausweitung des Protestes.«

Bei etwa 1200 Demonstranten kann man von einer zahlenmäßig breiten Basis allerdings 1960 noch nicht sprechen. Nur wenige Jahre zuvor hatte die Kampagne »Kampf dem Atomtod« (KdA) mehr als 150000 Menschen auf die Straße und zu Kundgebungen getrieben. Über die ganze Bundesrepublik war damals eine Welle des Protestes gegen die Stationierung amerikanischer Atomwaffen geschwappt, nachdem 18 renommierte Wissenschaftler, unter ihnen die Nobelpreisträger Werner Heisenberg, Max Born und Max von der Laue, vor den Auswirkungen eines nuklearen Krieges gewarnt hatten.[8]

Sogar die SPD hatte sich der Kampagne angenommen, sie jedoch aufgegeben, nachdem sich die daran geknüpften Wahlhoffnungen als nichtig erwiesen hatten. »Sicherheit und Wohlstand statt Kommunismus« hatte sich als schlagkräftiger Slogan erwiesen, in Nordrhein-Westfalen errangen die Christdemokraten gar die absolute Mehrheit. Zudem widerstrebte das Engagement für die KdA der Öffnung der SPD zur Mitte, wie sie von einer Reformergruppe um Herbert Wehner, Carlo Schmid und Willy Brandt avisiert wurde. Derart kommunistisch stigmatisierte Bewegungen waren da nur hinderlich.

Doch schon 1963 machten sich 50 000 Menschen auf die Beine, um sich vor Ort über »die Bombe« zu entrüsten. Und es wurden jährlich mehr. Zur Vorbereitung des Ostermarsches 1964 forderte Andreas Buro seine Mitstreiter auf, anstelle der allgemeinen moralischen Entrüstung »ein positives Konzept für eine Abrüstungspolitik in Mitteleuropa« bekanntzumachen und damit den Widerspruch zwischen der Politik der Bundesregierung und dem weltweiten »Entspannungstrend« bloßzulegen.[9]

Was war geschehen?

Nach Ende der Kuba-Krise im Herbst 1962 wichen die starren Fronten zwischen den Supermächten der allmählichen Einsicht, daß im Zeitalter der atomaren Abschreckung die Kriegsdrohung »nicht unbegrenzt und risikolos als Mittel der Politik«[10] eingesetzt werden konnte. Die These von der friedlichen Koexistenz, bereits im November 1961 im Parteiprogramm der KPdSU erwähnt, wurde regierungsamtlich. Im Juli 1963 vereinbarten die Vereinigten Staaten, Großbritannien und die Sowjetunion die teilweise Einstellung nuklearer Versuchsexplosionen.

Und in Deutschland? 1961 flohen monatlich etwa 15 000 Menschen aus der DDR in den Westen, im Juli waren es sogar doppelt so viele. Die Bildzeitung titelte damals: »PANKOW IN PANIK! – 4 Millionen bis heute geflüchtet.«[11] Insgesamt verließen fast 2,8 Millionen Menschen zwischen 1945 und Mitte 1961 das Staatsgebiet der DDR.

Der Flüchtlingsstrom wurde abrupt beendet. In der Nacht

vom 12. zum 13. August riegelten Bautrupps der Volkspolizei sämtliche Straßen längs der Sektorengrenze in Berlin ab. Einer von denen, die sich plötzlich für die eine oder andere Seite der Mauer entscheiden mußten und wütend demonstrierten, hieß Rudi Dutschke. Die Mauer aber blieb, allen Politikerreden, etwa der des Regierenden Bürgermeisters Willy Brandt, auch Präsident Kennedys symbolträchtiger Solidaritätsbekundung »Ich bin ein Berliner« zum Trotz.

Und die »deutsche Frage«, bisher immer im Brennpunkt aller Entspannungs- und Abrüstungsfragen, war durch die »Entspannungsbemühungen« der Weltmächte nicht mehr »das zentrale Problem im Verhältnis der beiden Supermächte«.[12] Die Hallstein-Doktrin, die die Aufnahme diplomatischer Beziehungen zu Staaten verbot, welche die DDR anerkannten, wurde fast schon zum Anachronismus. Während viele Länder längst dazu übergingen, den Status quo hinzunehmen, erforderte es erst einige geistige und diplomatische Verrenkungen, an dieser Doktrin festzuhalten und zugleich Handelsverträge mit Polen, später auch mit Rumänien, Ungarn und Bulgarien aufzunehmen.[13]

Um so unverständlicher mußte vielen Menschen ein Gesetzesentwurf erscheinen, der seit 1960 immer wieder den Bundestag beschäftigte. Vom Bundesinnenminister Gerhard Schröder im Januar des Jahres vorgelegt, sollte das Gesetz die Bundesregierung im Falle eines Ausnahmezustandes ermächtigen, »gesetzesvertretende Verordnungen zu erlassen« und Grundrechte einzuschränken.[14] Theologen legten ein Memorandum vor, der Verband der Kriegsdienstverweigerer gab einen Gegenentwurf heraus. Was sollte das Gerede um einen mutmaßlichen Notstand? Wo sah die Bundesregierung den Feind, lauerte er wirklich an den Ostgrenzen, oder spielte man nicht viel mehr auf die Heimatfront an? Erinnerungen an das Ermächtigungsgesetz wurden bei vielen Bürgern wach. Die Diskussion verebbte nicht, das Thema Notstand in der Demokratie wurde ein Dauerbrenner für die außerparlamentarische Opposition.

Und es spiegelte sich offenbar auch im Verhalten der Wähler wider. Bei den Wahlen zum vierten Bundestag im Herbst

1961 verlor die Regierung Adenauer ihre absolute Mehrheit und koalierte mit der FDP. Die SPD hingegen erntete die ersten Früchte des Godesberger Programms und verließ mit mehr als 36 Prozent der Wählerstimmen das Ein-Drittel-Ghetto. Das Ende einer Ära zeichnete sich ab.

Als am 26./27. Oktober 1962 der Herausgeber des Nachrichtenmagazins »Der Spiegel«, Rudolf Augstein in Hamburg, und der Militärexperte des Blattes, Conrad Ahlers, in Spanien festgenommen wurden, wurde bereits das letzte Kapitel der Ära Adenauer eingeleitet. Am Ende der Spiegel-Affäre erwies sich der Verdacht, »Der Spiegel« habe mit einer Veröffentlichung über das NATO-Manöver »Fallex 62« Staatsgeheimnisse preisgegeben und damit Landesverrat, Fälschung und Bestechung begangen[15], als Bumerang. Bundesverteidigungsminister Franz Josef Strauß wurde die Falschaussage nachgewiesen, die Minister der FDP traten zurück, um eine Neubildung der Regierung zu erzwingen. Zwei Staatssekretäre wurden, wie es euphemistisch hieß, »freigestellt«. Zwar wurde bereits am 14. Dezember 1962 ein neues Kabinett gebildet, in dem der Verteidigungsminister Franz Josef Strauß keinen Sitz mehr hatte, aber Konrad Adenauer erklärte, im Herbst des nächsten Jahres zurücktreten zu wollen. Sein fünftes Kabinett konnte jedoch die Risse nicht mehr kitten. Die Empörung über die Verhaftungen war zu groß. Demonstranten trugen in Berlin Transparente vor sich her mit der Aufschrift: »Carl von Ossietzky 1929, Augstein 1962.«[16]

Aber was hatte es zu bedeuten, daß nur fünf Tage nach der Redaktions-Durchsuchung ein neuer Notstands-Entwurf von Schröders Nachfolger Hermann Höcherl auf den Tisch kam? War die Affäre symptomatisch für das Selbstverständnis der Politiker in diesem Land? Die Zahl der Zweifler am christdemokratischen Regierungskurs nahm zu.

Als Ludwig Erhard, der »Schöpfer des Wirtschaftswunders«, ein Jahr später das Kanzleramt von Adenauer übernahm, stellte er fest: »Nicht nur die Bundesrepublik, sondern die ganze Welt ist im Begriffe, aus der Nachkriegszeit herauszutreten.«[17] Und die Basis der Außerparlamentarischen Opposition wuchs. 1964 reihten sich bereits 100 000 Menschen in die Ostermarsch-Kolonnen ein. Die Zeit der einsamen Wanderungen durch noch einsamere Gegenden war vorüber.

Die Studentenbewegung kam nicht aus dem Nichts. Das ist es, woran Andreas Buro erinnert, wenn er sagt: »Für mich war das Neue der Studentenbewegung der Verselbständigungs- und Radikalisierungs-Prozeß, der ja erst '66 deutlich wird und sich dann sehr schnell entwickelt. Das war für mich durchaus überraschend. Ich habe diesen Prozeß erlebt als eine Auseinandersetzung innerhalb der Kampagne selbst. Aber da war nichts, was ich erwartet hatte oder worauf ich vorbereitet war. Ich weiß auch nicht, ob es Leute gibt, die ernsthaft sagen können, das vorhergesehen zu haben. Die meisten waren sehr überrascht.«

## Radikalisierung über den Kopf

Tatsächlich sah es an den Universitäten zunächst ganz anders aus. Während die SPD sich langsam, aber entschlossen aus der Anti-Atom-Kampagne verabschiedet hatte, entschied sich der Sozialistische Deutsche Studentenbund für einen anderen Weg. Der SDS, so eine Resolution, sei nicht bereit, »aus Opportunitätsgründen auf die Weiterführung des Kampfes gegen die atomare Bedrohung zu verzichten«.[18] Ein Affront gegen die veränderte Linie der Sozialdemokraten, die Spaltung war vorprogrammiert.

Als am 3. und 4. Januar 1959 in Berlin der »Studentenkongreß gegen Atomrüstung« trotz Chruschtschows Berlin-Ultimatum die Aufnahme von Gesprächen mit dem anderen Teil Deutschlands forderte, kam es zum Eklat. Der SPD-Wehrexperte und ehemalige Vorsitzende des SDS Helmut Schmidt verließ den Saal. Die SPD warf dem SDS vor, mit den »Infiltrationsbüros der SED« zusammengearbeitet zu haben.

Ein Kongreß in Frankfurt unter dem Motto »Für Demokratie – gegen Restauration und Militarismus«, eine Ausstellung über die »Ungesühnte Nazijustiz«, recherchiert vom Berliner SDS-Mitglied Reinhard Strecker, eine von Wolfgang Abendroth verfaßte Kritik am Godesberger Programm trieben die Spaltung weiter voran. Einige Studenten wandten sich vom

SDS ab und gründeten andere sozialdemokratische Hochschulorganisationen, die sich am 9. Mai 1961 im Sozialistischen Hochschulbund (SHB) zusammenschlossen. Nach und nach wurden den im SDS Verbliebenen Geld und Räume entzogen, Rechnungen flogen ins Haus, und am 6. November war es dann soweit: Der Parteivorstand der SPD erklärte die Mitgliedschaft im SDS für unvereinbar mit einer SPD-Mitgliedschaft. 1946 unter dem Vorsatz Kurt Schumachers gegründet, keine Anknüpfung an reaktionäre Tendenzen zuzulassen[19], stand der SDS praktisch vor dem Nichts.

Soziologen zeichneten ein düsteres Bild vom politischen Bewußtsein an den Universitäten. Im Herbst 1962 wurde eine Studie veröffentlicht, die sich mit dem politischen Bewußtsein der Studenten beschäftigte. »Student und Politik«, so der Titel, kam zu dem Ergebnis, daß zwei Drittel der Studenten nur vage oder überhaupt keine Vorstellungen hätten, die eine klare Aussage hinsichtlich ihrer politischen Ansichten zuließen.[20] Lediglich 27 Prozent der Befragten, so die Soziologen Habermas, Friedeburg, Oehler und Weltz, verfügten über ein politisch klar ausgeprägtes Bild der Gesellschaft und ihrer Rolle darin, und von diesen wiederum besäße nur ein Drittel ein »definitiv demokratisches Potential« – eine kleine Minderheit.

»Sie war nicht falsch, sie war richtig«, beurteilt Helmut Schauer die Untersuchung.

»Ich habe in den 50er Jahren angefangen, mich politisch zu engagieren, zuerst nicht bei den Gewerkschaften, sondern ursprünglich bei den Naturfreunden, sozusagen in der Bewegung, die noch aus der Weimarer Republik kam und in der Krise war. Insofern bin ich gar kein ›68er‹. Für jemanden, der durch die 50er und 60er Jahre geprägt wurde, war es überraschend, was plötzlich möglich war. Ich glaube, das ging vielen Genossen und Genossinnen ebenso. Was war der SDS? Das war eine Handvoll Leute – heute sieht das aus wie ›wunder was‹. Das zeigt auch, daß in solchen Umbruchsituationen sich unter Umständen ein Bewußtsein sehr viel radikalisierter darstellt und anwendet, als das vielleicht gemeinhin vermutet wird. Wir hatten Ende der 60er Jahre erstmals wieder eine junge Generation, die kritisch gedacht und Möglichkeiten aufgezeigt hat, die in den Jahrzehnten zuvor überhaupt nicht denkbar waren.

Der Rausschmiß des SDS aus der SPD war ja nicht so irreal. Die SPD war davon ausgegangen, daß der SDS daran kaputtgehen würde. Da war zunächst nur ein sehr zartes Widerstandsbewußtsein, ein Stück Liberalität an den Universitäten zu erhalten, das das Häufchen überhaupt aufrechterhalten hat.«

Helmut Schauer, gelernter Mechaniker und über den zweiten Bildungsweg und ein Gewerkschafts-Stipendium (»Insofern war ich immer erst Gewerkschafter und dann Student«) an die Universität gekommen, war von 1964 bis 1966 Bundesvorsitzender des SDS. 1965, neun Tage nachdem sich die Fraktionen der CDU/CSU, FDP und SPD über die Annahme der Notstandsgesetze geeinigt hatten, eröffnete er vor 1200 Vertretern aller linken und liberalen Studentenverbände in Bonn den Kongreß »Demokratie vor dem Notstand«.[21] Ein Jahr später organisierte er, inzwischen von der IG-Metall-Zentrale aus, als Sekretär des von Gewerkschaften mitfinanzierten Kuratoriums »Notstand der Demokratie« dann noch den gleichnamigen Kongreß in Frankfurt. Immerhin 5000 Studenten, Gewerkschafter, Professoren, Assistenten und SPD-Parteimitglieder kamen zusammen, um in sechs Diskussionsforen die verschiedenen Aspekte der Notstandsgesetzgebung zu durchleuchten. An der Abschlußkundgebung auf dem Römerberg beteiligten sich sogar 20000 Menschen.

»Im Grunde«, sagt er, »ist es ja auch falsch, von einer Studentenrevolte zu sprechen. Es war eine komplexe Umbruchsituation im gesamten politisch-kulturellen Klima der Bundesrepublik. Das ging weit über institutionalisierte politische Strömungen hinaus. Heute ist schwer vorstellbar, welche Gewalt der Antikommunismus zur Zeit des ›Kalten Krieges‹ hatte. Da waren permanente und nach innen gesteuerte Denkverbote. Damit konnte man alles kaputtmachen. Das hat auch innerhalb der Linken Paralysierungen erzeugt. Ich glaube, daß es das Verdienst der älteren kritischen Strömungen innerhalb der Studentenbewegung und damit auch des

SDS war, daß sie in einer Umbruchsituation einem kritischen Potential, was in sich nicht so geklärt war – das hätte auch in ganz andere Richtungen losgehen können –, einen Reflexionshorizont und eine Sprache verliehen haben. Natürlich hat die Revolte auch vom Re-Education-Prozeß der Nachkriegsperiode gelebt. Aber angesichts des Miefes der 50er Jahre und der Unaufgeklärtheit der öffentlichen politischen Diskussion haben sich in der Revolte viele Leute, die von ihrer Ausgangssituation eher zu autoritären oder zu rechten Positionen tendiert hätten, mitreißen lassen und sind in Bewegung gekommen. Ich kenne viele Leute persönlich, bei denen das sehr ambivalent war. Daß überhaupt eine Anknüpfung an linke Positionen zustande gekommen ist, wie auch immer sie dann verkommen ist, war von vornherein nicht ausgemacht.«

Heute arbeitet Helmut Schauer, nach einem Zwischenspiel am Frankfurter TAT-Theater und mehreren Jahren am Soziologischen Institut in Göttingen, in der Vorstandsverwaltung der IG-Metall-Tarifkommission. In seinem Büro im IG-Metall-Hauptgebäude, einem unförmigen Klotz am Frankfurter Mainufer, von wo aus er auch das »Prima-Klima«-SDS-Revival angeleiert hatte, habe ich mich mit ihm verabredet und bin zunächst überrascht, als er vor mir steht. Helmut Schauer verkörpert nicht unbedingt den Typus des in großen Gesten geübten Rhetors. Wenn er, in schwäbelndem Tonfall, spricht, nimmt er halbe Sätze zurück, formuliert sie um, schmeckt die Worte auf ihren Gehalt ab, fängt von vorne an.

Dabei hält er bisweilen heute noch Reden vor studentischem Publikum, etwa als er die Vertreter der Vereinigten Deutschen Studentenschaften auf Solidarität mit dem Gewerkschaftskampf um die 35-Stunden-Woche einschwören wollte.[22] Die »Tageszeitung«, die seine Rede abdruckte, sah darin gar ein Anknüpfen an das politische Bündnis zwischen 68er-Bewegung und Gewerkschaften.

Damals sei es dem aus der SPD verstoßenen SDS klar gewesen, daß die Gewerkschaften wesentlicher Bezugspunkt linker überuniversitärer Politik zu sein hätten. »Das war damals der große Vorgang«, sagt er, »daß ein Bündnis von kritischer Intelligenz und Teilen der Gewerkschaften zustande kam. Heute sind die Ausgangsbedingungen auf beiden Seiten ganz anders. Die Rolle der Universität hat sich verändert. Meines Erachtens hat ein Stück Säkularisierung von Theorie stattgefunden: Es gibt sie eigentlich kaum noch. Auch der öffentliche Status von Wissenschaft und Wissenschaftlern sowie von Intellektuellen hat sich verändert. Auf der anderen Seite beobachten wir eine Verwissenschaftlichung oder Akademisierung der Gewerkschaften und ihrer Einrichtungen. Ein Stück Rationalisierung. Die Bildungsvoraussetzungen für Gewerkschaftsarbeit haben sich verändert. Die Gewerkschaften in der Bundesrepublik sind in hohem Maße ein Faktor sozialstaatlicher Verwaltung. Dazu ist man viel mehr auf formale Kenntnisse und Ausbildungsvoraussetzungen angewiesen, als das in der Vergangenheit der Fall war. Das ist ein komplexer Vorgang, der sich ja nicht nur in den Gewerkschaften abspielt. Es handelt sich dabei um eine Entwicklung, in der die Gewerkschaften eine allgemeine Tendenz aufnehmen.« Auch an Helmut Schauer richte ich die Gretchenfrage, ob das Leitbild eines »Marsches durch die Institutionen« für ihn von Bedeutung ist. Er lehnt sich zurück und meint:

»Naja, zunächst sagt das ja nicht viel. Wir haben nun einmal eine hochorganisierte und insofern institutionalisierte Gesellschaft, letztlich landet man immer in Institutionen. Familie ist auch eine Institution. Rudi hat gemeint, daß man einen langen Atem braucht und den allgemeinen Ansatz auf die Ebene der ›Mannigfaltigkeit des Lebens‹ bringen muß. Es ist ja auch keine entwickelte Strategie, mehr eine Parole: ›Wir haben uns aufgemacht, wir wollen durch unsere Lebensbedingungen hindurch an dem Impetus und Impuls festhalten und ihn zur Geltung bringen.‹ Es ist also nicht nur Quatsch, aber es war auch ein Stück Eingeständnis, daß das, was gedacht und gewollt war, nicht unmittelbar einzulösen ist, sondern lange Arbeit erfordert. ›Der lange Marsch‹ lehnt sich auch an den Rückzug von Mao Tse-tung an, der ja gekostet hat und zunächst eher ein politisches Überlebensverhalten gewesen ist. Es ist halt ein Stichwort, keine entwickelte Perspektive. Wenn es gültig gewesen wäre, dann hätten die Verfallserscheinungen der 70er Jahre nicht stattfinden dürfen. Man kann sich ja auch fragen, ob nicht manches dabei versackt ist.«

*»Das hört sich an, als sei das für Sie keine Frage mehr?«*
»Wir sind heute in einer anderen Situation. Diese Parole hat sich einfach erschöpft. Wir sind drin. Wir leben einfach. Man kann nicht aus der Menschheit austreten, wie Rosa Luxemburg 'mal gesagt hat. Und wo das versucht wird, ist es scheinhaft. Wir müssen uns heute fragen, und das war auch der Sinn von »Prima Klima«, wie wir aus der Vereinzelung in Lebensbereichen und Aktivitätsfeldern wieder zu einer produktiveren Diskussion kommen, als sie im Moment stattfindet. Aus meinem Freundeskreis im Umkreis des SDS sehe ich, daß alle irgendwo herumwerkeln. Die einen an den Universitäten, die anderen an was weiß ich für Bildungseinrichtungen, Medien, auch in der Gewerkschaft. Es findet nur zuwenig Diskussion über theoretische Fragen statt, in der die gemachten Erfahrungen aufgearbeitet werden könnten. Die ›68er‹ sind noch nicht alt! Da hat sich ein Stück der Ungeist der Zeit durchgesetzt. Ich finde es lächerlich, so zu tun – das ist ein politischer Populismus, der nicht trägt, auch nicht bei den Jüngeren, auf die es uns ankommen müßte –, als wären wir schon vergessen. So alt sind wir noch nicht. Die Ambivalenz gegenüber den 68ern wird dadurch auf eine falsche Weise fortgeschleppt, daß die sich nicht stellen. Wir müssen uns einfach kritikfähig machen. Darauf haben die Jüngeren ein Recht. Ich kann mir mein Denken und meine politischen Haltungen nicht ohne die Erfahrung mit Adorno und den Alten, die es halt noch gab, vorstellen – und wir haben sie auch kritisiert. Das ist aber nicht nur eine Frage im Umfeld der Protestbewegung. Beispiel Kirchentag: Wenn Sie da hingeschaut haben, haben Sie auch den Eindruck bekommen, da sind die älteren kritischen Protestanten, und dann gibt es viele ganz Junge. Aber die Mittelgeneration, die eigentlich durch '68 und danach geprägt wurde, ist ganz dünn besetzt. Ich habe dafür noch keine Erklärung. Das betrifft offensichtlich nicht nur die Leute, die aktiv waren. Da spielen wahrscheinlich mehrere Faktoren eine Rolle. Diese Generation ist jetzt in

einer Situation, in der sie eingespannt ist, sei es im Berufsleben, sei es in den privaten Lebensverhältnissen. Ich glaube nicht, daß nur wenige den Versuch unternommen haben, die eigenen Lebensverhältnisse zu ändern. Aber das kostet Zeit und Anstrengung. Unsere Generation ist weder richtig bei der SPD noch richtig bei den Grünen vertreten. Nur indem sie selber ihre Diskussion reorganisiert, kann sie wirklich wieder zur Geltung kommen. Das ist kein bombastischer Aufbruch, das ist mühsame Arbeit. Alle solchen Tätigkeiten bedeuten eine Veränderung im Zeithaushalt von Individuen. Gerade weil es so viele Abwendungen von der politischen Aktivität nicht gibt, ist das nicht einfach.«[23]

Urs Müller-Plantenberg gehört zur selben Generation wie Helmut Schauer, zu den »kritischen Älteren« oder, wie gespöttelt wurde, zur »Alte-Keulen-Riege« im SDS. Bei unserem Gespräch in seiner Wohnung legt er einen tabellarischen Lebenslauf auf den Tisch, in dem sich, wie zur Bestätigung Helmut Schauers, zwei Worte auffallend wiederholen: Mitglied und Mitgründer. 1951 Mitglied im Bund der Wandervögel, 1957 bis zum Rausschmiß 1965 Mitglied in der SPD, 1958 bis 1968 Mitglied im SDS. Er war Mitglied der »Novembergesellschaft«, eines Zusammenschlusses junger Intellektueller, die als Reaktion auf die Große Koalition im Herbst 1966 Ziele einer oppositionellen Partei formulieren wollten. Als später daraus der Republikanische Club hervorging, gründete Urs Müller-Plantenberg ihn mit.[24]

1968 verließ er Berlin wegen eines Forschungsaufenthaltes Richtung Chile. Nach dem Putsch gegen Salvador Allende hob er, inzwischen promoviert, 1973 das Berliner Chile-Komitee aus der Taufe, gab die Chile-Nachrichten heraus, absolvierte mehrere Gastprofessuren und arbeitete im sozialistischen Büro mit. Nicht unbedingt der Lebenslauf eines »Veteranen«. Trotz eines Herzinfarktes ist der Lateinamerika-Experte der FU seit 1984 Mitglied in der Alternativen Liste Berlin. »Ich war im Prinzip immer der Meinung, daß man die Sozialdemokratische Partei schlecht kritisieren könne, wenn man ihr nichts eigenes, kein Korrektiv entgegenstelle. Ich bin aus dem Sozialistischen Büro ausgetreten, weil dort die Meinung herrschte, daß man auf die Massen warten müßte, statt zunächst einmal selber Alternativen anzubieten. An der Alternativen Liste hätte ich mich vielleicht von Anfang an beteiligt, wenn ich die Zeit dazu gehabt hätte.«

»*Erkennen Sie eigentlich in der Arbeitsweise, wie sie damals beim SDS vorherrschte und wie sie jetzt bei den Grünen gehandhabt wird, große strukturelle Unterschiede?*«

»Ja, die Unterschiede äußern sich zunächst in Äußerlichkeiten. Zum Beispiel, daß im SDS praktisch alle geraucht haben, daß die Räume, in denen wir getagt haben, außerordentlich eng waren, entsprechend verqualmt und schmuddelig. Auf die Idee, irgendwo Blumen hinzustellen oder das Ganze etwas bunter auszugestalten, kam man nicht. Im Gegenteil, die Zerstörung dieser Schein- und Glitzerwelt war zunächst einmal das Interessante. Ein zweiter Punkt war, und das stellt man eigentlich erst im Rückblick fest, daß die Frauen eine absolut untergeordnete Rolle spielten. Ein richtiger Chauvi-Club.

Obwohl man die Leistungsgesellschaft kritisierte, richtete man sich nur danach, wer was leisten kann – und daß die Frauen nichts leisten konnten oder nichts Vergleichbares, war jedermann von vorneherein klar. So gab es einige Frauen, die man vorzeigen konnte und wollte, auf die man stolz war und mit denen man nachweisen konnte, daß man es doch noch mit dem alten Bebel hielt, der ja für die Frauen gekämpft hatte. Aber es war ein Chauvi-Club. Und das ist bei der Kultur der Alternativen Liste heute nicht der Fall.«

»*War das für Sie eine große Umstellung, als Sie '84 zur AL gingen und dort mit einer anderen Generation konfrontiert wurden? Die Leute sind ja in der Regel jünger.*«

»Ich bin daran gewöhnt, fast überall, wo ich bin, einer der Ältesten zu sein. Es gibt auch bei der AL mehrere Leute, die so alt sind wie ich, und ich habe anfangs an der Alternativen Liste die Ruhe und Gelassenheit bewundert, mit der man andere Auffassungen angehört hat. Selbst Auffassungen, die eigentlich in diesem Kreis auf Empörung stoßen mußten. Das ist sehr bemerkenswert, weil man das ja gerade aus den Zeiten der Studentenbewegung und der maoistischen Gruppen nicht kannte. Das war offenbar die Voraussetzung, unter der man sich unter der Decke dieser Alternativen Liste überhaupt wieder versammeln konnte. Das hat mich sehr beeindruckt, und deshalb war es dann auch möglich, sich offen zu äußern. Bemerkenswert auch, wie stark die Frauen in die Diskussionen eingegriffen haben.«

*»Hat die AL im Gegensatz zum SDS eine weniger ausgeprägte sozialistische Perspektive? Ist das nicht gleichzeitig ein Problem für jemanden, der noch in der SDS-Tradition verwurzelt ist?«*

»Ich frage mich, ob nicht auch Gorbatschow eine sehr viel weniger sozialistische Perspektive hat als Chruschtschow, um es mal so zu drehen. In den 80er Jahren, schon Ende der 70er Jahre, hat die sozialistische Perspektive ungeheuer viel an Attraktivität verloren. Für mich bedeutet das nicht, daß sie nicht für viele Probleme die Lösung wäre, an vielen Stellen hat man bloß erkannt, wie was nicht geht. Innerhalb solcher Gruppen wie der Alternativen Liste ist es durchaus möglich, sozialistische Aspekte zu diskutieren und einzubringen. Die Alternative Liste als Ganzes ist natürlich nicht auf eine Perspektive festgelegt. Aber ich finde es auch eine Bereicherung, wenn zum Beispiel die Probleme von Frauen, von Behinderten in anderer Weise eingebracht werden, als das früher der Fall war. Die Studentenbewegung hat ja gezeigt, daß eine Gesellschaft, die in sich zu ruhen schien, ganz plötzlich ziemlich umgekrempelt werden kann. Zwar nicht in dem Sinn, daß sich die Machtverhältnisse grundsätzlich ändern, aber doch so, daß man plötzlich beginnt, alles von anderer Seite zu betrachten, und Möglichkeiten entdeckt, die man vorher für unmöglich gehalten hätte. Wenn man sich diese Erfahrung vor Augen führt, dann kann man zur Auffassung gelangen, daß diese Gesellschaft, die wieder einmal sehr ruhig und sehr friedlich und sehr unbekümmert und konservativ zu sein scheint, 1989 in Aufruhr geraten könnte. Vielleicht sind es dann ganz andere Probleme als damals. Ich würde das als eine der Lehren der Studentenbewegung begreifen. Ich weiß, daß viele der damals Beteiligten absolut anderer Auffassung sind und gerade aus der langen Zeit nach der Studentenbewegung den Schluß gezogen haben, daß diese Gesellschaft im Grunde überhaupt nicht zu verändern ist.

Niemand«, sagt Urs Müller-Plantenberg, »hatte sich noch 1966 vorgestellt, daß der SDS binnen kurzer Zeit eine sehr berühmte und bekannte studentische Gruppe sein würde, daß Tausende von Studenten für bestimmte Ziele auf die Straße gehen würden. Die Plötzlichkeit, mit der diese Studentenbewegung Gestalt annahm, war bemerkenswert. Das heißt, daß in relativ kurzer Zeit Strukturen, die absolut unerschütterbar, absolut fest schienen, gewisse Sitten und Gebräuche, zum Beispiel in der Hochschule eine Krawatte zu tragen, mit einem Schlag weg waren und daß nun plötzlich außerordentlich viel in Frage gestellt werden konnte. Im nachhinein war das nur aufgrund einer sehr intensiven intellektuellen Vorbereitung einer relativ kleinen Gruppe möglich. Ich möchte behaupten, daß ohne die Arbeit am Hochschulprogramm der SDS niemals diese Bedeutung hätte erringen können, die er errungen hat. Selbst die Gestalt von Rudi Dutschke und die Gestalten einiger anderer Studentenführer wären für die übrigen Studenten nicht so akzeptabel gewesen, wenn dieses Hochschulprogramm des SDS nicht vorgelegen hätte, das eine Alternative zur herrschenden autoritären Hochschule und Universität bot.«

Im September 1961 gab der SDS die Schrift »Hochschule in der Demokratie« heraus, die erste größere Aktivität des SDS nach dem Rausschmiß aus der SPD. Entgegen allen Unkenrufen war der Verband nicht eingegangen. Im Gegenteil, nach der erzwungenen Abnabelung und der Gründung eines von Professoren gestützten Förderkreises entbrannten in der »Neuen Kritik«, dem Publikationsorgan des SDS, Diskussionen über den Standpunkt des Studentenverbandes, über die Rolle der Studenten in der Gesellschaft, über die Frage, wie weit sich Studenten einzumischen haben auf dem Feld der »großen Politik«. Immer am Rande einer Pleite, hielt das Blatt zumindest die einzelnen Gruppen und Grüppchen zusammen, lieferte Gesprächsstoff, vereinheitlichte die Diskussionen innerhalb des kleinen Restverbandes. Die Delegiertenkonferenz im Oktober 1962 in Frankfurt verriet, welche Richtung beim Nachdenken über die Rolle der sozialistischen Theorie und des SDS als Träger derselben man einschlagen sollte. Kernsatz eines Referates von Claus Offe: Die Studentenschaft dürfte nicht Objekt, sondern müsse »treibende Kraft der Reform der bürgerlichen Universität sein«.

Reformen hatten Universität und Gesellschaft, so das einhellige Credo, bitter nötig. Referentin Elisabeth Lenk griff zu Bildhaftem: »Unsere Theorie ... sollte einem Scheinwerfergerät gleichen, dessen Licht stark genug ist, ein Stück des Wegs in die Zukunft zu erhellen, das aber zugleich, auf die gegenwärtige Gesellschaft gerichtet, grell ihre Risse, Sprünge, jahrhundertealten Staub, Muff und Spinnweben beleuchtet.«[25]

Auf einmal, so schien es, war die Universität der zentrale Ort, an dem gesellschaftliche Konflikte ausgetragen werden mußten. Und der kleine SDS war Vertreter nicht nur der sozialistischen Studenten, sondern, ganz unbescheiden, all derer, die unter den bestehenden Verhältnissen zu leiden hatten.

Heute klingt es anders. »Seminarmarxismus« – so überschreiben Siegward Lönnendonker und Tilman Fichter in ihrer »Kleinen Geschichte des SDS« das Kapitel, das die Diskussionen im SDS der frühen 60er Jahre nachzeichnet. Ich verabrede mich mit Siegward Lönnendonker in Berlin, wo er als wissenschaftlicher Angestellter am Zentralinstitut für sozialwissenschaftliche Forschung arbeitet. Neben dem Mao-Spruch »Fest entschlossen und keine Opfer scheuen und alle Schwierigkeiten überwinden, um den Sieg im Papierkrieg zu erringen« steht an seiner Zimmertür: »Archiv APO & Soziale Bewegungen«.

Seit 1963 führt Siegward Lönnendonker den Papierkrieg. In einem hohen Altbauzimmer türmen sich Akten mit Flugblättern und Schriftwechseln, archivierte Zeitungen, gesammelte Ausgaben – Buchrücken drängt sich an Buchrücken. Es ist, wie er versichert, die größte Materialsammlung über die außerparlamentarischen Bewegungen in Europa. Unter anderem lagern alle Unterlagen des SDS seit 1960, soweit überhaupt schon archiviert, in den Regalen.[26]

Dennoch begegnet mir kein im Amt ergrauter Papiertiger. Nach 25jähriger Sammelarbeit und Herausgabe einer Chronik der FU, deren fünf Bände jeweils Telefonbuchformat haben, verbirgt sich hinter Humor und Ironie des APO-Fachmanns trotz all der erlebten Nähe zum Forschungsobjekt kritische Distanz. Bildete der SDS, wie in seinem Buch vermittelt wird, wirklich den Kern der Studentenbewegung?

»Das würde ich auch nach wie vor aufrechterhalten. Der SDS konnte nur in einer gewissen Konstellation an den Universitäten so entstehen. Da kamen außenpolitische und innenpolitische Faktoren dazu, da kam hochschulpolitisch einiges zusammen. Nehmen wir die Hochschulmisere, das ist heute überhaupt nicht zu vergleichen mit damals, das waren die himmlischsten Zustände. Es waren ganz verschiedene Steinsplitter, die sich zu einem Mosaik zusammenfügten, und dann konnte der SDS, der, wenn man so will, für die Rolle prädestiniert war, durchmarschieren. Der SDS war eine Gruppe, die jenseits einer Partei, ohne Rücksichten, aber auch ohne Karrieremöglichkeiten, auf sich selbst gestellt war. Er konnte sozusagen die ›reine Lehre‹ hochhalten, brauchte das nirgendwo zu verifizieren, konnte an den Universitäten lärmen. Mit dem Rüstzeug, das sich die Leute angelesen hatten und wirklich in die Seminare brachten, konnten die jeden Professor aufs Kreuz legen. Dazu kam, daß wir zu jedem Thema jederzeit mindestens einen Referenten sofort aus der Tasche ziehen konnten. Mein Gott, wir wußten doch bestens Bescheid, was die Welt im Innersten zusammenhält, wir wußten haargenau, wie das mit dem Kapitalismus funktioniert. Wir hatten unsere ›Kritische Theorie‹ in der Tasche, die herrlichste Verbindung von Marxismus und Psychoanalyse, wir hatten auf alles eine Antwort. Später wurde das alles viel schwieriger, heute wissen wir gar nichts mehr.«

Die Melancholie, die sich dahinter zu verbergen scheint, gleicht bei Siegward Lönnendonker eher einem leisen Aufatmen. »Den Freunden, die ich habe«, sagt er, »ist das auch immer unerklärlicher geworden. Der Marxismus hat damals nun einmal eine Rolle gespielt als Idee, als Ideologie, und nicht als Möglichkeit, die Gesellschaft umzukrempeln.«

»*Hat man versucht, sich vom ›real existierenden Sozialismus‹ abzugrenzen?*«

»Sicher, aber als so um '63 herum von den ersten SDS-Gruppen bzw. vom Bundesvorstand eine Delegation nach ›drüben‹ geschickt wurde, war da ein verklärtes Idealbild in den Köpfen drin, das dann erst zurechtgerückt werden mußte. Zunächst war die DDR – wenn auch kein erstrebenswerter Zustand – mindestens der Faktor, mit dem man hier die Leute schockieren konnte. Es ist ja so, daß der Antikommunismus in Berlin schon immer ein ganz anderer war als in Westdeutschland. Hier stimmte der Antikommunismus, hier war er nicht auf irgendwelche Psychostrukturen zurückzuführen oder sowas. Hier in Berlin wurde jeden Tag vorgelebt, was Kommunismus heißt, und das war schrecklich. Was war, wurde immer schlechter. Beispielsweise die Universität (Humboldt-Universität, Ost-Berlin, d. A.), die zur Parteihochschule von A bis Z, bis ins Kleinste, umfunktioniert wurde, und die Professoren schwiegen dazu. Was nach dem Mauerbau kam, war eine verfestigte Form von Antikommunismus. Er blockte den Kopf ab. Vor dem Mauerbau kamen von der Universität drüben immer noch Leute und erzählten uns, was dort los war. Das war eine Art Korrektiv. Damit war '61 Schluß. Jetzt hatten wir hier den Antikommunismus und kein Korrektiv mehr. Jetzt konnte man die Leute am besten in ihrem Antikommunismus schocken, der nun wirklich verkrustet war, indem wir uns sozusagen pro-DDR gebärdeten. Das war zum großen Teil ein bewußter Vorgang. Die Leute zu schockieren, wenn die sagten: ›Geht doch nach drüben!‹, die DDR hochleben zu lassen. Wir haben damals gesagt, so doll wären wir ja auch nicht. Wir haben immer die Mieten angeführt, die so niedrig sind, und daß jeder Arbeit hat, gut, gab es hier auch noch, aber die billigen Grundnahrungsmittel. Daß es dort kaum Wohnungen gab, hat man schon verschwiegen. Und das Erziehungssystem, polytechnischer Unterricht, da haben wir gejubelt, das war toll.«

Folgt man seinen Ausführungen, so bestand schon in dieser frühen Phase der SDS-Reorganisation eine Kluft zwischen gebildetem Theoretisieren und eher platten Begründungen für Aktionen, deren Sinn vor allem im Provozieren lag, zwischen der »Theorie als Scheinwerfer« und dem bewußten Ausblenden unpassender Realitäten. Derart kraß konnte das nur in Berlin wirken, was zumindest zum Teil erklärt, warum gerade die viergeteilte Stadt zu einem Synonym für die Studentenrevolte wurde.

Aber immerhin, der SDS hatte, so winzig er auch war und so groß die Übermacht der anderen Verbände an der Universität schien, eine ganz eigenständige Linie gefunden. Zwar erging man sich bisweilen in reichlich theoretischer Marx-Exegese, aber die Frage, wie man zur Partei der Sozialdemokraten stand, war in den Hintergrund gerückt. Siegward Lönnendonker schreibt dazu: »Der SDS hatte endgültig den Schock von 1961 überwunden, die neu immatrikulierten Studenten, die dem SDS beitraten, kamen bereits in einen unabhängigen, konsolidierten Verband.«[27]

Und es tauchten neue Leute auf im SDS. Sie hatten einen ganz anderen Hintergrund, hatten sich nicht jahrelang in irgendwelchen Gremien herumgeschlagen, Gegenanträge formuliert, stundenlange Debatten ertragen und auf beinahe verlorenem Posten den Umtrieben der konservativen Verbände getrotzt. Der SDS, so meinte einer von ihnen, sei eigentlich nur ein lahmer Haufen, verhaftet in sozialdemokratischer Ämterbürokratie, zwar links, aber keineswegs revolutionär.[28] All das hinderte Rudi Dutschke nicht daran, im Sommer '64 ab und zu im SDS-Büro am Ku'damm Flugblätter abzuziehen.

Er und seine Freunde nannten sich »Anschlag-Gruppe«, eine Fraktion der »Subversiven Aktion«. Spätestens seit Mai '64 war der Name bekannt. Damals war in Stuttgart die feierliche Versammlung der deutschen Werbeleiter und -berater durch den Kakao gezogen worden. »... IHR habt die Lüge ›consumo, ergo sum‹ zur Wahrheit inthronisiert! Deshalb seid IHR DIE PREDIGER DER UNTERDRÜCKUNG«[29], hieß es auf einem Flugblatt der »Subversiven«. Mehrere der Flugblatt-Störer wurden damals festgenommen, unter anderem ein gewisser Dieter Kunzelmann, Schriftsteller aus München und Mitbegründer der Gruppe. Die Wohlstandsgesellschaft, so die Thesen Kunzelmanns und seiner Freunde Christopher Baldeney, Rudolph Gaschè und Frank Böckelmann, lenke die Menschheit von ihren wahren Bedürfnissen ab. Die würden im Konsum ersatzbefriedigt, der Widerstand gegen staatliche Repression würde damit schon im Vorfeld erstickt. Wer zuviel hat, merkt nicht, woran es ihm eigentlich mangelt.

Ihren theoretischen Überbau fügte die »Subversive Aktion«, hervorgegangen aus der deutschen Sektion der dadaistisch angehauchten Künstlergruppe »Situationistische Internationale«, aus allerlei Gedankengut zusammen. Als Fundament dienten die Schriften der Professoren Max Horkheimer, Theodor W. Adorno und Herbert Marcuse, die vor den Nazis nach Amerika geflüchtet waren. Horkheimer und Adorno waren nach dem Krieg wieder nach Deutschland zurückgekehrt, doch zunächst war ihr Hörer- und Leserkreis an der Goethe-Universität Frankfurt recht klein. Wie funktionieren Unterdrückung und Anpassung in der Industriegesellschaft, die Mechanismen von Macht und Ohnmacht? Wie konnte es passieren, daß die überwältigende Mehrheit der Deutschen dem Nationalsozialismus in die Hände lief? Fragen, von denen in den ersten Nachkriegsjahren niemand etwas wissen wollte.

Aber auch anderes wurde gelesen, Freud, Reich, Fromm, Marx, Mao, Lukács – alles, was hätte dienlich sein können, der repressiven Gesellschaft auf die Sprünge zu helfen. Nur: Was nutzte alles Räsonieren? Handeln mußte man. Der intellektuellen Vorbereitung in »kleinen esoterischen Zirkeln« mußte Aufklärung durch Aktion folgen! Die Gelegenheit sollte sich bald bieten.

## Vom Seminar auf die Straße

Am 12. Dezember 1964, die Regierung Erhard war gerade ein Jahr im Amt, besuchte Moise Tschombé die Bundesrepublik. Der Ministerpräsident der Republik Kongo war, so hieß es, an der Ermordung seines auf nationale Unabhängigkeit bedachten Amtsvorgängers Patrice Lumumba beteiligt. Aber nicht nur das. Mit Hilfe ausländischer Soldaten hielt er sein

Volk unter Druck und sich auf dem Amtssessel. Amerikanische und europäische Konzerne konnten ungehindert die Rohstoffe des Landes ausbeuten – woran Tschombé kräftig mitverdiente.[30] Offiziell sollte seine Deutschland-Visite nur ein »Privatbesuch« sein. Aber schon kurz nachdem Tschombé in München eintraf, empfing ihn der bayerische Ministerpräsident Alfons Goppel. Als ihm Kardinal Julius Döpfner, Erzbischof von München-Freising, Audienz gewährte, kam es zu Protesten. SDS-Studenten verteilten Flugblätter, später flogen Rauchbomben in den erzbischöflichen Palast und auf Tschombés Wagen.

Auch Berlin stand damals auf seinem Reiseplan. Die Studenten des SDS, des LSD (Liberaler Studentenbund Deutschland), der Afrikanische Studentenbund, der SHB und auch die paar Mitglieder der »Anschlag-Gruppe« protestierten beim Regierenden Bürgermeister Willy Brandt, förmlich und in aller Ehrerbietung.

Der Erfolg war gleich Null. Tschombés Berlin-Besuch wurde nicht abgesagt. Was also blieb anderes übrig, als zu demonstrieren? Die Studenten formulierten einen Aufruf, der von allen mitgetragen werden konnte, und meldeten die Demonstration ordentlich an. Am 18. Dezember versammelten sich tatsächlich etwa 700 Leute frühmorgens am Flughafen Tempelhof, um Tschombé gebührend zu empfangen. Doch daraus wurde nichts.

Die Berliner Polizei schleuste den kongolesischen Ministerpräsidenten auf einem anderen Weg durch den Flughafen zum Rathaus Schöneberg. Was, bitte schön, sollte dann noch eine ordentliche Anmeldung, wenn man hinterher nur veralbert wurde?

Die Demonstranten zogen mit ihren Schildern hinterher – »Kongo ja, Tschombé nein« und »Mörder Tschombé!«.[31] Sie durchbrachen die Polizeiabsperrungen und drangen bis in die Bannmeile um das Schöneberger Rathaus vor. Während sechs von ihnen noch mit Senatspressesprecher Egon Bahr verhandelten, verließ Tschombé das Rathaus bereits wieder durch einen Hinterausgang. »Tschombé raus!« riefen ihm die anderen nach.

Viel genutzt hatte die Demonstration nicht, aber sie hatte gezeigt, daß selbst Polizeiketten zu sprengen waren, wenn man es klug anstellte. Mit einer österlichen Latschdemo durch Heideland hatte das nichts mehr zu tun. Die eigene Angst, die dabei in der Magengrube gewühlt haben mochte, hatte man überwunden, man hatte sich untergehakt und stark gefühlt.

Wenige Wochen später standen Rudi Dutschke und Bernd Rabehl wieder im Büro des SDS. Diesmal wollten sie Mitglied im SDS werden. Die SDS-Genossen waren mißtrauisch. Was wollten diese Leute? Was hatten sie zu bieten außer aktionistischem Charme und einem Weltbild, das sich aus lauter theoretischen Einzelteilen mehr schlecht als recht zusammenfügte?

Auch Klaus Meschkat gehörte zu den Älteren im SDS, war bereits 1957 AStA-Vorsitzender gewesen, vertrat eine zeitlang in Bonn die Vereinigung Deutscher Studentenschaften, arbeitete neben seiner Assistenz am Osteuropa-Institut der FU im Bildungsprogramm der IG-Metall mit und verkörperte für die »Anschläger« wohl bestens den Typ des gremienerfahrenen, kleinkriegerprobten Zwangsausgeschlossenen. Der Professor für Soziologie an der Universität Hannover erinnert sich:

»Die Integration der Gruppe um Rudi Dutschke in den SDS war allerdings eine ganz schwierige Sache. Wir hatten uns zwar von der Sozialdemokratie getrennt, aber wir waren unserem Habitus nach, unserer Lebenseinstellung nach doch der alten Arbeiterbewegung sehr verbunden. Und daß dann einfach Leute kamen, die ganz anders auftraten, das war für uns sehr schwer zu verkraften.

Ich glaube, wenn ich in dieser 68er Zeit irgendeine Rolle gespielt habe, dann vielleicht die, daß ich das als positiv erkannt habe. Ich erinnere mich noch genau: Wir saßen in irgendeiner Sitzung, um irgendeine belanglose Diskussion fortzusetzen, die wir vermutlich schon vor acht oder neun Jahren geführt hatten, da kam Rudi vom Ku'damm 'rein und brachte zwei Leute mit. Die hatte er gerade auf der Straße getroffen, sie gehörten noch nicht dem SDS an; aber er fand sie interessant, weil er mit ihnen gesprochen hatte. Und denen sagte er dann: ›Kommt mal mit 'rauf.‹ Wir waren natürlich vollkommen entsetzt. Aber ich bin sicher, daß diese Art, die geschlossenen Kreise zu sprengen, sich zu öffnen, ein entscheidender Impuls gewesen ist für die ganze neue Entwicklung, die der SDS dann 67/68 genommen hat.«[32]

Wahljahr 1965: Merkwürdige Dinge gingen in der Republik vor sich. Am 21. Mai einigten sich die Fraktionsvorsitzenden von CDU/CSU, FDP und SPD über die Annahme der Grundgesetzänderung zum Notstandsrecht. Sofort wurden Proteste laut, vor allem aus dem Lager der Gewerkschaften, deren Einfluß im Falle eines mutmaßlichen Notstandes gegen Null strebte. Die SPD gab nach und zog ihre Zustimmung zurück. Erst nach der Wahl wollte sie sich wieder zu dem Thema äußern.

Aber der Notstandsentwurf war längst nicht alles. Wie das Pendant für Friedenszeiten klang das, womit Ludwig Erhard um Wählerstimmen warb: »Formierte Gesellschaft«. Hinter dem Fremdwort verbarg sich die Absicht, alle gesellschaftlichen Kräfte der Bundesrepublik zu bündeln. Da die Nachkriegszeit vorüber war und neue wirtschaftliche Probleme vor der Tür standen, war es, so machte Erhard deutlich, für Wohlstand und innere Sicherheit nicht mehr opportun, wenn ein Staat sich ständig mit Verbänden und Gewerkschaften herumzuschlagen hatte.

Der SDS reagierte mit der Gründung eines Arbeitskreises »Formierte Gesellschaft«. Helmut Schauer, Gewerkschafter, Vorsitzender des SDS und führende Persönlichkeit in der Ostermarschbewegung, übernahm den Sekretärsposten im Kuratorium »Notstand der Demokratie«. Die außerparlamentarische Opposition wuchs zusammen.

Es kam noch dicker. Im Herbst '64 hatte sich in Hannover ganz offen die Nationaldemokratische Partei Deutschlands (NPD) konstituiert. Und nun trafen sich überall alte und neue Nazis, ohne daß ihrer Partei drohte, was Jahre zuvor die moskautreue »Kommunistische Partei Deutschlands« (KPD) gesprengt hatte – ein Verbot.

In das Bild paßte auch, was Erich Kuby an der Freien Universität widerfuhr. Die Podiumsdiskussion zum Thema »Restauration oder Neubeginn«, zu der er geladen war, mußte vom Auditorium Maximum in ein Studentenhaus verlegt werden, weil der Journalist sieben Jahre zuvor gewagt hatte, auf die »antithetische Bindung« des Namens »Freie Universität« zur »Humboldt-Universität« im Ostsektor Berlins hinzuweisen, und dafür mit einem Hausverbot belegt worden war. LSD, SHB, SDS, Evangelische Studentengemeinde, die Deutsch-Israelische Studiengemeinschaft, sie alle protestierten gegen den Beschluß des Universitätsrektors. Durften sie sich nicht mehr aussuchen, worüber und mit wem sie diskutieren wollten? Sah so die auf dem Papier so hehre Praxis der wissenschaftlichen Freiheit aus?

Als dann auch noch dem Assistenten Ekkehart Krippendorff am Otto-Suhr-Institut gekündigt wurde, forderten die Studenten den Rücktritt des Uni-Rektors. Der Streit um Kuby und Krippendorff bestimmte das ganze Semester, Vorlesungen wurden bestreikt, Institute besetzt. Uwe Bergmann schrieb zum »Kuby-Krippendorff-Semester«: »Den Studentenvertretern wurde erstmals richtig bewußt, wie wichtig für den Erfolg ihrer Arbeit die Unterstützung durch die Studenten war. Sie hatten in diesen Auseinandersetzungen den Kontakt zur Studentenschaft wiedergewonnen, den sie durch vertrauliche, nichtöffentliche Kabinetts- und Verhandlungspolitik verloren hatten.«[33] Jetzt füllten Vollversammlungen die Unisäle wie nie zuvor, oft kamen 1000 Studenten und mehr.

Aus Berlin drangen noch ganz andere Nachrichten an die Ohren besorgter Bundesbürger. Die Rolling Stones spielten im September '65 in der Waldbühne.

»I can't get no satisfaction«, viel weiter als über dieses Lied kam die Band nicht, das Publikum tobte, zertrümmerte die Bestuhlung des alten Nazi-Theaters und lieferte sich eine regelrechte Straßenschlacht mit der Berliner Polizei. Man hatte das schon länger beobachtet: Langhaarige, die sich irgendwo zusammenrotteten und dem lieben Gott die Zeit stahlen. Aber das Konzert der Rolling Stones in der Waldbühne übertraf alles.

»No satisfaction«, keine Befriedigung, der Song stürmte

die Hitlisten und traf die Stimmung auch derer, die nicht im SDS waren oder sich privat der Marcuse-Lektüre hingaben und »Weltanalyse« betrieben. »No satisfaction«, das kam aus dem Bauch, ging über den Rhythmus direkt ins Blut, dieses Gefühl, in geordneten Verhältnissen langsam zu ersticken.

Dazu Siegward Lönnendonker: »Musik war immens wichtig, gerade die neuen Formen von Softies, die da kamen, die Beatles etwa. Das erste Mal hatten die Frauen keine Angst mehr vor den Männern, das waren eben liebe Jungs, die dazu noch Musik machten. Die Rolling Stones waren das Gegenstück dazu. Und das war weitaus einflußreicher, möchte ich behaupten, als alle Tiraden von sämtlichen Podien herunter.«

Einer von denen, die damals in der Waldbühne waren, hat seine Geschichte aufgeschrieben. »Wie alles anfing«, die Autobiographie Michael »Bommi« Baumanns wurde gleich nach Erscheinen beschlagnahmt. Dennoch oder gerade deswegen erlebte sein Buch, in dem er den Weg vom eher unpolitischen Freak in die Kommune, zum Terrorismus und zur Abkehr davon beschreibt, eine Auflage nach der anderen.

»Früher hat es ausschließlich Bohemiens erfaßt, und '65 machten dann zum erstenmal Proleten mit. Das ist natürlich immer eine elitäre Geschichte, ein Bohèmetrip, oder so ein Pseudokünstlertum, wir fühlen uns allen anderen in der Welt überlegen! Wir haben denn schon Spießer gesagt. Natürlich hat es denn schon skurrile Rituale und Symbole gegeben, zum Beispiel die beschriebenen Armee-Parker mit dem ›BAN THE BOMB‹-Zeichen drauf und den ganzen Sprüchen druff und den Namen von Rockgruppen und Bluesleuten und so. Auch die Ostermarsch-Bewegung hat ihren Auftrieb gekriegt.

Da hab ich langsam Kontakt zur Politszene bekommen, aber das ist eigentlich eine ganze Geschichte, ein Entwicklungsprozeß. Das war schon so, daß du immer mehr Opposition bezogen hast von deinem Standpunkt gegen die bürgerliche Welt. Dann wurde es politisch, zum Beispiel bei den Springerzeitungen, die waren immer gegen uns, also den Hund konnte nun wirklich niemand leiden, automatisch nicht, weil er der größte Hetzer war. Nach diesem Rollingstonekonzert in der Waldbühne, wo alles zertrümmert worden ist, da ging es dann richtig los, daß bewußt scharf gemacht worden ist gegen uns, und darüber kriegt's dann schon einen politischen Gehalt und über die Ostermarschgeschichten. Da war ich auch dabeigewesen ...«[34]

Noch waren Menschen wie Michael Baumann, unzufrieden mit ihrem Job, gelangweilt von den Verlockungen der Schaufenster und angeödet von den Betonsiedlungen am Stadtrand, himmelweit entfernt von den Studenten im SDS. Sie kannten sich nicht einmal, geschweige denn des einen Songs oder des anderen Theoretiker. Beides kleine Zirkel, die einen trafen sich an der Gedächtnis-Kirche, die anderen versammelten sich in verräucherten Seminaren oder Studentenbüros. Gemeinsam war nur die Ablehnung, die ihnen entgegenschlug. Vorerst.

Ein dreiviertel Jahr später sah es an der Universität ganz anders aus. Etwa 3000 Studenten besetzten am 22. Juni 1966 den Henry-Ford-Bau. Es war Nachmittag, und die Studenten saßen auf dem Boden und hatten nicht vor zu weichen – das erste große Sit-in. Sogar Burschenschaften und Katholische Studentenverbände hatten sich dem tags zuvor gegründeten »Aktionskomitee FU« angeschlossen, um sich gegen drohende Zulassungsbeschränkungen an der juristischen und medizinischen Fakultät zu wehren. Den ganzen Tag beriet der Akademische Senat über das, was bei den Studenten »Zwangsexmatrikulation« hieß. Immer wieder platzten Vertreter des AStA in die Sitzung, um den vereinten Protest kundzutun und den Rektor zu einer Diskussion zu bewegen.

Abends kam er dann. Auf Bildern sieht er reichlich gereizt, ratlos aus, wie er inmitten des Hexenkessels steht, umringt von Studentinnen und Studenten, denen er jetzt etwas sagen soll. Aus lauter Hilflosigkeit forderte er sie »herzlich und inständig« auf, die Versammlung aufzulösen. Dann drohte er. »Unangenehme Folgen« würde der Protest nach sich ziehen. Buh-Rufe, Pfiffe.

Grußtelegramme trafen ein. Bis halb zehn verlas der AStA-Vorsitzende Knut Nevermann die Schreiben, die in Marburg, Frankfurt, Göttingen und anderen Universitäten abgeschickt und von Professoren wie Max Bense, Wolfgang Abendroth, Hartmut von Hentig unterzeichnet waren. Bis spät in die Nacht diskutierten die Professoren von Friedeburg, Goldschmidt, Weischedel mit den Assistenten Agnoli und Meschkat und den Studenten, aus dem Sit-in wurde ein Teach-in. Um überhaupt gehört zu werden, so die Erkenntnis dieses Abends, mußten die Studenten schon die Universität besetzen.

Um kurz vor eins verabschiedeten sie eine Resolution: »Was hier in Berlin vor sich geht, ist ebenso wie in der Gesellschaft ein Konflikt, dessen Zentralgegenstand weder längeres Studium noch mehr Urlaub ist, sondern der Abbau oligarchischer Herrschaft und die Verwirklichung demokratischer Freiheit in allen gesellschaftlichen Bereichen. (...) Es gilt, die Freiheit an der Universität als Problem zu sehen, das über den Rahmen der Universität hinausweist. Aus diesem Grunde sieht die Studentenschaft die Notwendigkeit, mit allen demokratischen Organisationen in der Gesellschaft zusammenzuarbeiten, um ihre Forderungen durchzusetzen.«[35] Noch wenige Jahre zuvor hatte man darum gestritten, ob die gewählten Vertreter der Studentenschaft überhaupt politisch mitreden durften.

Siegward Lönnendonker heute zu den Vorfällen vom 22. Juni: »An der Juristischen Fakultät gab es Leute, die 20 Semester und mehr studiert hatten, da wurde einmal überprüft, ob die überhaupt noch da sind. Nun waren das zufällig Rechte, und bei den Medizinern waren es auch nicht gerade Linke. Wenn man sich das heute ansieht, dann ist das geradezu in Watte verpackt gewesen, aber es gab einen Aufschrei. Der lautete natürlich nicht: ›Die wollen uns hier unsere Studienplätze, unseren Studienlenz, wegnehmen‹, sondern: ›Freiheit der Lehre und Forschung‹.«

Mit ironischem Unterton spricht Siegward Lönnendonker heute darüber.

»Diese Zusammenkunft auf höchster Ebene war von beiden Seiten, das muß man jetzt einfach sehen, cool berechnend. Lefèvre (Wolfgang, SDS, hatte wesentlichen Anteil an der Gründung des Aktionskomitees, d. A.) wollte kein

Bündnis mit den Rechten eingehen, sondern sagte, in diesem Punkt können wir einfach diese sich wieder entwickelnde Ordinarienhierarchie knacken. Da können wir die Studenten mobilisieren, wenn wir überhaupt etwas mobilisieren können. Bis dato waren ja fast 20 Jahre ins Land gegangen, ohne daß irgendwelche Vorschläge von studentischer Seite oder vom damals geringen Mittelbau in irgendeiner Weise in ein Hochschulgesetz eingebracht worden sind. Die Sachen wurden produziert und landeten ungelesen im Papierkorb. Da ergab sich nun die phantastische Möglichkeit an der Universität, über die Aktion bei den Studenten ein Bewußtsein von ihrer politischen Situation zu erzeugen. Das ist relativ profihaft über die Bühne gegangen. Das war eine Sache, die vorher inszeniert worden war.«

Der SDS war zu der Zeit bereits Anlaufpunkt, Schaltstelle und Denkfabrik für Fragen der Universitätspolitik. Der kleine Studentenverband hatte bewiesen, daß er in der Lage war, bundesweite Aktionen und Konferenzen zu organisieren, und wenn zu irgendeinem Thema Referenten gesucht wurden, im SDS konnte man sie finden. »Wenn man sich auch heute an den Kopf faßt«, sagt Siegward Lönnendonker, »denn die organisatorische Schlagkraft bestand ja nur darin, daß da, wenn man so will, lauter verrückte Typen rumsaßen, die so besessen waren von etwas, daß sie dafür sämtliche Freizeit opferten. Wenn man sich den Tagesablauf von einem ansieht, der damals darin war: Gegessen hat da niemand, gegenüber war irgendeine Bude – man hat Nahrung aufgenommen, weil man gerade mußte, und das war's. Nachts wurde gearbeitet bis elf Uhr oder zwölf Uhr. Von solchen Leuten gab es unheimlich viele. Klar, bei manchen flackerte das Irrlicht des Wahnsinns irgendwann in den Augen. Wenn man sich Leute wie Reinhard Strecker anschaut, der in seinem Zimmerchen saß, inmitten von Akten über die Nazijustiz.

Da waren eben die meisten drin, Sachverstand zu allen möglichen Themen war da versammelt. Wenn man irgendwas hatte, ging man dahin.«

Der Sachverstand wurde benötigt, um sich einen Reim auf die Nachrichten zu machen, die von weit her kamen. Nicht nur aus Amerika, wo mehrere tausend Soldaten den Campus der Universität Berkeley besetzten und sich Schlachten mit der Polizei lieferten, weil der Black-Power-Führer Malcolm X Redeverbot erhalten hatte. Nachrichten kamen vor allem aus einem Land, das bis dahin fast völlig außerhalb des Gesichtsfeldes der Deutschen gelegen hatte.

## Vietnam: Das Ende eines Traums

Was geschieht in Vietnam?

Schon seit Jahren sind amerikanische Militärberater in der einst französischen Kolonie. Das Regime des unpopulären Katholiken Ngo Dinh Diem, der sich beharrlich gegen Wahlen zur Wehr setzt, ist, wie es später sogar in geheimen Pentagon-Papieren heißt, eine »Kreation der Vereinigten Staaten«.[36] Mehr offen als verdeckt haben diese ihm in ihrem Kampf gegen die kommunistische Volksbewegung NLF (National Liberation Front) die Rolle einer Marionette zugewiesen. Der Führer der NLF ist der populäre Kommunist Ho Chi Minh, der sich schon im Krieg gegen die Japaner und Franzosen einen Namen gemacht hat. Eine als Geheimsache eingestufte Studie des US-Verteidigungsministeriums beschreibt seine Verdienste: »Ho hatte die Viet Minh zur einzigen vietnamweiten politischen Organisation ausgebaut, die in der Lage war, sowohl den Japanern als auch den Franzosen effektiven Widerstand zu leisten. Er war der einzige vietnamesische Führer mit nationalem Rückhalt, und er wurde es um so mehr, als unter seiner Führung im August/September 1945 die Japaner gestürzt und die Demokratische Republik Vietnam gegründet wurde ... Ein paar Wochen im September 1945 war Vietnam – das erste und einzige Mal in seiner modernen Geschichte – von fremder Herrschaft befreit und unter Ho Chi Minh von Norden bis Süden vereint.«[37]

Doch im Juni '46 gründet der französische »Hohe Kommissar« eine neue Republik Vietnam. Die Fronten zwischen Ho Chi Minh und den Franzosen, die die britische Kolonie übernommen hatten, verhärten sich. Vietnam wird geteilt. 1955 übernimmt Diem die Herrschaft über Südvietnam.

Der Konflikt zwischen der NLF und dem Diem-Regime schwelt weiter, und als sich in Saigon auf offener Straße buddhistische Mönche mit Benzin übergießen und verbrennen, um gegen den katholischen Diem zu demonstrieren, kommt es zu ersten Massenprotesten. Am 1. November 1963 fällt Diem einem von den USA gebilligten Putsch zum Opfer, Generäle treten seine Nachfolge an.

Kaum ein Jahr später wird im Golf von Tonking der US-amerikanische Zerstörer »Maddox« von Torpedos angeschossen, in internationalen Gewässern und ohne ersichtlichen Grund. So jedenfalls lautet die offizielle Version, ausgegeben von Verteidigungsminister Robert McNamara. Im Kongreß wird daraufhin eine Resolution verabschiedet, die es Präsident Johnson, Nachfolger des ermordeten Hoffnungsträgers Kennedy, erlaubt, militärisch vorzugehen. Er folgt dabei einer Empfehlung seines Sicherheitsberaters George McBundy, der vorschlägt, eine »Politik anhaltender Repressalien gegen Nordvietnam« zu starten, mit Luft- und Seestreitkräften gegen den kommunistischen Norden vorzugehen. Auch wenn man mit erheblichen Verlusten der US-Streitkräfte rechnen müsse, sei das, verglichen mit den Kosten einer Niederlage, noch billig.

Johnson hält sich daran. Im Februar 1965 beginnt das Manöver »Rollender Donner«, Vietnam versinkt unter Bombenteppichen. Erst sechs Jahre später wird bekannt, daß der Angriff auf die »Maddox« an jenem Tag nie stattgefunden hat.

David Halberstam erlebt mit, wie die Amerikaner immer mehr militärische Berater, Soldaten und Material nach Vietnam entsenden. 1964 schreibt der Vietnam-Korrespondent der »New York Times«: »Was erwartet uns am Ende der langen abschüssigen Straße, auf der wir uns seit Jahren nach dem Motto: ›Uns bleibt nichts anderes übrig‹ bewegen?«[38]

Und in der Bundesrepublik?

Halberstams Bericht erscheint 1965 in deutscher Sprache. Kurz darauf legen die beiden Berliner SDS-Mitglieder Jürgen Horlemann und Peter Gäng ihre eindrucksvolle Untersuchung über die »Genesis eines Konflikts«[39] vor.

Siegward Lönnendonker beschreibt, wie die ersten Nachrichten über den Krieg in Vietnam aufgenommen wurden, die bald darauf Abend für Abend über den deutschen Bildschirm flimmerten:

»Wir, der damalige SDS, die Jahrgänge '37 bis etwa '45: Viele von uns hatten noch vom Krieg etwas mitgekriegt, nachts die Warnungen und die Sirenen, ab in den Keller, dann kommen langsam die Bomber, die Frage, was ist das, das da dröhnt und bullert? Dann geht man nachher 'rauf und sieht: da brennt es, da brennt es. Ein Bild, das sich tief in die Erinnerung prägt, das man in der Nachkriegszeit aber ein bißchen verdrängt hatte. Das alles kam plötzlich wieder, diesmal über den Fernsehschirm. Die napalmverbrannten, brennenden Kinder auf der Mattscheibe zu sehen, war nicht nur furchtbar grausig, sondern diese Bilder hatten uns selbst wieder eingeholt. Da hat man die Situationen wiedererkannt. Das war schlimm, zumal es pikanterweise, das ist vielleicht ein fast frivoler Ausdruck, dieselben Alliierten waren wie damals auch. Das andere war, daß die Weltmacht USA jetzt in Vietnam, sehr verkürzt, mit den Vietnamesen dasselbe machte wie die SS mit den Polen damals: Die Hütten über den Köpfen anstecken und die Leute erschießen, wenn sie rauskommen. My Lai und so etwas, es ist vorgekommen, es ist gerichtlich festgestellt, und das haben die Deutschen eben auch gemacht. Und jetzt die Amerikaner, die Befreier, unsere Vorbilder, die uns die Demokratie gebracht hatten. Daß die nun so etwas machten, das war schockierend, und wir haben erst gesagt: Das stimmt nicht. Wir haben das nicht geglaubt, wir waren empört, als wir feststellen mußten, daß das auf einmal doch stimmte.«

Der Krieg in Vietnam war Realität. Er wurde zwar viel weiter entfernt von Berlin, Frankfurt, Heidelberg, Tübingen oder Marburg geführt als wenige Jahre zuvor der Algerien-Krieg. Aber doch war er viel näher. Abend für Abend wurde er, fast live, frei Haus zum Abendbrot geliefert, Grauen inklusive. Wer sich nicht von den immer gleichen Berichten abstumpfen, sich nicht täuschen ließ von den Bekundungen, hier stehe die Freiheit der westlichen Welt auf dem Spiel, den rüttelte dieser Krieg auf.

Bilderdienst, Süddeutscher Verlag

**Neue Leitbilder**

Demonstration im Anschluß an den Vietnamkongreß:
Februar 1968, Berlin

Die Bilder aus Vietnam trafen auf andere Zuschauer. Vietnam, das war auch Deutschland. Was dort passierte, demaskierte auch hiesige Verhältnisse. Die Äußerung Bundeskanzler Erhards, Amerika könne in Sachen Vietnam mit »jeglicher moralischer Unterstützung« rechnen, und es sei auch im deutschen Interesse, das »Vordringen des Kommunismus in Südostasien« zu verhindern[40], nährte diesen Verdacht nur noch.

Das Wintersemester 1965/66 wurde das »Vietnam-Semester«.

Im Studentenheim des ESG veranstalteten die Vietnam-Spezialisten des SDS eine Ausstellung über den Krieg der Amerikaner. Der Affront gegen die Schutzmacht Berlins, den Finanzier der Freien Universität, gegen den Lehrmeister in Sachen Demokratie war perfekt, als in der Nacht vom 3. auf den 4. Februar etwa 40 Personen, vor allem Studenten der SDS-Arbeitskreise »Formierung«, einem Marxismus-Schulungskurs unter Leitung von Bernd Rabehl, und Leute aus dem Vietnam-Arbeitskreis des SDS, geleitet von Rudi Dutschke, Plakate klebten, die forderten: »Amis raus aus Vietnam!«

Fünf Studenten, darunter Jürgen Horlemann, wurden festgenommen. Am nächsten Tag demonstrierten über 2500 Menschen gegen den »schmutzigen Krieg in Vietnam«. 500 von ihnen zogen weiter zum Amerika-Haus und ließen sich dort nieder. Irgend jemand schmiß Eier an die Fassade, ein anderer zerrte den Union-Jack für kurze Zeit auf Halbmast.

Die Reaktion der Presse sprach für sich:

»Seit dem letzten Sonnabend gibt es in unserer Stadt eine neue Situation: einer zahlenmäßig kleinen Gruppe von Linksradikalen ist die Kneipe zu eng geworden. (...) Studenten, die ihr Studium in Freiheit in dieser Stadt den Amerikanern zu verdanken haben, vergriffen sich an der amerikanischen Fahne! Pfui Teufel!«

Die Stimme des »Inspektors«, unter dessen Pseudonym künftig in der BZ immer wieder die Umtriebe der Studenten kommentiert wurden, traf die Empörung der Volksseele. Auch Politiker stimmten in den Gesang ein. Willy Brandt, Regierender Bürgermeister, entschuldigte sich für die Eier, die gegen das Amerika-Haus geflogen waren. Von allen Seiten wurden Bekenntnisse über den Geist der Freiheit und des Zusammenhalts heruntergebetet. Die »Linksradikalen« beschäftigten die ganze Stadt.

In den USA marschierten mehr als 100 000 Menschen am »Internationalen Tag des Protests« durch New York. In Kanada, in Rom, überall Kundgebungen gegen Amerikas apokalyptischen Krieg.

Im Mai trafen sich über 2000 Studenten in Frankfurt zum ersten vom SDS veranstalteten Vietnam-Kongreß, um der herrschenden Meinung eine eigene Analyse entgegenzuhalten. Vietnam weitete den Blick, wieder fügte sich alles zusammen; »Kuba, Kongo, Vietnam« – »Ost und West arrangieren sich immer mehr auf Kosten der wirtschaftlich unterentwickelten Länder«, während »die Völker Asiens, Afrikas und Lateinamerikas (...) gegen Hunger, Tod und Entmenschlichung kämpfen.« Von Che Guevaras Kampf im Dschungel Boliviens spannte sich ein Bogen bis zu Ho Chi Minhs Volkskrieg. »Schafft zwei, drei, viele Vietnams«, hieß es später in Anlehnung an eine von Rudi Dutschke und Gaston Salvatore ins Deutsche übersetzte Guevara-Schrift – Vietnam, das war auch hier.

20 Jahre danach hat sich diese Sichtweise geändert. »Nicht jede politisch-militärische Organisation, die den bewaffneten Kampf gegen den übermächtigen Gegner aufnimmt, verfolgt das Ziel einer freien Gesellschaft. Und zwischen unserer Begeisterung der 60er Jahre und heute liegen immerhin die Erfahrungen von Pol Pot und liegt die Erfahrung der iranischen Revolution, die in der Richtung des Khomeini-Regimes einmündet«, sagte Klaus Meschkat beim Prima-Klima-Kongreß in Frankfurt.

»Vor 20 Jahren haben wir«, erinnert er sich, als ich ihn in Hannover besuche, »vielleicht so eine Art Hierarchie von Kämpfen aufgestellt. Das ist natürlich stark vereinfacht gesagt. Wir waren hier im Windschatten, und in der Dritten Welt wurden die entscheidenden Kämpfe ausgetragen. Wenn Che fiel, waren andere da, das Banner wieder aufzunehmen – solche Vorstellungen, daß eigentlich die Völker der Dritten Welt stellvertretend für uns oder vor uns die Emanzipation der Menschheit vorantrieben, wie man das vorher vielleicht vom Proletariat gedacht hatte, waren vorherrschend. Und das ist natürlich sehr in die Brüche gegangen. Wenn man heute etwa die Solidaritätsbewegungen mit Nicaragua sieht, würde ich annehmen, daß es viel mehr Gruppen gibt, viel mehr Menschen daran beteiligt sind, viel mehr Leute auch wirklich nach Nicaragua gefahren sind, um dort bei der Ernte mitzuhelfen und zu sehen, was los ist, als bei den Bewegungen der 60er Jahre in bezug auf Vietnam. Aber der Unterschied besteht darin, daß heute, mit Ausnahme von ganz wenigen, eigentlich niemand glaubt, daß die in Nicaragua stellvertretend für uns und unsere Befreiung kämpfen. Und dann haben wir natürlich die ganzen enttäuschten Hoffnungen in bezug auf andere Entwicklungen. Am schlimmsten ist die Enttäuschung über das, was nach dem Sturz des Schah im Iran passierte. In bezug auf die Dritte Welt besteht nicht mehr diese Hoffnung, daß eine Befreiungsbewegung nach der anderen siegt und die lichte Zukunft der Menschheit näherrücken läßt, sondern man sieht eher die Schwierigkeiten. Man sieht auch genauer hin, und das ist sehr gut so. Ich glaube auch nicht, daß das einer richtigen Solidarität Abbruch tut. Im Gegenteil, heute ist es nicht mehr möglich, irgend etwas hochzujubeln und zu idealisieren, so wie es vor 20 Jahren häufig geschehen ist (...) Aber das sieht jetzt so aus, als ob unsere Empörung über den Vietnam-Krieg nur irgendwas Merkwürdiges war, was nur in unseren Köpfen vor sich ging. Von dem Krieg der Vereinigten Staaten gegen dieses kleine Land hat sich das Land auch nach dem Sieg des Vietcong niemals erholt, bis heute nicht. Das war also doch etwas sehr Objektives. Und unsere Reaktion, auch die starke moralische Reaktion, war nicht einfach verrückter Überschwang, sondern ich glaube, daß sie der damaligen Weltlage angemessen war.«

»*War es für Sie so eine Art Schockerlebnis, daß da immerhin die Regierung eines Landes, das sich bis dahin immer Demokratie, Freiheit und Menschenrechte ans Revers gesteckt hatte, auf einmal völlig anders agierte? Oder ist es übertrieben, wenn man es so darstellt?*«

»Für die Massenstimmung der Studentenschaft waren wir im Sozialistischen Studentenbund natürlich nicht repräsentativ. Für die normalen Studenten traf das, was Sie eben sagten, zu. Aber wir haben ja Mitte der 50er Jahre schon irgendwelche damals noch gar nicht verbreiteten Informationen studiert, über den Korea-Krieg zum Beispiel, der ja unter der Fahne der Vereinten Nationen stattfand. Und niemand glaubte damals so recht, daß es da amerikanische Provokationen gab. Wir haben uns damals mit Hilfe von ganz kleinen Informationsdiensten in den Vereinigten Staaten mühsam die Fakten herangeschafft. Das heißt, wir hatten schon Anstrengungen unternommen, die Idealisierung der Amerikaner als Hauptmacht der freien Welt zu überwinden. Und trotzdem barg unser Antifaschismus auch eine gewisse Dankbarkeit gegenüber allen, die uns von der Nazi-Herrschaft befreit hatten, auch gegenüber den Vereinigten Staaten. Das verband uns wieder mit den meisten der anderen Studenten. Es gab Leute, die sich sehr schwer taten, an Protesten teilzunehmen, weil sie sagten: ›Letzten Endes steht uns das gar nicht zu, die Amerikaner haben uns vom Faschismus befreit.‹«

Heute liest der Professor Klaus Meschkat mit seinen Studenten wieder die Texte Che Guevaras, um zu sehen, was man noch damit anfangen kann. »Da ist«, konstatiert er, »ein starkes Interesse vorhanden.«

Auch über die Geschichte der westdeutschen Universitäten bietet er zusammen mit seinem Kollegen Oskar Negt ein Seminar an. Geplant war das nicht. Erst der Wunsch der hannoverschen Studenten, geäußert im Streik-Semester 1987, habe sie bewogen, sich dieses Themas anzunehmen und es anhand der eigenen Biographie zu illustrieren.

»Im Gegensatz zu früheren Anlässen, bei denen ich eigentlich immer darauf verzichtet habe, über die 68er-Zeit zu reden, weil ich glaube, man soll sich nicht selbst definieren als jemand, der irgendwann in der Vergangenheit eine etwas herausgehobene Rolle gespielt hat, haben die Studenten wissen wollen, was vor 20 Jahren geschehen ist. Das Interesse daran war allerdings ambivalent. Denn andererseits ist immer so ein bißchen die Angst vorhanden, daß es ausartet in eine Glorifizierung vergangener Zeiten, daß man das alles erzählt, um zu zeigen, wie unbedeutend und mickrig die gegenwärtigen Verhältnisse sind. Das möchte man eigentlich nicht hören. Von mir werden sie das auch nicht zu hören bekommen, weil ich glaube, daß vielfach auch einfach Verzerrungen in der Wahrnehmung und in der Erinnerung bestehen. Diese ›großen Tage der Studentenbewegung‹ waren ja so groß und glorreich auch wieder nicht, da war viel Kleinkram, gab es viele Rückschläge, da waren viele kleine Gruppen, die über viele Monate wieder in die Isolation zurückfielen. Man soll das nicht nachträglich so darstellen, als sei das eine große und glorreiche Zeit gewesen.«

## Der 2. Juni: Es fügt sich alles zusammen

Im Winter 1966 und Frühjahr 1967 wurden die Rangeleien zwischen Berliner Polizei und den Studenten härter. Die Themen lagen auf der Straße, eine Theorie als Scheinwerfer war kaum noch nötig. Am 26. November 1966 wurde die Große Koalition gebildet. Kurt-Georg Kiesinger, ein ehemaliges NSDAP-Mitglied, leitete als Kanzler eine Regierung, in der nun auch die SPD Minister stellte. Willy Brandt wurde Außenminister, Gustav Heinemann übernahm das Justizministerium, für gesamtdeutsche Fragen war Herbert Wehner zuständig, im Wirtschaftsministerium residierte Karl Schiller. Und die parlamentarische Opposition? Strebte gegen Null. Es sah so aus, als ob sich die Gesellschaft trotz aller Proteste aus Gewerkschafts-, Intellektuellen- und Studentenkreisen längst formiert hatte.

Am 10. Dezember 1966, dem »Internationalen Tag der Menschenrechte« und verkaufsoffenem Advents-Sonnabend, demonstrierten 2000 Menschen in Berlin gegen den Vietnam-Krieg. Unter dem Eindruck des massiven Polizeiaufgebotes erklärte Rudi Dutschke, längst im politischen Beirat des SDS, bei der Abschlußkundgebung auf dem Wittenbergplatz:

»Die Zeit ist reif für eine neue Organisationsform der außerparlamentarischen Opposition! Laßt uns sofort damit beginnen!«

Schüler, Studenten, auch Lehrlinge wühlten sich zum Ku' damm durch, riefen in Sprechchören »Weihnachtswünsche werden wahr, Bomben made in USA«. Mehrere Hundertschaften der Berliner Polizei stellten sich ihnen in den Weg, zerstörten Transparente, knüppelten um sich. Steine flogen, man wehrte sich erbittert. Die Schlacht dauerte bis in den frühen Abend.

Rudi Dutschke war fortan den Lesern der Springer-Presse als Rädelsführer einer »kleinen radikalen Minderheit« bekannt.

Am nächsten Adventswochenende ein ganz anderes Bild. Spaziergänger, Zeitungen unter dem Arm, schlenderten allein oder in Grüppchen über den Ku'damm. Plötzlich ein quäkender Stoß aus einer Kindertrompete. Aus allen Ecken liefen Studenten zusammen, zogen zwischen den Zeitungen Flugblätter hervor und verteilten sie an die verdutzten Weihnachtsbummler. Immer wenn die Polizei eingreifen wollte, zerstreute sich die Gruppe wieder, gemäß der Parole: »Keine Keilerei – mit der Polizei«, »Kommt die Polizei vorbei – gehen wir an ihr vorbei – an der nächsten Ecke dann – fängt das Spiel von vorne an.« Mehr oder minder wahllos nahmen die Beamten 74 Studenten, Schüler, auch völlig unbeteiligte Passanten fest. So an die Grenze der Lächerlichkeit waren die Beamten der Staatsgewalt bisher noch nie gebracht worden.

Doch die Staatsgewalt schlug zurück.

Noch im Januar konfiszierten 16 Polizeibeamte die Mitgliederkartei des SDS. Die nächste große Polizeiaktion traf diejenigen, die Neujahr 1967 in der Wielandstraße die erste Kommune gegründet hatten. Hubert Horatio Humphrey, amerikanischer Vizepräsident, hatte sich für den 6. April in Berlin angesagt. Während im SDS-Zentrum noch beraten wurde, wie man gegen Humphreys Besuch demonstrieren sollte, nahmen Beamte der Abteilung »Politische Polizei« elf Personen fest, weil sie Plastikbeutel mit unbekannten Chemikalien füllten.

Am nächsten Tag stand es dann in der Zeitung:

»Geplant: Bombenanschlag auf US-Vizepräsidenten«, »Maos Botschaft in Ost-Berlin lieferte die Bomben gegen Vizepräsident Humphrey«. Die Bomben-Chemikalien erwiesen sich als Puddingpulver, Rauchkerzen, Mehl und Farbe.

Dafür kam es überall, wo der Vizepräsident auftauchte, zu Rangeleien zwischen Pro- und Contra-Humphrey-Demonstranten und der Polizei. Erstmals setzte die Polizei »Greifertrupps« ein, um der Rädelsführer habhaft zu werden. Spätabends am Springer-Haus, wo zu Ehren Humphreys ein Empfang gegeben wurde, prasselte ein Bombardement aus Murmeln auf den Wagen des Amerikaners nieder. Am nächsten Tag wurden die vermeintlichen »Pudding-Mörder« freigelassen.

Im Frühjahr und Sommer liefen die Hochschulgruppen heiß, nicht nur SDS, SHB, LSD und die anderen »linken« Verbände. Auch der RCDS rotierte in dem Bemühen, der »kleinen radikalen Minderheit« etwas entgegenzuhalten. Der AStA mußte ständig neue Erklärungen herausgeben, zwischendurch Sitzungen vorbereiten, Briefe beantworten, unzählige Sachen gleichzeitig machen. Eine Veranstaltung drängte sich an die nächste, eine Demonstration folgte der anderen. Die Themen wechselten sich ab und waren doch nicht voneinander zu trennen – Notstand, Große Koalition, Vietnam, die Wahlerfolge der NPD, Hochschulreform. Die Presse nahm regen Anteil an den studentischen Umtrieben, ortete überall Rädelsführer, sah die Freiheit bedroht von linken »Radikalinskis«. Nur wenige besonnene Stimmen warnten vor einer Eskalation, vor Überzeichnung und Hysterie. Noch zwei Jahre zuvor hatte kaum jemand die Studenten beachtet, jetzt ging auf einmal alles sehr schnell.

Im trockenen Schriftdeutsch der Gesellschaftswissenschaftler und aus dem Abstand von 20 Jahren klingt das etwa so:

»Anders als die Ostermarschkampagne, die erste selbstorganisierte außerparlamentarische Oppositionsbewegung in der Bundesrepublik, die sich nur sehr langsam entwickelt hatte, war die Chronologie der Studentenbewegung von einer kurzen, aber heftigen Ereignisfolge bestimmt, die mehr an Vehemenz enthielt, als die Repräsentanten des Systems und die protestierenden Akteure strategisch und gegenstrategisch zu verarbeiten in der Lage waren.« Oder: »Die neueren Einzeluntersuchungen legen plausibel die Antwort nahe, daß durch die objektiven Krisentendenzen auf der Systemseite und durch den Innovationsschub der Studenten auf der Protestseite eine Konfrontationsunmittelbarkeit entstand, die den Konflikt zwischen politisch-administrativem System und Bewegung in einem nie gekannten Ausmaß dynamisierte.«[41]

Die »Konfrontationsunmittelbarkeit« war längst da, als Bürgermeister Heinrich Albertz, Nachfolger von Brandt und als ehemaliger Innensenator bestens vertraut mit der Gefahr von links, hohen Besuch erwartete. Schah Reza Pahlevi hatte sich mit seiner Frau für Anfang Juni angesagt. Ein wenig kaiserlicher Glanz für die einstige Kaiserstadt. Heinrich Albertz ahnte vielleicht, wie die andere Seite des Glanzes aussehen konnte. 5000 Polizisten stellte er bereit, um den »Folterkaiser« und seine »Illustriertenpuppe und Ersatzsoraya«[42] zu schützen. Was dann wirklich passierte, konnte er nicht ahnen. Aber es hätte, wie Dutschke-Biograph Ulrich Chaussy schreibt, auch schon vorher passieren können – einen Monat vorher – ein halbes Jahr vorher. Die Saat war für die Straßenschlacht an der Deutschen Oper in Berlin längst gesät.

Während die Polizei am Abend des 2. Juni das Portal der Deutschen Oper abgeriegelt hatte, sah sie minutenlang zu, wie lattenbewehrte »Jubelperser«, die eigens angekarrt worden waren, ihrem Schah zu huldigen, auf die Schah-Gegner eindroschen. Die Demonstranten flüchteten, verfolgt von Greiftrupps der Polizei. Die Hauptstraße war abgeriegelt, »Leberwurst-Taktik« hieß das im Polizeijargon. Blieben Nebenstraßen, Hauseingänge, Hinterhöfe. Mehrere der Demonstrierenden rannten die Krumme Straße hinunter und verbargen sich im Hinterhof des Hauses 66/67. Einmal hineingedrängt, gab es keinen anderen Ausgang. Greiftrupp-Polizisten folgten, knüppelten auf einen am Boden liegenden jungen Mann ein. Es war seine erste Demonstration. Noch am Vorabend, in einem Jugendclub, hatte Benno Ohnesorg gestaunt über die Erzählungen seiner Thekennachbarn. Du wirst schon sehen, wie es hier zugeht, hatten sie ihm gesagt.

Schüsse fielen.

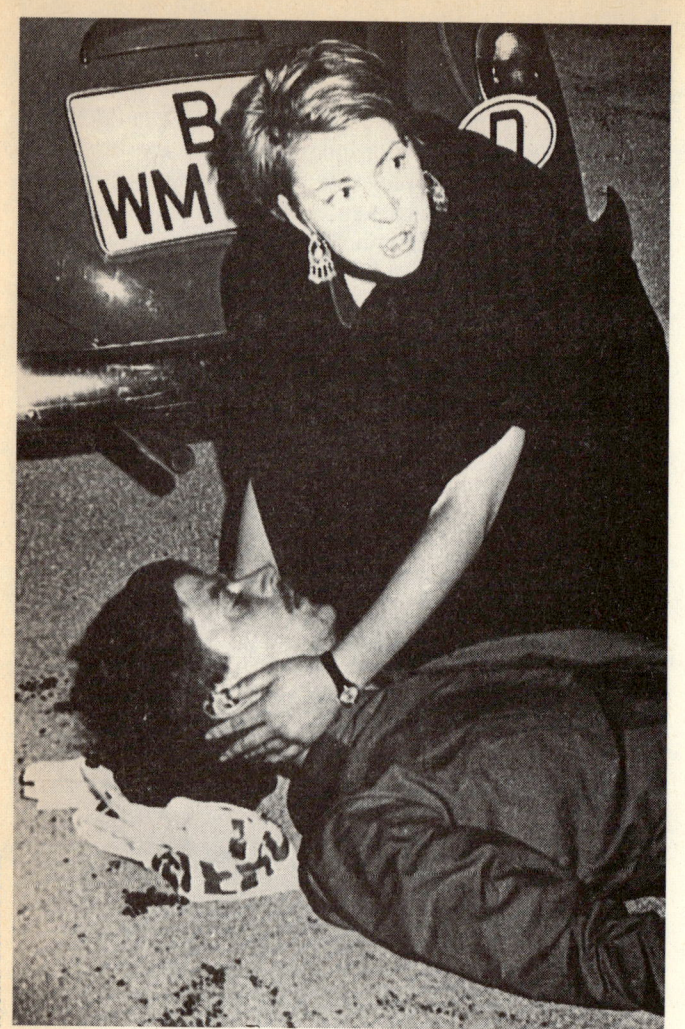

**Erstes Opfer**
Friederike Dollinger und der sterbende Benno Ohnesorg:
Juni 1967, Berlin

# III. Das Ende im Anfang

## »Eine beängstigende Zeit«

Die Schlacht an der Deutschen Oper und in den Seitenstraßen ringsum ist oft nachgezeichnet worden. Bis ins kleinste Detail wurden die Umstände des Todes von Benno Ohnesorg rekonstruiert, Dank eines studentischen Untersuchungsausschusses unter der Leitung des Rechtsanwaltes und SDS-Mitglieds Horst Mahler und entgegen den offiziellen Versionen, die sich, mit geringen Nuancen, praktisch nahtlos an den Kommentar der »Bild-Zeitung« vom 3. Juni hielten: »Ein junger Mann ist gestern in Berlin gestorben. Er wurde Opfer von Krawallen, die politische Halbstarke inszenierten!«

Auch 20 Jahre danach gilt der 2. Juni als Wendepunkt in der Geschichte der Bundesrepublik. Die Republik ist nach den Schüssen, so wird allenthalben getextet, nicht mehr dieselbe. Aber warum?

Fast drei Kilometer lang ist der Trauerzug, der sich sechs Tage nach Benno Ohnesorgs Tod vom Gelände der Freien Universität in Richtung Transit-Übergang Zehlendorf bewegt. 15 000 Studentinnen und Studenten in dunklen Kostümen oder Anzügen mit Krawatte begleiten den Sarg des erschossenen Kommilitonen. Am Zehlendorfer Kleeblatt hält der Trauerzug. Professor Helmut D. Gollwitzer, Ordinarius für Theologie, wendet sich an die Trauernden, bevor der Sarg, eskortiert von 200 Fahrzeugen, nach Hannover gebracht wird. Jetzt, sagt er, hat die Bewegung auch die zurückhaltenderen Studenten erfaßt, von denen Benno Ohnesorg einer war. Und: »Ein Tod versöhnt nicht, und man soll nicht so tun, als ob er automatisch versöhne.«[1]

Tatsächlich versöhnen die Ereignisse vom 2. Juni niemanden. Womit auch?

Mit den Falschmeldungen über Ohnesorgs Tod?

Damit, daß sowohl der Regierende Bürgermeister Albertz als auch der Leiter der Kriminalpolizei noch Tage später das Verhalten der Polizei billigen? Daß Karl-Heinz Kurras auf freiem Fuß ist, während Fritz Teufel im Gefängnis sitzt, weil er angeblich Steine geworfen hat?

Noch in der Nacht zum 3. Juni kreuzen im SDS-Zentrum am Ku'damm mehrere aufgeregte Leute auf. Jetzt sei die Berliner Polizei dazu übergegangen, die außerparlamentarische Opposition zu liquidieren, heißt es. Einer schlägt vor, man müsse sich bewaffnen, eine Polizeikaserne stürmen, um für den Gegenangriff gewappnet zu sein. Besonnene SDS-Genossen halten die anderen von ihrem wahnwitzigen Vorhaben ab. Viele Jahre später, am 27. Februar 1975, wird kurz vor der Wahl in Berlin der CDU-Bürgermeister-Kandidat Peter Lorenz entführt. Einen Tag später schicken die Entführer ein Polaroid-Foto des Politikers, dem ein Pappschild um den Hals gehängt wurde. »Gefangener der Bewegung 2. Juni« steht darauf.[2]

Auch Christian Arndt, Theologie-Student in Heidelberg, gehörte 1967 zum zurückhaltenderen Teil der Studentenschaft. Heute arbeitet er als Pastor in der Friedensgemeinde in Hamburg-St. Pauli. Von ihm erfahren habe ich durch eine Zeitungsmeldung.

Christian Arndt, so wird darin berichtet, ist zusammen mit sechs anderen Personen zu einer Geldstrafe verurteilt worden, weil er mit anderen Pastoren wiederholt die Tore des Kernkraftwerks Brokdorf blockiert hat. Auch als Mitglied im Vermittlungsausschuß Hafenstraße, der um Verständigung zwischen Senat und den Bewohnern der besetzten Häuser bemüht war, wurde er öfter in Hamburger Zeitungen zitiert.

Früher, erzählt er mir, sei er eigentlich »apolitisch« gewesen. Erst als er sich in einer kirchlichen Jugendgruppe in seiner Heimat Bremerhaven engagierte, merkte er an den Reaktionen, daß etwas nicht stimmte im Bild des Adenauer-Staates. »Wir sind damals auf die Straße gegangen – das war meine erste Demonstration – und haben gegen Unterdrückung in der Dritten Welt demonstriert, haben gesammelt für die Aktion ›Brot für die Welt‹, eine Alternative gab es da noch nicht. Die Wut der Bevölkerung in den Diskussionen mitzubekommen, war eine für mich sehr wichtige Erfahrung. Aber es war eben apolitisch in der Hinsicht, daß ich mir über die Ursachen von Armut und Unterdrückung und inwieweit die Bundesrepublik direkt daran beteiligt ist, keine Gedanken gemacht habe.«[3] Das war 1963.

Moralische Entrüstung habe ihn umgetrieben – gegen das elterliche Schweigen über die Nazi-Zeit, über Geschichtsklitterung in der Kirche. »Das ist heute ja noch spürbar«, sagt er, »wenn ich denke, wie Bonhoeffer immer wieder hervorgehoben wird als Widerstandskämpfer, als der Mann der Evangelischen Kirche, und wie sich die Evangelische Kirche indirekt immer wieder mit ihm identifiziert. Aber wenn wir das, was Bonhoeffer gesagt hat, heute einmal in die Praxis umsetzen, was wir ja in Brokdorf und anderswo tun, dann greift die Kirchenleitung sofort zu.«

Im Sommer 1967 erlebte er auf dem Heidelberger Campus die ersten Demonstrationen:

»Ich mußte auf dem Weg von der Mensa nach Hause daran vorbei, und da waren um 13.00 oder um 14.00 Uhr die ersten Kundgebungen. Ich bin noch dran vorbeigegangen. Da dachte ich auch, was geht uns der Schah eigentlich an, soll er doch kommen. Wir müssen uns mit unserem Studium beschäftigen, mit unserer Situation hier. Ich ging weiter. Mit einer Gruppe der ESG war ich dann am 2. Juni in Nürnberg, als die Meldung von der Ermordung von Benno Ohnesorg kam. Das war ein Nicht-Begreifen, Nicht-Wahrnehmen-Wollen. Aus Protest, auch aus dem Schrecken heraus, bin ich dann auf der nächsten Kundgebung und Demonstration dabeigewesen. Nicht weil es mir so sehr um die politischen Inhalte ging oder weil ich die wirtschaftlichen, die militärischen Beziehungen, die Unterstützung der damaligen Folterknechte durch die Bundesrepublik verstanden hätte. Es war vielmehr das Gefühl: Es kann einfach nicht angehen, daß hier die Polizei sogar die Möglichkeit eines Todesfalls in Kauf nimmt. Und dann auf der anderen Seite die ganze Springer-Presse.

Ich bin dann in den Liberalen Studentenbund gegangen, der damals dem SDS nahestand und auch die Teach-ins und alles andere mitmachte. Es ging um den Vietnam-Krieg, den

Krieg im Nahen Osten, die Große Koalition, Notstandsgesetze. Es war eine beängstigende Zeit auf der einen Seite, aber für mich persönlich eine Zeit unwahrscheinlichen Lernens, weniger an der Uni, sondern in anderen Bereichen, auch in Freundschaften. Etwas ganz Neues kam 'rüber, so daß ich auch bewußter mit auf die Straße gehen konnte, ohne zu fragen, was die Leute denken oder wie ich mit denen zurechtkomme. Es war sicherlich etwas sehr Abgehobenes, aus heutiger Sicht. Aber trotzdem war es für mich wichtig. Wir hatten ja zur Bevölkerung, oder zur ›arbeitenden Klasse‹, wie wir damals sagten, keine Beziehung, keine Kontakte. Ich weiß noch, daß einmal in einer Gruppensitzung einer 'reinkam, der sagte, er sei Arbeiter. Der wurde fast gefeiert. Man hatte da den Eindruck, man hätte jetzt die Tür zur Arbeiterklasse aufgetan. So wurde damals auch geredet. Aber das Diskutieren, das Reden miteinander war für mich, zumindest intellektuell, ziemlich abgehoben. Ich wollte da aber näher herankommen, und das verband sich dann auch mit Inhalten des Studiums. Für mich war die Frage, wie ist das, was sich politisch bei mir entwickelt, mit der christlichen Tradition zu verbinden. Ich denke vor allem an die christliche Tradition in den Texten des Neuen und des Alten Testaments.«

»*Kann man das Ihrer Meinung nach von der kirchlichen Tradition so trennen?*«

»Ja. Die kirchliche Tradition ist für mich mehr eine Tradition von Herrschaft, von Anbiederung an Macht, mit einem Stichwort gesagt, von ›Thron und Altar‹. Es ist nicht die Tradition der Propheten oder die Tradition Jesu.«

»*Begibt man sich nicht in einen Zwiespalt, indem man sagt: Ich gehe trotzdem in diese Institution?*«

»Es hat innerhalb der Kirchengeschichte immer wieder Männer und Frauen gegeben, die diese Minderheitenpositionen bis hin zu ihrer eigenen Ermordung, Gefängnis, Folter, lebendig zu erhalten versucht haben. Die Frage ist, wer ist denn die richtige Kirche? Es war schon das Interesse bei mir, bei uns, diese Seite der Tradition nicht allein der vorhandenen Kirche zu überlassen. Da gab es ja auch schon Minderheiten. Die Tradition ist immer gebrochen gewesen.«

*»War es für Sie ein Problem zu sagen: Gut, ich muß in diese Kirche, es ist die einzige, die mir zur Verfügung steht, aber ich glaube, ich kann dort trotzdem meine Linie bewahren?«*

»Es gab schon häufig die Überlegung, wie halte ich es eigentlich durch? Ich hatte schon Ängste, in diese Institution hineinzugehen. Ich kann es nur mit dem Stichwort ›Nachdunkeln‹ sagen, sich anpassen, auch vom ganzen Klima in einer Kirche so gefangengenommen werden, daß die Luft genommen wird und daß ich das nicht mehr bewußt mitbekomme. Kann ich mich eigentlich durchhalten? Sicherlich wollte ich mich auch verändern, das ist auch notwendig. Ich möchte mich auch verändern, aber nicht dahin. Dennoch, es gab für mich damals keine Alternative zu diesem Berufsbild beziehungsweise für meine christlich-politischen Vorstellungen.«

Christian Arndt hat immer wieder Ärger mit der nordelbischen Landeskirche. Mit der Brokdorf-Verurteilung wurde gegen ihn ein »Amtszuchtverfahren« angestrengt, wie sein Arbeitgeber Disziplinarverfahren nennt. Er ist nicht der einzige.

»Von den Kollegen«, berichtet er, »die mit mir zusammen dieses anfängliche Verfahren durch die Kirchenleitung hatten, sind wir alle aus dieser Generation der sogenannten ›68er‹. Es sind vier oder fünf Kollegen, einer ist etwas älter. Von den übrigen Kolleginnen und Kollegen, die mitblockieren, sind einige auch jünger. Aber ich weiß, daß es eine bestimmte Generation ist.«

*»Haben Sie eine Vermutung, wie viele Pastoren in der nordelbischen Kirche aus dieser Generation ähnlich denken wie Sie?«*

»Ich kenne den Kollegenkreis nur im Hamburger Bereich ein wenig. Ich kann es nicht in Zahlen ausdrücken, aber es ist schon ein beträchtlicher Teil von Kolleginnen und Kollegen, die zumindest inhaltlich der Tendenz der gesamten nordelbischen Kirche kritisch gegenüberstehen. Das hängt sicherlich auch mit der Hamburger Situation zusammen. Wir machen hier ja ständig Erfahrungen mit Sanierung, mit Armut, mit Ausländern, in vielen Bereichen. Das sind alltägliche Erfahrungen, und da müssen wir uns natürlich fragen: Welche Positionen haben wir da zu vertreten, wer sind wir eigentlich in diesen Konflikten?«

Die »beängstigende Zeit, die Zeit unwahrscheinlichen Lernens« begann für Christian Arndt am Abend des 2. Juni. Wie ihm erging es in diesen Junitagen 1967 vielen Studenten.

Ein »Zeit«-Reporter brachte es auf den Punkt: »... und was kein Erziehungsprogramm und keine Propaganda mit ihren Aufrufen zu staatsbürgerlichem Bewußtsein erreicht hat, das hat jener Tag des Schahs erreicht: Sie empfinden jetzt politisch.«[4]

Sogar Zahlen, ansonsten spärlich vorhanden, belegen das: 65 Prozent der Studenten wurden einer Umfrage gemäß durch die Ereignisse des 2. Juni »entscheidend in ihrem politischen Engagement« bestärkt.[5]

Was das hieß, erlebte man in allen Universitätsstädten. Die größte Demonstration der Nachkriegszeit zog durch Göttingen. In München forderten 9000 Menschen den Rücktritt von Heinrich Albertz, Innensenator Wolfgang Büsch und Polizeipräsident Duensing. Alle bayerischen Universitäten erklärten sich »empört über die Terrormaßnahmen der Berliner Polizei«. Professoren, Künstler, Schriftsteller, Politiker – Solidarität von allen Seiten.

Nicht nur der SDS, auch die anderen Organisationen erlebten einen Mitglieder-Boom, der sie an den Rand des organisatorisch Möglichen brachte. Spätestens nach dem 2. Juni war die Studentenbewegung auch die der »Halb-Bewegten«, »Neu-Entrüsteten«, der »Anpolitisierten«, der »Juni-Gefallenen« (Bernd Rabehl).

Ist es in der Geschichtsschreibung bis zum 2. Juni noch möglich, sich an der Geschichte der wenigen studentischen Organisationen des linken Spektrums und ihrer Mitglieder entlangzuhangeln, ohne wesentliche Aspekte unter den Tisch fallen zu lassen, wird es danach zu einem nahezu aussichtslosen Unterfangen, möglich nur um den Preis himmelstrebender Abstraktionen.

Die »Konfrontationsunmittelbarkeit« ist dabei nur eine Kostprobe.

## Das Paradoxon des Erfolges

»... Ich wurde gebeten, die Rücktrittsforderung von Heinrich Albertz zu begründen. Das müssen Sie sich vorstellen: Als Sohn eines früheren Hamburger Bürgermeisters, Albertz war auch Bürgermeister, selbe Partei, und ich war noch relativ jung, seinen Rücktritt zu fordern.

Das waren überhaupt ganz dichte Lernprozesse: Weltdeutung, plötzlich Marcuse, dann kam die Dritte-Welt-Geschichte, ein, zwei, viele Vietnam, man hat gelesen, dann kam Kritik an Ausbeutung von Wissenschaft. (...) Ein älterer Freund sagte mir, ich müßte aufpassen, daß ich hinterher nicht ganz abschlaffe, denn so dichte Erfahrungen, wie man jetzt sammelt, die gibt es ganz selten. Das sind Umbruchsituationen, aber hinterher geht es langsamer.«[6]

Der das sagt, verfügte 1967 bereits über einige Erfahrung in studentenpolitischen Fragen. Knut Nevermann, Sohn des ehemaligen Hamburger SPD-Bürgermeisters Paul Nevermann, Bruder der derzeitigen SPD-Geschäftsführerin Anke Fuchs und selbst SPD-Mitglied, kam 1965 nach Berlin und war von 1966 bis 1967 Vorsitzender des AStA an der Freien Universität. Nach den Schüssen auf ihren Mann bat Christa Ohnesorg den jungen Jurastudenten, eine Trauerrede für Benno zu halten, der ihn sehr geschätzt haben soll. »Ich kannte ihn allerdings nicht«, sagt Knut Nevermann, »aber wie das halt so ist, wenn man ein bekannterer Typ damals an der Uni war.«

Tatsächlich trat der Regierende Bürgermeister Heinrich Albertz unter dem Druck seiner Partei und den Eindrücken des 2. Juni im September 1967 zurück. Heute lebt der Pastor in Bremen und gehört zu den »großen alten Männern« der Friedensbewegung. Die Worte des Schahs hat er nicht beherzigt, der dem Bürgermeister riet, er soll sich über den Toten keine Gedanken machen, das passiere im Iran jeden Tag.[7]
»Ich war am schwächsten, als ich mich am stärksten fühlte«, bekannte er später.

Innensenator Wolfgang Büsch, politisch verantwortlich für den Polizeieinsatz vor der Oper, reichte noch am 3. Juni ein

Rücktrittsgesuch ein. Erst im September wurde er entlassen. »Vielleicht«, diktierte er 20 Jahre später einem Reporter, »wäre die Geschichte der Studentenrevolte weniger blutig verlaufen, wenn ich gleich nach dem 2. Juni zurückgetreten wäre. Es wäre ein Zeichen gewesen.«[8] Heute lebt er als Rechtsanwalt und Galerist in Berlin.

Polizeipräsident Erich Duensing, Erfinder der »Leberwurst-Taktik«, wurde auf eigenen Wunsch vom Dienst freigestellt. Im September '67 ließ er sich frühzeitig pensionieren.

Karl-Heinz Kurras wurde nach einem Verfahren, in dem selbst die Richter zugeben mußten, nicht alle Zweifel an seiner Version vom versehentlich losgegangenen Schuß ausgeräumt zu haben, im November 1967 freigesprochen. Ein Satz, der ihm zugerechnet wird, klingt noch nach: »Nach dem Vorfall mußte ich leider meinen Anzug reinigen lassen.« Karl-Heinz Kurras arbeitet noch heute in der Berliner Kriminalpolizei.

Knut Nevermann leitet heute in Soest das Landesinstitut für Schule und Weiterbildung in Nordrhein-Westfalen. In dem Gebäudekomplex mit den Maßen und dem Aussehen einer modernen Schule sind mehr als 170 Mitarbeiterinnen und Mitarbeiter damit beschäftigt, mit einem jährlichen Etat von nahezu 17 Millionen Mark Lehrer fortzubilden, Lehrpläne zu entwerfen, Erwachsenenbildung zu organisieren und pädagogische Leitlinien für Politik und Wissenschaft zu erstellen.[9]

Erst vor wenigen Jahren ist Knut Nevermann dorthin gekommen. »Ich bin, wie ein Verwaltungsbeamter sagen würde, ein Quereinsteiger, weil ich vorher Wissenschaft betrieben und in der SPD in Berlin sehr viel Politik gemacht habe. Beides ist Voraussetzung für so einen Job, und so hatte ich ganz gute Chancen, hierherzukommen. Ich bin jetzt das erste Mal in einer solchen Institution mit wirklich leitenden Aufgaben. Vorher war ich noch beim Max-Planck-Institut für Bildungsforschung, formell von 1974 bis 1985, informell schon seit 1970 freier Wissenschaftler.«

*»Was hat Sie bewogen, diese Stelle anzutreten?«*

»Die Situation war schwierig im Jahre 1985. In Berlin gab es Wahlen, und ich war ausgeguckt worden, im Wahlkampfteam unter Anleitung von Hans Apel die beiden Bereiche Bildungspolitik und Wissenschaftspolitik zu vertreten. Ich wäre also Senator geworden, wenn nicht 18 Prozent der Berliner anderer Meinung gewesen wären und uns nicht gewählt haben. Hinzu kam, daß ich in dieser Zeit gerade mein drittes größeres Projekt beim Max-Planck-Institut abgeschlossen hatte. Das war eine empirische Untersuchung in Gymnasien, zusammen mit einer Soziologin und einer Lehrerin durchgeführt, in der wir Lehrer befragt haben, wie sie Schülern die Zerstörung der Weimarer Republik und den Aufstieg des Nationalsozialismus erklären. Was sie für Deutungen haben, was für Bücher sie verwenden und was sie von Lehrplänen halten. Eine inhaltliche Analyse, verbunden mit der Frage, warum sie so denken, wie sie denken. Übrigens eine Erfahrung, die mich sehr entsetzt hat. Wir dachten, wir würden in der Schule viele End-Sechziger finden. Das war nur dem Alter nach so, bewußtseinsmäßig waren es nur wenige. Im wesentlichen wurde ein durch die Bank konservatives Deutungsmuster bei den Lehrern deutlich, eher deutschnationale Traditionen als weniger konservative Ansichten, und das auf sehr breiter Basis.«

»*Sie sagten vorhin, daß ich hier fast alle Mitarbeiter interviewen könnte. Wenn auch einerseits vom Scheitern der Studentenbewegung gesprochen wird, so sind doch nicht nur ›frustrierte APO-Veteranen‹ übriggeblieben?*«

»Sicher gibt es die auch. Gut, die Revolution hat nicht stattgefunden, die basisdemokratischen Modelle waren nicht so erfolgreich, wie man dachte. Natürlich war das ein Sprung, und einige Leute sind dann auch bewußt ausgestiegen, eine Reihe von meinen Freunden lebt jetzt irgendwo ›herum‹, weil sie das Korrumpiert-Werden in Institutionen fürchteten. Das war damals auch ein großes Thema. Aber ich gebe zu: Man hat gemerkt, daß man die Institutionen nicht von außen kaputtmachen konnte. Man kann sie nicht umrennen, und wenn sich überhaupt etwas tut, dann nur durch innere Reformen. Aber ich würde auch nie vom Scheitern der Studentenbewegung sprechen, sondern vom gewichtigsten Einschnitt in der Geschichte der Bundesrepublik seit 1949. Und zwar was die politische Kultur angeht. Die Leute denken seither anders. Anders, als vorherige Generationen gedacht haben. Es ist selbstverständlich geworden, linke sozialistische Traditionen parat zu haben und damit umzugehen. Vielleicht geschieht das nicht mehr so offen wie früher und nicht mehr so ›begriffsklopperisch‹ wie Anfang der 70er Jahre. Es ist ein grundsätzliches politisches Interesse da, ein Engagement, wenigstens eine moralische Verpflichtung, sich politisch zu interessieren. Dieses ist sozusagen als Biß, als Zugriff in der Generation geblieben.«

Auf die Bitte, zu erklären, worin sich die veränderte »politische Kultur« zeige, verweist Knut Nevermann auf ein sehr seltsames Beispiel. »Es gab bis 1967/68 die Begriffe ›Arbeitslosigkeit‹, ›Investition‹, ›Unternehmerverbände‹ nicht im Fernsehen. Es hat doch nie ein Mensch über die Demokratisierung von Parteien geredet oder von Bildungseinrichtungen oder von Gewerkschaften, so wie wir das heute tun«, sagt Knut Nevermann. »Das war eine basisdemokratische Auffrischung des Demokratie-Begriffs.«

In einem Artikel anläßlich der 20. Wiederkehr des Todestages von Benno Ohnesorg schreibt er:

»Erstmals in der deutschen Geschichte stand die akademische Jugend überwiegend links, erstmals sah sich das universitäre und gesellschaftliche Establishment in Frage gestellt, herausgefordert und in argumentativen Nöten. Dieser Erfolg läßt sich vor allem dadurch erklären, daß die Studentenbewegung bei genauerer Betrachtung eine durchaus pluralistische Mannigfaltigkeit erkennen läßt.« Pazifisten, Kulturrevolutionäre und Radikaldemokraten seien plötzlich gemeinsam auf die Straße gegangen. Und: »Gerade die politisch-theoretische Naivität, die für das linke Spektrum der damaligen Zeit charakteristisch war, scheint mir ein weiteres ›Geheimnis‹ des Erfolges der Studentenbewegung zu sein.«[10]

Knut Nevermann heute: »Sosehr ich kritisiert habe, was die Kommune gemacht hat, so klar war mir, daß durch diesen Zauber, den die veranstalteten, natürlich die Möglichkeit zugenommen hat, überhaupt öffentlich wirksam zu werden. Und auch die Leute wußten genau: Der Nevermann muß sich jetzt zwar distanzieren, aber im Grunde nützt es der gemeinsamen Sache, so gemeinsam sie ist, daß wir mit verteilten Rollen spielen.

Meine Hauptthese ist, daß wir damals ungeheuer naiv waren, noch nicht Marxisten, und daß mit der Marx-Rezeption die ganze Sache auseinandergebrochen ist. Marx begründete das Ende der Studentenbewegung, nicht den Anfang. Dann erst erfolgte die Fraktionierung, Trotzkisten, Maoisten. Diese Naivität kriegt man natürlich nie wieder hin. Nun haben wir ja alle Marx gegessen und können nicht mehr sagen, daß wir alle ohne Arbeit genügend zu essen hätten.«

Das Paradoxon des Erfolges, Knut Nevermann weist darauf hin, liegt in eben jener Pluralität. Auf einmal gehen Leute wie Rudi Dutschke, Helmut Schauer oder Klaus Meschkat, die jahrelang in Gremien oder auf irgendwelchen Podien Schritt für Schritt ihre Erfahrungen gemacht haben, zusammen mit solchen Menschen wie Christian Arndt auf die Straße. Erst daß derart unterschiedliche Charaktere mit vielfältigen Berufszielen und politischen Motiven mobilisiert werden konnten, läßt heute von einem, wie auch immer nebulösen, »politischen Klimawechsel« sprechen. Doch die Antithese sitzt mit am Tisch. Die Fraktionierung einer derart bunt zusammengewürfelten, plötzlich ausgeweiteten Protestbewegung liegt mit in ihrer Natur. Die außerparlamentarische Opposition der Studenten trat nie als eine Einheitsfront auf.

## Risse in der APO

Hannover, 9. Juni 1967.

»Das Spannungsverhältnis zwischen Theorie und Praxis kann von denen, die entsprechende Frustrationen nicht aushalten und rational verarbeiten können, abgeleitet werden: entweder in Indifferentismus, in eine Abwendung von Politik überhaupt, oder in Aktionismus, das heißt in eine Praxis, die jeden Anlaß zur Mobilisierung, aber nicht um der begründeten und taktisch aussichtsreichen Durchsetzung von definierten Zielen willen ergreift.«[11]

Punkt eins. Zwei weitere Spannungsverhältnisse breitet Jürgen Habermas aus. Politisches Engagement einerseits und Vorbereitung auf den Beruf andererseits führe entweder zu Überanpassung oder zu revolutionärer Dauerbereitschaft. Theoretische Arbeit hier und der Wunsch nach Praxis dort berge die Gefahr, sich entweder der reinen Wissenschaft zu widmen oder die Theorie über Bord zu werfen und unmittelbare Befriedigung der revolutionären Gelüste zu suchen. In diesen Spannungsfeldern bewegen sich die Studenten, wobei, so Habermas, einer Handvoll Aktiver auf der einen die Masse der Mitläufer auf der anderen Seite gegenübersteht.

Die nüchterne Analyse des Frankfurter Soziologen und Philosophen trifft bei den 6000 Studenten auf scharfe Kritik. In Hannover, Ohnesorgs Heimatstadt, wollen sie diskutieren, wie es weitergehen soll mit der außerparlamentarischen Opposition. Gegenöffentlichkeit soll hergestellt werden. Was ist zu tun angesichts einer Staatsgewalt, die nötigenfalls Menschenleben aufs Spiel zu setzen bereit ist?

Die bis auf den letzten Platz besetzte Sporthalle ist an diesem Abend nicht der Ort, an dem die – in sperrigem Soziologendeutsch vorgebrachten – Warnungen des Professors auf fruchtbaren Boden fallen. Eher schließt man sich der Argumentation Rudi Dutschkes an. Er fordert die Gründung von Aktionszentren in allen Universitätsstädten. Eine dreiviertel Stunde lang beschreibt er den Weg, den der Studentenprotest in Berlin eingeschlagen und der zu der Erkenntnis geführt hat, daß »die etablierten Spielregeln dieser unvernünftigen Demokratie nicht unsere Spielregeln sind«. Er propagiert direkte Aktionen, gegen das amerikanische Engagement in Vietnam, gegen die Notstandsgesetze, gegen die NPD; nur so lasse sich vermeiden, daß die Aufklärung lediglich zu einer anderen Form des Konsums verkomme. Am Ende erntet Dutschke rauschenden Beifall.

Die Diskussion ist fast zu Ende, Dutschke schon abgereist, da kommt Jürgen Habermas noch einmal in die Sporthalle zurück und tritt ans Rednerpult. Wenn Dutschke wirklich Konsequenzen aus dem Gesagten zu ziehen gedenke, dann könne er, Habermas, das nur als »linken Faschismus« bezeichnen. Die Geburt eines Schlagwortes.

Die Skalen des Möglichen, vom Frankfurter Professor aufgezeigt zu einer Zeit, da längst nicht absehbar war, in welche Richtung sich der studentische Protest entwickeln würde, sind, wie die vergangenen 20 Jahre zeigen, gültig geblieben – bis in ihre Extreme. Es mag Habermas, der den Linksfaschismus-Vorwurf teilweise zurückgenommen hat, eine bittere Genugtuung gewesen sein.

Auch Knut Nevermann war an jenem Abend in Hannover und erinnert sich spontan an die »Durststrecke zwischen Theorie und Praxis«.

»Das habe ich immer zitiert. Das ist schon damals d'accord gewesen. Es gibt eine lange Strecke, heißt es da, wo die Aufklärung den Parolen vorausgehen muß, und es gibt eine lange Durststrecke zwischen Theorie und Praxis, und auf die müssen wir uns einstellen. Das war mein Credo, auch damals.«

Am meisten schieden sich die Geister wohl an denen, die diese Durststrecke per Kommunegründung glaubten aufheben zu können.

Wie kann man der Vereinzelung in der modernen Industriegesellschaft, wie deren Manipulationsmechanismen entgehen? Wie schließlich lassen sich politische Arbeit und persönliches Leben auf einen Nenner bringen? Fragen, die schon mehr als ein Jahr zuvor diskutiert wurden. Damals, im Sommer '66, trafen sich Rudi Dutschke, Bernd Rabehl von der Berliner Sektion der »Subversiven Aktion«, mittlerweile im SDS engagiert, mit den Münchner Subversiven um Dieter Kunzelmann in einem Landhaus am bayerischen Kochelsee. Gerade war Herbert Marcuses Aufsatz »Der eindimensionale Mensch« in Europa erschienen, und seine Analyse bildete die Grundlage für die Gespräche.

Was sich dort in der Landidylle noch gut anhörte, Aufklärung durch Aktion, revolutionäre Praxis im Alltag, das wurde für einige wohl zuviel angesichts des bevorstehenden Einzugs in die Kommune. Als Dieter Kunzelmann, Rainer Langhans, Fritz Teufel und Hans-Joachim Hameister die Kommune I gründeten, zogen fünf SDSler, die eigentlich Kommunarden werden wollten, ihr Versprechen zurück. Rudi Dutschke, er hatte inzwischen geheiratet, und Bernd Rabehl sahen in der Kommune-Gründung keinen Ersatz für ihre Arbeit im SDS. Auch sie zogen nicht ein.

Die Leute der »K II«, Eike Hemmer, Jan-Carl Raspe, Jörg Schlotterer, Marion Stergar und Christl Bookhagen, zogen später im SDS-Zentrum ein. Sie hatten sich schon im November 1966 allseits Ärger eingehandelt, als sie kurzerhand eine Diskussion zwischen Uni-Rektor und AStA um die Hochschulreform sprengten. Ihr Flugblatt, das die Professorenschaft schlicht Fachidioten schalt, lieferte dem arg bedrängten Rektor einen willkommenen Vorwand, die Veranstaltung zu verlassen.

Doch zunächst hatten ja die schrillen Aktionen Erfolg: Die Spaziergangsdemo am Adventswochenende; das Pudding-Attentat auf Vizepräsident Humphrey, das die Staatsgewalt der Lächerlichkeit preisgab; die Polit-Happenings am Moabiter Landgericht, während sich drinnen der Angeklagte Teufel auf Anordnung des hohen Gerichts nur widerwillig erhob und sagte: »Wenn es denn der Wahrheitsfindung dient.« Kommune-Machen wurde »in«, Sprüche wie »Wer zweimal mit derselben pennt, gehört schon zum Establishment« Allgemeingut, selbst Schüler träumten fortan den Traum vom selbstbestimmten Leben.

Die Selbstbestimmung ging einigen aber auch auf den Geist. Im Mai '67 wurden die Kommunarden, die zwischenzeitlich den gesamten Landesvorstand als Arbeitskollektiv eingenommen hatten, aus dem SDS ausgeschlossen. Wiederholt hatten sie sich an Absprachen nicht gehalten, gefährdeten die Förderungswürdigkeit des Verbandes, schlugen immer wieder quer. Als Dieter Kunzelmann dann auch noch vernehmen ließ: »Was geht mich Vietnam an, ich habe Orgasmusschwierigkeiten«[12], hatte die Geduld der anderen SDSler ein Ende.

In der von ihm mitverfaßten »Geschichte des SDS« schreibt Siegward Lönnendonker fast nur noch von Polit-Clowns, die darüber hinaus die treuesten Leser von »Bild« und »BZ« wurden. Originalton: »Waren schicke Fotos von ihnen drin, dann war die Revolution auf dem Vormarsch.«[13] Heute hat er sein Urteil über die Polit-Clowns von damals, zumindest teilweise, revidiert:

»Als wir das schrieben, waren die schon ganz schön abgewirtschaftet, entweder auf dem Trip zum Terrorismus oder drin oder aber, wie bei Langhans, in Sekten. Diese Sicht ist die eine gewesen, aber das Positive kam zu kurz, das muß ich heute sagen. Die Konservativen hat das voll aus der Ruhe gerissen. Die haben damals konstatiert, da ist etwas Neues, diese Jugend ist mit dieser Art von Autoritäten nicht mehr zu überzeugen. Das macht sich in der Bundeswehr breit, das macht sich überall breit, das haben die gesehen und sprechen von da an von der Wende.«

»*Mit anderen Worten: Das Bahnbrechende fand außerhalb des SDS statt?*«

»Wenn man so will, ja. Nun war die Kommune immer noch im SDS, auch als sie nicht mehr drin war. Man mußte die rausschmeißen, aber hochschulpolitisch war es wichtig, daß immer mal eine Gruppe links übers Ziel hinausschoß und daß der SDS in Grenzen blieb. Aber die Kommunarden haben ihren Rausschmiß in keiner Weise tragisch genommen, die hatten sich ja selber vorher schon dauernd ausgeschlossen. Das war für die auch nur noch ein Spiel, um die Autoritäten im SDS lächerlich zu machen, genau wie sie vorher die im Gericht lächerlich gemacht hatten. Insofern waren sie da schon konsequent.«

Auch wenn viele Repräsentanten der antiautoritären Revolte durchaus machtbewußt und autoritär gewesen seien, so habe »das Antiautoritäre« der Studentenbewegung ihr Etikett verpaßt. »Antiautoritäre Revolte, unter diesem Begriff läuft es heute. Das Wichtigste an der antiautoritären Revolte war: Sie muß Spaß machen, darf nicht so bierernst sein – obwohl es dann doch wieder bierernst wurde. Dieses Antiautoritäre hat sehr stark alle bis dahin noch nicht Organisierten beeinflußt und zuhauf dahin getrieben, weil es einfach gut war. Da war ja auch auf dem Ku'damm hin und wieder was los. Dieses Antiautoritäre ist eine Zeitlang transportiert worden, sogar in den Knüppelschlachten.«

**Freigesprochen**

»Unser dpa-Bild zeigt nach dem Freispruch vor dem Moabiter Gerichtsgebäude den 24jährigen Studenten Fritz Teufel (Mitte rechts) und den SDS-Ideologen Rudi Dutschke (Mitte links) inmitten ihr Verehrer« (Text vom 22.12.1967):
Dezember 1967, Berlin

Als Fritz Teufel im Dezember 1967 aus der Untersuchungshaft entlassen wurde, ging damit nicht seine letzte Inhaftierung zu Ende. Jahre später wurde er für schuldig befunden, an der Lorenz-Entführung beteiligt gewesen zu sein. Erst als er niemanden mehr belasten konnte, präsentierte er sein lückenloses Alibi. Danach schlug er sich als freier Schriftsteller durch, lebte von Sozialhilfe. »Wie so viele Clowns hatte er ein trauriges Schicksal«, kommentierte 20 Jahre später ein Rundfunk-Redakteur.[14]

Dieter Kunzelmann lebt heute noch in Berlin, war einige Zeit Abgeordneter der Alternativen Liste und bezeichnet sich heute noch als »Aktionspolitologe«. Seine Qualitäten als Enfant terrible bewies er jüngst, als er die am Berliner Bauskandal beteiligten Politiker eine »kriminelle Vereinigung« schalt und sich eine Beleidigungsklage einhandelte. Er wurde freigesprochen.[15]

Rainer Langhans wurde nicht nur aus dem SDS ausgeschlossen, sondern nach eigenem Bekunden als »Verräter« auch aus der Kommune geworfen, als er mit einem Fotomodell durch die Gegend zog. Lange hörte man überhaupt nichts von ihm. Beim Frankfurter Prima-Klima-Kongreß tauchte er wieder auf, und sein Auftritt glich, unter all den Theoretikern und Bilanziers der Bewegung, dem eines bunten Hundes. » ... Nach den Versuchen, bei den Grünen eben direkt was zu machen«, sagte er dort, »hab ich gemerkt, daß ich Politik in dieser Form nicht mehr machen will, unüberlegt und aktivistisch und nicht denkend und so weiter, weil ich finde, daß es Unheil stiftet ...«[16]

Soweit einige der bekanntesten Personen. »Das Durchbrechen unserer Isolation als kleinbürgerliches Individuum ist uns nur in einer Richtung gelungen. Wir konnten den Charakterpanzer, der uns an freierer Entfaltung der Arbeits- und Liebesfähigkeit hindert, immer mehr in der Analyse durchlöchern. Wir haben aber keinen Weg gefunden, die zusammengebrochenen, affektgesperrten, autoritätshörigen und isolierten Verhaltensweisen durch neue kollektive und erotische Strukturen zu ersetzen.«[17] Die Schrift, der dieses Zitat entnommen wurde, weckt heute gelindes Grauen und Bewunderung zugleich. Unter dem Titel »Versuch der Revolutionierung des bürgerlichen Individuums« haben die Frauen und Männer der Kommune II ihr Zusammenleben protokolliert und analysiert. Türenknallen, schmollender Rückzug, sexueller Frust und alltägliches Generve werden darin nicht verschwiegen.

Die Revolutionierung des Individuums ist gescheitert. »Der Anspruch ..., die ausgesprochenen Interessen auch zu verwirklichen, war so stark, daß davor nur die Flucht möglich schien, Austritt aus der Kommune oder Sturz in einen betäubenden Aktionismus.«[18] Der Soziologie-Student und Einser-Diplomand Jan-Carl Raspe, der dies schrieb, erlangte eine traurige Berühmtheit. In der Nacht zum 18. Oktober 1977 fand man ihn in seiner Zelle im Gefängnis Stuttgart-Stammheim, Blut rann aus seinem Schädel. Ärzte konnten ihm nicht mehr helfen. In der gleichen Nacht starben Gudrun Ensslin und Andreas Baader. Wenige Stunden zuvor war die Nachricht über den Äther gekommen, daß die von Terroristen in einer Lufthansa-Boeing entführten 86 Geiseln auf dem Flughafen von Mogadischu befreit worden waren.

Was für einzelne der Anfang einer Sackgasse gewesen sein mag, ist aber auf andere Art lebendig. Denn eigentlich setzt sich die Geschichte der Kommunen fort in den mittlerweile stinknormalen Wohngemeinschaften unserer Tage. Auch wenn es nach Plattitüde klingt: Ohne die Kommunen gäbe es diese Art des Wohnens heute wohl nicht so selbstverständlich.

## Springer – Verfassungsschutz – Gewalt

In den Monaten von Juni 1967 bis zum Juni 1968 schien für viele die Durststrecke zwischen Theorie und Praxis zeitweise aufgehoben zu sein. Dieses eine Jahr ist mittlerweile tausendfach Gegenstand von wissenschaftlichen Untersuchungen, Romanen und üppigen Bildbänden geworden.

Sucht man nachträglich den roten Faden, der sich durch die Kundgebungen und Gegenkundgebungen, durch Resolutionen und Gegenresolutionen, Aufrufe, Aktionen, durch Hy-

**Zeitungsverbrennung**

Das Essener Springerhaus wird blockiert, Zeitungspakete von den Auslieferungswagen heruntergerissen und verbrannt: April 1968, Essen

sterie, Propaganda und Scharfmacherei zieht, bietet sich in der Tat das Bild der beidseitig eskalierenden Gewalt.

Schon als im Juli Herbert Marcuse auf Einladung des SDS aus Amerika nach Berlin kam, warnte er, Gewalt um der Gewalt willen einzusetzen. Zwar seien die Protestbewegungen der westlichen Welt im Recht. Und unter gewissen Umständen sei Widerstand Pflicht. Aber zunächst müsse die außerparlamentarische Opposition ihre soziale Basis erweitern.[19]

Wie das gehen sollte, konnten die Studenten im »Spiegel« nachlesen, wo Dutschke in einem Interview vorschlug, den Springer-Konzern zu enteignen und die Auslieferung der Zeitungen durch Sitzblockaden zu verhindern – gewaltlos.[20]

Als am 1. November 1967 die Kritische Universität (KU) im Auditorium Maximum in Berlin gegründet wurde, kündigte Bernhard Blanke vor den über 2000 Studenten an, gegen die »Fabrik zur massenhaften Herstellung von antidemokratischen Ideologien« ein »Tribunal« einzuberufen.[21] Wo, wenn nicht bei Springer, sammelte sich die geballte Manipulationsmacht? Springer war der Macher hinter den Kulissen des Volkszorns; der 2. Juni hatte es bewiesen.

In der Gegenuniversität sollte die Brücke geschlagen werden zwischen Theorie und Praxis, zwischen Kampagnen, Demonstrationen und theoretischem Fundament. Hochschulreform, Sexualität und Herrschaft, Kunst und Gesellschaft etc. – die 33 Arbeitskreise sparten kaum ein Thema aus. Professoren-Gutachten über Wert oder Unwert der von den Studenten selbst ins Leben gerufenen KU kursierten, Räume wurden verweigert, schließlich die Gründung der KU einfach verboten. Die vergebliche Mühe der Uni-Administrationen in Berlin und anderswo, nicht zuzulassen, was nicht sein darf, wirken heute nur noch grotesk.

Als die Delegierten der 22. SDS-Konferenz in Frankfurt unter der Fahne der vietnamesischen Befreiungsfront tagten und die Brüder Karl-Dietrich und Frank Wolff zum ersten und zweiten Bundesvorsitzenden wählten, war es wieder der Springer-Verlag, auf den sich die Aktionen konzentrieren sollten. »Entlarvung und Zerschlagung des Springer-Konzerns« durch eine »langandauernde Kampagne«, gemeinsam mit allen Kräften der antiautoritären und antikapitalistischen Opposition«. Dadurch werde das gesamte »radikaldemokratische Potential in der Bundesrepublik mobilisiert«.[22] So sprach man damals. Nach einem Vorbereitungstreffen für das Berliner Springer-Hearing, bei dem Holger Meins einen Film über den Bau von Molotow-Cocktails zeigte, barsten die Scheiben von sieben »Morgenpost«-Filialen. Viele der Geladenen sagten ab, das Springer-Tribunal wurde vertagt.

Die »Bild«-Zeitung keilte zurück. Auf der einen Hälfte einer Zeichnung werfen zwei SA-Männer Steine in eine Fensterscheibe, auf der »Juden raus« steht. Daneben wirft ein mit SDS kenntlich gemachtes Männchen eine Fensterscheibe ein, auf der »Enteignet Springer« steht. Der Text darunter: »Wie sich die Bilder gleichen!«[23]

Am 17. und 18. Februar war die Hearing-Pleite vergessen. Etwa 5000 Studenten und Professoren, viele aus dem Ausland, nahmen am »Internationalen Vietnam-Kongreß« in der Technischen Universität Berlin teil. Wieder prangte eine riesige FNL-Fahne über den Versammelten, darunter der Guevara-Spruch: »Die Pflicht jedes Revolutionärs ist es, die Revolution zu machen.« Zwei Tage lang glich die TU einem Hexenkessel. Mehr als 12 000 Menschen zogen anschließend, bewehrt mit FNL-Fahnen, Bildern von Ho Chi Minh und Che Guevara durch Berlin. Ho-Ho-Ho-Chi-Minh skandierten sie rhythmisch, hakten sich unter, stürmten in einzelnen Reihen vorwärts, riefen, alle verspottend, die noch daran glaubten: »Wir sind eine kleine radikale Minderheit.«

Und Rudi Dutschke war auf dem Höhepunkt seiner Karriere. Spätestens seit dem Fernsehinterview mit Günter Gaus im Dezember '67 war er eine bekannte Medienfigur. Auf ihn konzentrierten sich die Berichterstatter, auf ihn richteten sich die Kameraobjektive, so daß man selbst im SDS den Personenkult kritisierte.[24] Durch die ständige Erwähnung als »Rädelsführer« und »Chefideologe« inkarnierte er für viele Deutsche den »linken Faschismus«. Als fünf Tage nach dem Vietnam-Kongreß ÖTV, Senat, Springer-Presse, sogar der Dalli-Dalli-Moderator Hans Rosenthal zu einer Gegenkundgebung aufriefen unter dem Motto: »Wir wollen sagen, wofür wir sind«, entlud sich der geballte Zorn vor allem gegen ihn. »Dutschke raus aus Westberlin«, »Dutschke Volksfeind Nummer 1«, stand auf einigen Transparenten, und: »Bei Adolf wäre das nicht passiert«.[25]

Keine zwei Monate später wurde Rudi Dutschke von einem 23jährigen Hilfsarbeiter namens Josef Bachmann mit drei Schüssen niedergestreckt. Noch am Abend des 11. April zogen mehrere hundert Studenten zum Springer-Hochhaus in der Kochstraße, warfen die Scheiben ein, prügelten sich mit Druckern und Angestellten. Bachmann, so hieß es, sei nur Ausführender der seit Monaten von Springer und den Offiziellen geschürten Pogrom-Stimmung gegen die APO und insbesondere gegen Rudi Dutschke. Irgend jemand hatte einen Korb mit Molotowcocktails dabei. Er verteilte sie, einige Leute schmissen Verlagsfahrzeuge um, öffneten die Tankdeckel – und warfen. Die Wagen standen sofort in Flammen. Der Mann mit den Mollis hieß Peter Urbach. Er hatte sich schon länger in der Kommune I und mit Bommi Baumann herumgetrieben, war aber nie eingezogen. Wegen seiner höflichen Art war er dort beliebt. Was niemand wußte: Urbach stand auf der Informantenliste des Verfassungsschutzes.

In den darauffolgenden Tagen gingen 45000 Demonstranten in Hamburg, München, Essen, Berlin, in mehr als 20 Städten auf die Straße. Überall, wo der Springer-Verlag Auslieferungen oder Redaktionen unterhielt, entbrannten Straßenschlachten, wie sie die Bundesrepublik noch nicht erlebt hatte. Die Auslieferung der »Bild«-Zeitung konnte allerdings nur verzögert, nicht verhindert werden.

Bilanz der blutigen Osterwoche 1968: 400 zum Teil schwer Verletzte, zwei Menschen, der Pressefotograf Klaus Frings und der Student Rüdiger Schreck, starben.

»Wir saßen damals im Zentralkomitee der Berliner Linken im Seminarraum der Studentenvertretung der TU. Es hieß, Frings sei durch Steinwürfe aus dem protestierenden Bereich ums Leben gekommen. Es herrschte eine ziemlich bedrückte Stimmung, wir wußten nicht mehr weiter. Das war nicht unser Ziel gewesen, Menschenleben aufs Spiel zu setzen. Ein oder zwei Tage waren wir fast wie gelähmt. Dann kam ein sehr prominentes Mitglied in den Seminarraum und sagte, er habe soeben erfahren, daß ein Student namens Rüdiger Schreck – allein die Tatsache, daß man nach 20 Jahren ohne Vorbereitung diesen Namen parat hat, verrät, wie bedeutsam das war – durch Polizeiknüppel ums Leben gekommen sei. Die Reaktion in diesem Raum war für mich fast so, als hätte Hertha BSC im Olympiastadion das Unentschieden geschossen – eine fürchterliche Reaktion, die zu der wörtlichen Formulierung führte: ›Gott sei Dank, jetzt können wir anders argumentieren.‹ Wir waren alle völlig übernächtigt, vielleicht redet man dann auch mal Unsinn, und so haben ein Freund und ich gesagt, laßt uns darüber reden, das kann so nicht stehenbleiben. Wir wurden daraufhin abgespeist mit den Worten: Hört auf mit eurem bourgeoisen Geschwätz.«[26]

Der so Geschaßte war 1967 der Vorsitzende der Studentenvertretung der TU und der Berliner Landesvorsitzende des VDS gewesen. Rolf Vieten, seit 1962 FDP-Mitglied und im LSD organisiert, hatte nach den Schüssen auf Benno Ohnesorg ein Jahr zuvor den Protest auch in die TU getragen. Als auf Dutschke geschossen wurde, saß er noch im Studentenparlament und im Zentralkomitee der Berliner Linken.

»Das ist für mich der entscheidende Punkt gewesen«, erinnert er sich, »zu sagen, wenn Menschen nur noch instrumentell gesehen werden, dann kann ich hier nicht bleiben.«

»*Klingt, als hätten Sie eingesehen, daß sich die Positionen verdreht hatten.*

»Bei manchen gingen die Maßstäbe verloren. Man ist nicht mehr von jenem Ideal ausgegangen, das man humanistisch nennen kann und das sich auf die Frage nach den Chancen des einzelnen konzentriert. Denken Sie an das Thema Bildungsreform. Oder auch an die Emanzipationsbewegung. So nebulös es auch hinsichtlich einer praktischen Umsetzung war, und das war es ohne Zweifel, war es doch immer auf ein Mehr an Freiheit für den Einzelnen gerichtet. Plötzlich kamen andere Inhalte in den Vordergrund, und der Einzelne wurde in der letzten Perversion nur als eine Nummer gesehen, als Instrument. An dem Punkt haben sich die Weichen gestellt. Da haben viele Leute gesagt: So nicht mehr.«

**Zeichen des friedlichen Protests?**

Demonstration auf dem Kurfürstendamm:
April 1968, Berlin

Noch 1968 trat Rolf Vieten aus dem LSD aus. »Vielen Menschen ist erst nach diesem Attentat deutlich geworden, wie durch einen Teil der Springer-Presse ein Hexenkessel-Treiben angefacht wurde. In diese Zeit fallen auch Sätze von Ulrike Meinhof wie: ›Wenn ein Springer-Auto brennt, dann ist das ein Verbrechen. Wenn alle Springer-Autos brennen, dann ist das eine politische Tat‹.« In diesen Tagen wurde im Studentenparlament diskutiert: Gewalt gegen Sachen ja, Gewalt gegen Personen nein.

Auch er habe damals so gedacht. »Eine Position, die ich 24 Stunden lang vertreten habe. In privaten Gesprächen mit meiner Frau, die die ganze Nacht dauerten, habe ich festgestellt, daß ich da auf dem Holzweg war.«

Rolf Vieten ist es gewohnt, Reportern Rede und Antwort zu stehen. Als ich ihn allerdings um ein Gespräch über die Studentenbewegung bitte, ist er zunächst überrascht. Kaum verwunderlich, der Oberstadtdirektor, Verwaltungschef der 130 000 Einwohner-Kommune Göttingen, wird meistens zu Tagespolitischem befragt.

Was ist von dem Anspruch aus Studententagen geblieben? Zumal Rolf Vieten auch heute noch Mitglied in der FDP ist, die einst in der Opposition stand und seit 1982 immer wieder als »Wendepartei« verschrien wird:

»Mit Sicherheit ändert sich im Laufe von 20 Jahren die Sichtweise der Dinge. Da muß man gar nicht an Marx erinnern, daß das Sein das Bewußtsein beeinflußt. Bezogen auf Ihr Beispiel: Wenn Sie über lange Zeit in einer Partei sind, werden Sie immer Phasen erleben, in denen Sie nur mit 50,1 Prozent übereinstimmen und sagen würden: Wenn ich heute in eine Partei eintreten würde, würde ich mich anders entscheiden.«

*»Sie sprechen im Konjunktiv. Stellt sich diese Frage?«*

»Sie hat sich in einer bestimmten Situation gestellt, sie hat sich nicht gestellt im Herbst 1982, um das deutlich zu sagen.«

*»Und für Sie persönlich? Wie würden Sie ihre Veränderung charakterisieren?«*

»Mit Sicherheit bin ich pragmatischer, und das hat einen wesentlichen Grund. Derjenige, der handeln muß, ist innerhalb eines demokratischen Gemeinwesens immer auf den Kompromiß angewiesen. Seine Handlungen können nicht völlig deckungsgleich sein mit dem, was er in konkreten Situationen selbst denkt. Derjenige, der in einer Auseinandersetzung nicht in der Verantwortung steht, artikuliert bedingungsloser. Beide Positionen sind notwendig. Ich halte es für erforderlich, auch heute noch, daß das Unbedingte sich artikuliert. Wir, die wir im Alltagsgeschäft Verantwortung haben, geraten allzu leicht in die Gefahr, einzurosten und Dinge so zu machen, wie sie halt sind. Es ist mitunter ja auch unbequem, auf bestimmte Fragen ständig einzugehen, und man macht es nicht. Das ist eine ganz wichtige Erfahrung. Wir alle, und ein Liberaler findet das auch ganz positiv, sind in der Regel in einer Situation des ›Ja, aber‹ oder des ›Nein, aber‹. Um aber zu wissen, ob wir noch auf dem richtigen Wege sind, das ›Aber‹ vertretbar zu formulieren, benötigen wir die unbedingte Position.«

Seit der Studentenbewegung ziehe sich der Anspruch durch seine Tätigkeit »wie ein roter Faden«, jene zu vertreten, die keine Lobby haben; zu handeln, statt nur zu reden. Als Beispiele nennt Vieten, seit 15 Jahren Wahlbeamter, sein Engagement für Sonderschulen und Kindergärten. Als ich ihn darauf hinweise, daß er ja sicherlich nicht nur für Kindergärten zuständig sei, erzählt er von einem »klassischen Zwang«: »Wir haben hier noch die Wohnraumzweckentfremdung. Zu Beginn meiner Amtszeit '80/'81 hat es erhebliche Probleme bei Hausbesetzungen gegeben. Da war beispielsweise ein Fall, in dem ein Eigentümer Wohnraum leerstehen ließ, der damit entfremdet und der potentiellen Gefahr ausgesetzt war, besetzt zu werden. Ich habe mit dem Betreffenden gesprochen und ihn aufgefordert, den Wohnraum wieder als Wohnraum zu belegen. Der behauptete aber, das sei nie Wohnraum gewesen. Ich habe das intern so formuliert, daß ich moralisch nichts dagegen sagen könne, wenn dieses Haus besetzt würde. Aber das Fatale wäre gewesen, daß ich im nächsten Augenblick den Einsatzbefehl hätte geben müssen, das Haus zu räumen. Abstrakt formuliert bedeutet das, daß jeder von uns in einer solchen Verantwortung an Recht und

Gesetz gebunden ist und das durchzusetzen hat, ansonsten muß er gehen. Das führt natürlich mitunter zu Schwierigkeiten. Wenn man ehrlich zu sich selbst ist, stellt man hin und wieder fest, daß sich an der einen oder anderen Stelle die Frage aufdrängt, ob man solche Kompromisse noch machen kann. Das Problem hat jeder, unabhängig davon, welche Vergangenheit er hat.«

Mag sein, daß sich Rolf Vietens Argumentation mit »Sachzwängen« nicht sonderlich von der anderer Politiker unterscheidet. Dennoch ist auch er der Überzeugung, daß die Studentenbewegung bis heute positiv fortwirkt. Wenn auch in der Folgezeit oft »überzogen« worden sei und »Korrekturen« notwendig gewesen seien, könne man heute »viel unbefangener über Themen von Minderheiten« sprechen. »Minderheiten sind in einer anderen Form akzeptiert, als sie es in den 60er Jahren waren. Ich denke zum Beispiel an den ganzen Bereich der Sexualität, etwa der Homosexualität. Die Beziehungen zwischen Eltern und Kindern haben sich geändert. Die Frauenbewegung hat wesentliche Impulse bekommen.«

Wenige Monate nach diesem Interview wurde Rolf Vieten, schon lange als Verwaltungschef umstritten, von SPD- und CDU-Fraktion des Göttinger Stadtrates vorzeitig abgewählt. Der Rat habe die Notbremse gezogen, kommentierte ein SPD-Ratsmitglied.[27] Heute arbeitet Rolf Vieten zusammen mit einem Professor für Mikrobiologie an dem Aufbau einer Firma für Umweltschutz, Umweltsanierung und mikrobiologische Abbauverfahren zur Müllbeseitigung.

## »Ungestüme Sicherheit« und »utopische Ferne«

Am 30. Mai 1968 verabschiedete der Bundestag nach der dritten Lesung die Notstandsgesetze. Zehntausende Schüler, Studenten, Arbeiter, Gewerkschaftsfunktionäre waren in einem Sternmarsch nach Bonn gepilgert, Tausende gingen in Berlin und anderswo auf die Straße; in Bonn nahm man scheinbar nicht einmal Notiz davon. Während in Paris französische Fabrikarbeiter massenweise ihre Arbeit niederlegten und zeitweise die Verbindung zwischen Intelligenz und Arbeitern gelang, die Revolte sich zur Revolution auszuwachsen schien, wurde der außerparlamentarischen Opposition hier ihre Ohnmacht vorgeführt.

Trotzdem blühten auch in der Bundesrepublik Träume von einer sozialistischeren Gesellschaft. Sogar in einem Papier der Hamburger SHB-Gruppe vom Juli '68 heißt es: »Die Bereitschaft zur Veränderung auf dem Wege zu einer sozialistischen Demokratie bildete die gemeinsame Überzeugung einer außerparlamentarischen und antiautoritären Opposition, die sich zu unmittelbaren Aktionen konkretisieren ließ, wodurch erstmals seit Jahren der Verwirklichung einer sozialistischen Gesellschaft die utopische Ferne genommen wurde.«[28]

Gert-Hinnerk Behlmer gehörte zu den Unterzeichnern, und als ich ihm das Papier 20 Jahre später wieder vorlege, ist es wie ein Deja-vu mit der Revolte. »Wenn man die Sprache ansieht« meint er, »würde man sagen, so würden wir das heute nicht mehr ausdrücken.[29] Heute wäre es systemkonformer. Von mir persönlich würden mehr die immanenten Verbesserungen gesucht, im Gegensatz zur totalen Alternative. Ich bin auch selber überrascht von der Härte der Formulierungen in diesem Beschluß. Es war ja nicht so, daß die namentlich hier Aufgeführten damals die totale Alternative propagiert hätten. Es war für uns eine bewußte Entscheidung, im SHB zu sein, und nicht im SDS, der damals eine hohe Attraktivität hatte. Wenn ich das jetzt lese, überrascht mich, wie weit wir denen verbal entgegengekommen sind. Ich kann das nur als bündnispolitischen Versuch für das Studentenparlament ansehen, denn es gab schon damals erhebliche Differenzen, nicht nur zwischen dem SHB und der SPD-Führung, sondern auch zwischen dem SHB und dem SDS. Dieser Beschluß ist datiert vom Juli '68, ich erinnere mich an die Maidemonstrationen, die wir noch gemeinsam veranstaltet haben, aber danach haben sich die Wege doch ziemlich getrennt.«

»*Wenn Sie die Härte der Formulierungen überrascht, bedeutet das, daß Sie das als ›jugendlichen Übermut‹ betrachten?*«

»Nicht Übermut, Ungeduld. Wir haben ja nicht '68 ange-

**Neues Motto**

Gert-Hinnerk Behlmer und Detlev Albers versperren
Professoren den Weg: November 1967, Hamburg

fangen, uns politisch zu engagieren. Da hatten wir innerhalb der Universität mindestens zwei Jahre Gremienarbeit hinter uns und auch Versuche, auf parlamentarischem Wege Einfluß zu nehmen. Damals hatten wir einen Durchhänger, eine enttäuschende Phase. Wir haben deswegen trotzdem nicht resigniert, sowohl Detlev Albers als auch ich haben uns im Herbst '68 bei der Neugründung der Universität Bremen engagiert, und wir haben uns deswegen nicht nur auf die außerparlamentarische Arbeit beschränkt. Ganz im Gegenteil – das war eben unser Unterschied zum SDS. Wir haben uns in Gremien einbinden lassen, zum Beispiel in den Gründungssenat für die Universität Bremen. Rückblickend muß man eben auch da sehen, daß nicht alle Blütenträume gereift sind, daß nicht alles, was wir damals angestrebt haben, so geworden ist. Die wirklichen Veränderungen sind wahrscheinlich unbemerkbar, nicht so spektakulär.

Heute wird weder in der Universität noch im Beruf – ich arbeite in der Verwaltung – noch anderswo Herrschaft dermaßen selbstverständlich akzeptiert. Dagegen sind wir damals angerannt, deswegen auch die Bezeichnung ›antiautoritäre Bewegung‹, zu dem Begriff würde ich mich heute noch bekennen. Das sieht man an vielen Dingen, angefangen bei der Kindererziehung, im Geschlechterverhältnis, in den Zuständen nicht nur innerhalb der Verwaltung allgemein, sondern auch innerhalb der Polizei – die wir damals nur als Gegner angesehen haben. Dort sind positive Prozesse in Gang gekommen, aber nicht so spektakuläre, daß sie als ›die‹ Alternative des Gesellschaftsaufbaus heute erscheinen. Es ist eine gleitende Veränderung. Da haben sich nicht alle Positionen verwirklichen lassen, aber umgekehrt würde ich auch an meiner damaligen Position Korrekturen anbringen. Wenn ich unsere Ausführungen zu den Notstandsgesetzen sehe, dann muß ich heute sagen, den Beelzebub, den wir damals wirklich gefürchtet haben, den sieht man heute wenig oder gar nicht mehr. Und den anderen Aspekt, daß durch dieses Gesetz erst alliiertes Vorbehaltsrecht abgelöst wurde und es ein Stück Souveränität war, was damals auch ein beliebtes Argument war, das hielt ich damals für reine Augenwischerei. Heute komme ich nicht umhin zu sagen, daß diese Argumentation ein Stück Berechtigung hatte.«

Gert-Hinnerk Behlmer gehört, zusammen mit dem von ihm erwähnten Detlev Albers, zu den weithin unbekannten Berühmtheiten der Studentenrevolte. Als die beiden Jurastudenten anläßlich einer Rektoratsfeier im Hamburger Auditorium Maximum im November 1967 den feierlich in Talare gehüllten Professoren kurzerhand den Weg versperrten und ihr Transparent entrollten, ahnten sie nicht, daß sie in einem einzigen Satz den Tenor des Aufbegehrens bündelten: »Unter den Talaren Muff von tausend Jahren.«

Wenn er für jeden Abdruck des Bildes von dieser Aktion einen Groschen bekommen hätte, sagt Gert-Hinnerk Behlmer, wäre er heute vielleicht ein reicher Mann.

Nach dreijährigem Militärdienst begann er, »stark angetan« von den Ideen innerer Führung, 1965 sein Studium. »Als ich an die Universität kam, fand ich – so absurd Ihnen das vielleicht scheinen mag – die Diskussion unter Bundeswehr-Offizieren offener und gleichrangiger als in der Universität zwischen Studenten und Professoren.«

Schon 1965 wurde er AStA-Vorsitzender in Hamburg und erlebte, wie wenig die studentischen Vertreter ausrichten konnten, wenn es um Fragen der Mitbestimmung ging, wenn Professoren berufen, Noten vergeben, Prüfungsordnungen geschrieben werden sollten. Als selbst im Herbst 1967 die Professoren noch in Talaren herumliefen, hatten er und sein Freund Albers genug. »Wir haben das damals in einem doppelten Sinn verstanden. Einmal im übertragenen Sinn: die ungefragte Autorität, das Verstaubte, der Muff. Auf der anderen Seite, das war damals noch ein Problem, was es heute schon aus biologischen Gründen nicht mehr ist, natürlich noch die Reste von braunem Gedankengut, die man zum Beispiel an der Juristischen Fakultät, an der Pädagogischen Fakultät gesehen oder vermutet hat. Dieser Aspekt wurde fast völlig verdrängt.«

1971 bestand er sein Examen, begann am Oberlandesgericht sein Referendariat, um danach ins Ausland zu gehen. »Mein Berufswunsch für die Verwaltung stand schon ziemlich fest«, erzählt er, »ich habe ein Zusatzstudium an der Verwaltungshochschule in Speyer angeschlossen, und dann bei Rechtsanwälten in London und in Paris gearbeitet. Da wollte ich nachholen, was ich im Studium versäumt hatte, aber auch immer gerne gemacht hätte, nämlich mal ins Ausland gehen. Aber dann glaubte ich immer, das politische Tagesgeschehen, so wie wir es verstanden, im Studentenverband oder im Studentenparlament, sei wichtiger. Ich würde heute keinem mehr empfehlen, sich da so hineinzustürzen.«

Inzwischen arbeitet Gert Hinnerk Behlmer, SPD-Mitglied, in der Verwaltung. Er leitet die »Besoldungs- und Versorgungsstelle« Hamburgs, die mit mehr als 300 Mitarbeitern Gehälter und Pensionen der städtischen Angestellten und Beamten verwaltet. Eine trockene Materie, wie es scheint, dennoch spricht leise Begeisterung aus dem ansonsten bedächtigen Mann, als er mich durch die Räume der Besoldungsstelle führt und mir den Sinn der Computer erklärt, die auf jedem Schreibtisch stehen. »Damit«, sagt er, »haben viele Mitarbeiter viel mehr Autonomie. Sie können selbst bestimmen, wann sie sich in die Karten schauen lassen. Per Aktennotiz lassen sich die Mitarbeiter jetzt nicht mehr maßregeln.«

»*Berufswunsch Verwaltung: Wie ist es dazu gekommen?*«

»Die relativ geringe Festlegung hat mich dazu bewogen. Am Rechtsanwaltsberuf hätte mich abgehalten – so weit wirkt das auch noch heute nach –, daß ich mir sagen mußte, mit denen, die ich vertreten wollte, konnte ich kein Geld verdienen, und die, mit denen ich Geld verdienen konnte, wollte ich nicht vertreten. Das schien mir in der Verwaltung freier zu sein. Das hat sich auch für mich bestätigt. Ich kann heute eher das tun, was meinen politischen Zielvorstellungen und Idealen entspricht, als ich das als Rechtsanwalt jemals könnte. Wenn ich Rechtsanwalts-Briefe zu lesen bekomme, finde ich es erschreckend, wie viele ihr Mäntelchen nach dem Mandanten hängen. Nun wird gesagt, daß man als Beamter sein Mäntelchen an der Garderobe abgibt oder daß man es der politischen Führung entsprechend aufhängt. Aber ich glaube, so ist es nicht, und man muß das nicht. Der Beamtenstatus ist ja deswegen unabhängig und unkündbar, weil man seine eigenen Entscheidungen treffen kann. Die können anderswo vielleicht wieder aufgehoben werden, aber man ist nicht zu dem berühmten vorauseilenden Gehorsam systemimmanent gezwungen – wie viele als Ausrede sagen.«

»*Gibt es denn im Rahmen dieser Dienststelle Möglichkeiten, die damals formulierten Ziele – zumindest in Teilen – umzusetzen?*«

»Da ist zunächst die Forderung nach der Demokratisierung der Institutionen, wobei das ein schwammiger Begriff ist. Vielleicht kann man hier für Transparenz und einen partnerschaftlichen Führungsstil sorgen. Ansonsten bleibt der Versuch, das eigene Verhalten, wie man dem anderen Menschen gegenübertritt, danach zu richten.«

»*Betrachten Sie das als ›viel‹, was übriggeblieben ist von den damaligen Zielen?*«

»Wie ich das beurteile, hängt auch von der Tagesform ab. Ich habe selber einen 18jährigen Jungen. Wenn ich sehe, wie der aufwächst, hat der mit vielem hier sehr wenig Probleme. Ich hatte damals mit meiner Umwelt mehr Probleme. Ich empfinde es als angenehm in meiner Biographie, daß es da Widerstände gab, an denen man sich reiben konnte. Die Freiheit, die Schüler heute am Gymnasium erleben, ist ihnen einerseits angenehm, fordert aber andererseits nicht so zum Widerspruch heraus. Das ist ja auch das Problem der Kinder, die zum Beispiel im Kinderladen großgeworden sind. Sie kennen vielleicht den berühmten Spruch: ›Tante, müssen wir heute wieder den ganzen Tag tun, was wir selber wollen?‹ Das ist eine zweischneidige Sache.«

»*Das klingt so, als wäre die Verwirklichung dessen, was damals gefordert wurde, auch ein bißchen ›Horrorvorstellung‹.*«

»Manches war eben unausgegoren. Was bedeutet Rätesystem? Das haben wir uns natürlich nie bis in die letzten Feinheiten ausgemalt. Und wenn es ausgemalt wurde, artete es in Geschäftsordnungsdebatten aus. Ich sehe heute deutlicher, daß es nicht um eine totale Alternative geht, sondern darum, innerhalb dieses Systems etwas zu ändern, zum Beispiel den Hauptskandal abzubauen, daß es zwei Millionen Menschen gibt, die gerne etwas Vernünftiges arbeiten würden, aber das innerhalb des Systems nicht können. Aber ich bin bescheidener geworden mit den Modellen und mit den Lösungsmöglichkeiten.«

Einen ganz anderen Weg hat Detlev Albers, ebenfalls Transparentträger und Mitunterzeichner des SHB-Papiers, eingeschlagen. Nach seinem Jura- und Politologie-Studium promovierte er in Hannover und Berlin, arbeitete dann im Gründungsgremium der Universität Bremen mit, deren Konrektor er eine Zeitlang war. Zugleich gehörte Detlev Albers zur sogenannten »Stamokap-Fraktion« der Jungsozialisten. Mit ihrem Rückgriff auf den Leninschen Begriff vom »staatsmonopolistischen Kapitalismus« versuchten in den frühen 70er Jahren etliche ehemals Studentenbewegte nunmehr als Jusos die SPD durchzurütteln.[31] Die Thesen der »Stamokapler« erwiesen sich in der Tat als rotes Tuch für die regierenden Sozialdemokraten. Parteiausschlüsse folgten, Wiedereintrittsklagen – die Vertreter der »antikapitalistischen Strukturreform« bekamen zu spüren, daß ihre marxistische Deutung der bundesdeutschen Wirklichkeit nicht gefragt war. Inzwischen haben sich die Wogen geglättet. Viele der ehedem Ausgestoßenen sind, wie Klaus-Uwe Benneter, wieder in der SPD, einige sitzen heute in der Bonner Parteizentrale. Detlev Albers, der als der »eigentliche Kopf der Stamokap-Fraktion« galt[30], werkelt heute am neuen Parteiprogramm der SPD.

Eigentlich habe er überhaupt keine Lust, zur Studentenbewegung etwas zu sagen, die ewig gleichen Fragen zu beantworten. Wir treffen uns dennoch, und als ich ihm die Zeugnisse seiner frühen APO-Tätigkeit zeige, schmunzelt er. »Ich bin«, sagt er, »natürlich auch erschrocken, weil ich in gewisser Hinsicht auch heute noch an sozialistischen Theorien arbeite.«[32]

»*Wodurch wird das Erschrecken hervorgerufen?*«

»An den 20 Jahren, die dazwischenliegen. Einerseits tauchen bestimmte Schlüsselstücke des sozialistischen Denkens hier schon auf, während ganz wichtige theoretische und ideologische Einsichten mich erst später geprägt haben. Ich hatte zu dieser Zeit von Karl Marx sicher die wenigsten Schriften wirklich durchgearbeitet.«

*»Sie sagten, Sie hätten die Sorge, daß die ewig gleichen Fragen an die ewig gleichen 68er gestellt werden. Was sind die Fragen, die sich* Ihnen *heute stellen?«*

»Das Rätsel liegt schon darin, daß es kaum noch erlaubt ist, eine einzige Frage für jene zu halten, die den Sinn der ganzen gesellschaftlichen Konflikte in sich bündelt. Was mich nervt an den Erinnerungssendungen über '68, das ist das manchmal von Nostalgie überzogene Moment darin, daß diejenigen, die von den 68ern Linke geblieben sind, natürlich heute nicht sagen können, daß sich die Kernpunkte ihrer damaligen Ziele realisiert hätten, daß man deshalb automatisch immer wieder die Frage untersucht: Warum ist das und das so mißglückt? Anders herum ist dann die Frage, ob von dieser Sache für sie noch irgendwas aktuell ist. Und in meinem eigenen Arbeiten und Denken ist für mich '68 eine Zäsur, von der her ich meine gesamte politische Existenz definiere. Und trotzdem ist der Zeitraum von 20 Jahren ein so enormer, daß die Anstöße, die ich damals erhalten habe, durch ein oder zwei Dutzend Schichten anderer Prägungen überlagert sind.«

*»Nun liegen die Fragen trotzdem auf der Hand: Wenn Sie sich die Formulierungen auf diesem Antrag anschauen von der Sozialisierung der Gesellschaft und der verschwundenen utopischen Ferne ...«*

» ... Dann muß ich über diese ungestüme Sicherheit schmunzeln, an die ich mich auch heute noch entsinne. Ich hatte einfach Angst, zu spät zu kommen. Da war der französische Mai '68. Das kam für mich und die anderen Aktivisten damals aus heiterem Himmel, daß einer studentischen Aktion plötzlich ein halbes Land folgte. Das war für uns als APO-Leute gerade das, was wir nie überspringen oder uns direkt zutrauen konnten. Wenn das im Juli '68 geschrieben worden ist, dann liegt das Ende der französischen Mai-Bewegung schon zurück, aber auch das Ende der Notstandsabstimmung im Bundestag, die uns, und daran entsinne ich mich auch noch heute, schockartig verdeutlichte, wie unfähig wir waren, die tatsächliche parlamentarisch-politische Bühne mit Kernforderungen unseres Ansatzes zu erreichen.«

*»Hat sich die ›utopische Ferne‹ also wieder eingestellt, nachdem dieses vordergründige Scheitern klar war?«*

»Bei mir fand kein Rückzug ins Private statt, sondern für mich war der 68er-Abschnitt eigentlich die endgültige Entscheidung, Politik zu machen, auch Berufspolitiker zu werden, wenn ich nicht dafür zu radikal in meiner Partei, der ich ja schon seit '66 angehörte und bis heute angehöre, gewesen wäre. Ich habe '75 versucht, in Eimsbüttel für den Bundestag zu kandidieren, habe von 1971 an bei den Hamburger Jungsozialisten mit dem Hamburger Strategiepapier, aus dem dann die Stamokap-Fraktion hervorging, gearbeitet und über ein ganzes Jahrzehnt lang die bundesweite Entwicklung der Jungsozialisten ziemlich stark beeinflußt. Und weil es mir möglich war, in meiner beruflichen Arbeit als Politologe Gegenstände der Zeitgeschichte, der Arbeiterbewegung in Westeuropa und darin eingeschlossen in der Bundesrepublik wissenschaftlich zu bearbeiten, ist mir möglich gewesen, was sicherlich für die wenigsten der 68er zutrifft, am Schnittpunkt zwischen Wissenschaft und Politik sich politisch einzusetzen für die Ziele, die ich '68 für mich entdeckt hatte.«

*»Hat Ihnen das die Resignation erspart?«*

»Ja, ganz massiv. Ich bin heute Mitglied der zweiten Bundesprogramm-Kommission der SPD, die das Godesberger Programm, das wir seit '68/'69 immer als Problem empfanden, nun für die ganze SPD nach vorne hin – und ich hoffe auch nach links hin, in Richtung der 68er-Ziele – erneuert. Der Weg eines 68er-Studenten, der sich auch 20 Jahre später als Marxist, als Revolutionär in diesem Sinne versteht, in die Bundesprogramm-Kommission der SPD stellt für mich auch einen, überspitzt, heimlichen Triumph eines 68ers dar, der auf dem langen Weg durch die Institutionen glaubt, seinen Kompaß behalten zu haben, aber töricht wäre, wenn er ihn in den Formeln von damals suchte und nicht in einer ständig auch auf Umarbeitung bedachten Ausdrucksweise.«

*»Sie sprachen vorhin das Erlebnis der Niederlage an, das mit der Notstandsgesetzgebung einherging. Setze an dem Punkt ein, was als Zerfall der Studentenbewegung beschrieben werden kann?«*

»Ich glaube schon, daß diese Periodisierung korrekt ist. Die offensive Aufbruchstimmung, die alle Hochschulen vom 2. Juni '67 an erreichte, wurde zunächst durch die um die Hochschulreformen gebündelten Proteste ausgelöst. Diese Proteste wurden begleitet von Vietnam-Protesten, von Entdeckungen der Situation in Lateinamerika. Aber das wurde nie für alle Studenten formuliert, sondern einzelne brachten das vor und motivierten uns zusätzlich, ohne daß wir das selbst schon als eigene Sache angesehen hätten. Vom Juni '67 über das heiße Wintersemester '67/'68 bis zum Attentat auf Rudi Dutschke erfolgte dann sozusagen der Sprung zu einem generellen Protest gegen die ganze Gesellschaft. Mit Marcuse, nicht mit Marx, haben wir sie in erster Linie bekämpft. Obwohl ich Jura studierte und eigentlich an den Dingen hätte dran sein können, habe ich mich auch um die Notstandsgesetze erst im Frühjahr '68 gekümmert. Die ganze Vorgeschichte mußten wir uns innerhalb weniger Wochen aneignen, um uns einzuschalten in diese gewaltige Bonner Demonstration im Hofgarten parallel zur zweiten Lesung im Bundestag. Dieses verbanden wir, illusionär, wie ich heute und schon wenig später leicht hätte erkennen können, mit der Erwartung, daß es uns gelingen könnte, diese Gesetzgebung zu Fall zu bringen.«

*Gert-Hinnerk Behlmer sagte, er hätte im nachhinein eingesehen, daß mit dem Protest gegen die Notstandsgesetze ein Fetisch aufgebaut wurde. 20 Jahre später sind sie kein Thema mehr.*

»Wir haben damals unseren Sprung aus der Universitäts-Reform zur Gesellschafts-Infragestellung sicher auch so schnell vollzogen in der Empfindung, wenn die Notstandsgesetze beschlossen sind, dann sind wir in einem halbfaschistischen Staat. Und daß das eine Übertreibung war, haben wir indirekt erst daran gespürt, daß nichts passierte, nachdem sie beschlossen waren, aber unsere eigenen Mitstreiter auch keinen Grund mehr sahen, mit uns weiterzugehen. Daß schon im Herbst '68 diese Zersplitterung auftrat, lag sicher daran, daß keine wirklich tragende gemeinsame Idee der Gesellschaftsveränderung die APO geprägt hatte. Alles, was sich in wenigen Monaten vollzogen hatte, war eben nur eine Politisierung gegen die Etablierten in sehr allgemeiner Form. Die Formulierung konkreter Zielvorstellungen fehlte in einer mehr denn nur abstrakten Weise. Und dann hat uns natürlich der 21. August '68 auch sehr geschüttelt und zusätzlich die Kompliziertheit sozialistischer Ziele in der Bundesrepublik verdeutlicht. Ich war schon als AStA-Vorsitzender mehrfach nach Prag gereist und hatte da eine ganze Menge Freunde gefunden und im Frühjahr '68 natürlich auch eine sehr große Sympathie für den Prager Frühling entwickelt, der nun am 21. August zu Ende war. Wir haben hier im Audimax mit Daniel Cohn-Bendit, der gerade erst als Held der Mai-Bewegung aus Frankreich ausgewiesen worden war, gemeinsam ein Teach-in gegen die Intervention gemacht. Es war für mich selbst damals die erste Gelegenheit, mit dem ›roten Dany‹ gemeinsam eine Großveranstaltung zu bestreiten, daher entsinne ich mich daran sehr gut. Natürlich ist das ein Ereignis gewesen, das unsere sehr selbstverständliche Parteinahme für sozialistische Ideen erst mal gründlich durcheinanderwirbelte. Insofern darf einen dann dieses Auseinanderlaufen vieler Strömungen, die ein Jahr zuvor noch sehr kompakt wirkten, nicht so sehr überraschen.«

»*Weil auch schon der Anschein des Kompakten trügte?*«

»Ja, schon das war mehr aus der Ablehnung heraus erzeugt, auf die wir stießen, denn aus einer Geschlossenheit der eigenen gesellschaftsverändernden Idee, die wir gehabt hätten. '68 mußten wir ohne jedes Vorbild losmarschieren. Erst sehr viel später entdeckte ich den Wolfgang Abendroth als jemanden, der durchgehalten hatte unter den Professoren, oder Werner Hoffmann oder die Frankfurter Schule, die für den Frankfurter SDS schon damals ein Bezugspunkt war. Aber wie wenige waren das? Ich habe mit der Frankfurter Schule sowie mit Marcuse und diesen Rinnsalen einer linken demokratischen Alternative, die den Faschismus überlebt hatte und trotzdem an kritischer Theorie festhielt, erst anschließend Berührung gefunden. Nach '68 kann jeder gesellschaftliche Widerstand, so sehr er ganz unterschiedliche Anlässe finden und eigene Ziele entwickeln wird, die mit '68 gar nichts zu tun haben, einen Vergleich positiver Art haben. Das bedeutet im Resultat auch ein Moment der Ermutigung und des leichteren Sich-Zurechtfindens. Sicher, Vaterfiguren müssen auch gestürzt werden. Das gilt genauso für die heutigen Protestgenerationen uns gegenüber, die wir als Figuren in der Linken auch in 20 Jahren zuviel gelernt zu haben glauben. Ich bin mir sehr bewußt, daß es da keine bruchlose Kontinuität einer Protesthaltung geben kann.«

»*Von den äußeren Bedingungen, der Sicherheit des Arbeitsplatzes, der Art Ihrer Arbeit, gehören Sie eher dem an, was Sie damals Establishment genannt haben.*«

»Ja, natürlich, ich habe Studenten in Bremen, denen ich als Hochschullehrer gegenübertrete. Aber auch als Konrektor der Universität Bremen habe ich mich vier Jahre lang mit als Vertreter der Studenteninteressen begriffen. Natürlich in einer ganz anderen Rolle, als ich sie '68 selbst hatte. Ich erlebe vielfach die Situation, in der ich als Mensch in den 40ern den Studierenden gewissermaßen als linker Unentwegter begegne, der den Jüngeren in ihrer Lebenszuversicht eher etwas abwegig erscheint. Es ist nicht eingetreten, was ich '68 sicher erhofft hatte, daß die jüngeren Generationen immer weiter drängen. Es ist für mich heute häufig so, daß ich mich als zehn, 20 Jahre Älterer deutlich in einer radikaleren Opposition zu dieser Gesellschaft wiederfinde als die Studenten von heute. Es gibt Brüche. Ich selbst konnte diesen Bruch auch mit meinen Rollenveränderungen nur bewältigen, indem ich gewissermaßen meinen sozialistisch-theoretischen Standpunkt prinzipieller, vertiefter, genereller ausformuliert habe.«

»*Ist es nicht genau das, was man ihnen von seiten der Studenten vorwerfen kann: daß Sie sich sozusagen im Überbau bewegen, während ganz andere hingehen und die Steine schmeißen, um es platt auszudrücken?*«

»Die wirklichen Konfliktpunkte muß man in einer Gesellschaft herausfinden. Wir 68er haben geglaubt, wir hätten sie, aber wir haben davon auch nur wenige wirklich herausgefunden. Für diesen Irrtum haben wir teuer bezahlt mit unserer Isolierung. So, denke ich, bin ich schon auch ein wichtiger

Teil des linken Protestes geblieben, wenn ich heute daran festhalte, daß Frontlinien des Konflikts um die Gesellschaftsveränderung tief in der SPD selbst stattfinden, daß sie im politischen Kampf zwischen den etablierten Parteien ablaufen.«

# IV. »Ziele im Nebel«

## Rückzug in »geborgte Realitäten«

Als Ernst Bloch im Februar 1968 die Fern- und Nahziele der studentischen Revolte, den Weg, den der gesellschaftsverändernde Prozeß in der Bundesrepublik gehen würde, noch im Nebel liegen sah, entgegnete ihm Rudi Dutschke zweierlei. Eine Doppelstrategie sei notwendig, die als »Marsch durch die Institutionen« die Anhänger der APO in Parlamente, Parteien »und andere Institutionen« bringen müsse. Zum anderen müsse der »radikale, außerparlamentarische Kern als Moment von Gegengesellschaft« erhalten bleiben. Zwischen beide Zangen geklemmt sei die »Aufweichung der etablierten Apparate« zu erhoffen. »Aber«, schickte er seinen Ausführungen über die Doppelstrategie voraus, »wir sind uns darüber noch nicht klargeworden, wie sie im einzelnen aussieht.« Direkte Gewalt jedenfalls, so Dutschke, sei völlig inadäquat und falsch.[1]

Ein dreiviertel Jahr später galten seine Worte beim Berliner SDS nicht mehr viel. Auf einem Flugblatt konnte man nachlesen: »Unser Widerstand gegen die Polizei, Bürgerkriegsinstrument gerade in Westberlin!, befreite uns aus der Lage des duldenden Opfers. (...) Unser Widerstand war unseren Kräften angemessen. (...) Wer eine Widerstandsaktion gegen die Polizei als Abenteurertum bezeichnet, gibt seinen Bankrott als linke Organisation zu.«[2]

Damit feierten die SDSler die bis dahin schwerste Straßenschlacht mit der Polizei, bei der sich zwei Tage vorher, am 4. November 1968, vor dem Landgericht am Tegeler Weg 130 Polizisten und 22 Demonstranten Blessuren eingehandelt hatten. Mit Pflastersteinen bombardiert, wurde die Polizei von den etwa 1000 Demonstranten, an deren Seite sich erstmals Berliner Rocker prügelten, zum Rückzug genötigt.

Anlaß für die »Steineschlacht am Tegeler Weg« war eine Ehrengerichtsverhandlung gegen Rechtsanwalt Horst Mahler. Nicht genug, daß er vom Springer-Verlag wegen der Beteiligung an den Osterdemonstrationen zur Zahlung von DM 506.696,70 Schadenersatz verklagt wurde. (Nur zur Erinnerung: Die Molotow-Cocktails, mit denen Verlagsfahrzeuge in Brand gebombt worden waren, kamen vom Verfassungsschutz.) Nun sollte ihm auch noch die Berufsausübung verboten werden.

Die Schlacht am Tegeler Weg wurde zum Scheidepunkt. Fortan rückte die Polizei nicht mehr mit ihren altmodischen Spitzhelmen und Tschakos an, sondern mit modernen Plastikhelmen und Schlagstöcken. Noch am selben Tag bezeichnete SDS-Mitglied Christian Semler die »Bekämpfung von Polizeiketten durch massiven Steinwurf« als eine »beispielhafte Aktion«.

Es trat ein, wovor Jürgen Habermas schon im Juni '68 gewarnt hatte. Die Protestbewegung der Schüler und Studenten habe zwar Perspektiven für eine tiefgreifende Umwälzung der Gesellschaft eröffnet. Aber: »Das erste Mißverständnis besteht darin, daß unser Aktionsspielraum durch eine in Revolutionierung zu überführende Situation bestimmt sei.«[3] An die Stelle massenhafter Aufklärung sei die »Taktik der Scheinrevolution« getreten. Aktionen dienten lediglich der Selbstbestätigung und verhinderten eine klare Trennung zwischen heilsamer Provokation und stumpfer Gewalt. Eine solche Politik sei nicht bündnisfähig, sondern führe in die Isolation und Illusion. Überschrift der Habermasschen Thesen, vorgetragen auf einem Kongreß des Verbandes Deutscher Studentenschaften: »Die Scheinrevolution und ihre Kinder.«

Kaum zwei Jahre später war auch der Sozialistische Deutsche Studentenbund bankrott. Als der SDS-Genosse Hans-Jürgen Krahl 1970 bei einem Autounfall ums Leben kam, beschloß man bei seiner Beerdigung die Selbstauflösung des Verbandes. Zu groß waren die Spannungen zwischen Vorstand und einzelnen Landesverbänden geworden, zwischen den »Antiautoritären« und den »Traditionalisten«, zwischen den Vorstellungen, wer das revolutionäre Subjekt und wie der Klassenkampf zu organisieren sei.[4]

Noch im Herbst '68 waren die meisten Hoffnungen zerplatzt. Der Pariser Mai Vergangenheit. Alexander Dubceks Prager Frühling von sowjetischen Panzern Ende August niedergewalzt. In Vietnam dauerte der Krieg an.

Und hier?

Die Notstandsgesetze waren bereits kein Thema mehr, mit dem sich große Massen mobilisieren ließen. Das Notstands-Kuratorium hatte sich nach Verabschiedung der Gesetze aufgelöst.[5] Die Kampagne für Demokratie und Abrüstung, die als Ostermarsch-Bewegung gewerkschaftlichen, bürgerlichen, jugendlichen Protest vereint hatte, zerbrach unter dem Eindruck der »revolutionären Subkultur«, die sich an ihren Rändern auszubreiten drohte.[6] Der Springer-Verlag, zum Feind »Nummer eins« hochstilisiert, lieferte weiter aus.

Als am 28. September 1969 die Stimmen der Bundestagswahl ausgezählt wurden und die SPD zusammen mit der FDP die Regierung Kiesinger ablöste, schien eine Epoche beendet. Viele Studenten folgten Willy Brandt und seinem Slogan »Mehr Demokratie wagen«, die SPD mußte fast 100 000 neue Mitgliederausweise ausstellen. Fortan diktierten die Jusos die Diskussion um die auch von Dutschke avisierte Doppelstrategie. Ironie des Schicksals: Als im September 1969 tatsächlich Massenstreiks in Stahlwerken und Zechen ausbrachen, gab es keinen geschlossenen SDS mehr.[7]

Aus einigen versprengten SDS-Gruppen entstanden Miniparteien, die sich vor allem durch das »K« vor dem Restkürzel auszeichneten, sich als Träger maoistischer, trotzkistischer, Hauptsache marxistischer Traditionen verstanden und als Avantgarde-Kader »die richtige Linie« in alle möglichen Bereiche der bürgerlichen Gesellschaft hineintragen wollten.

Es begann, was Oskar Negt das »Arbeiten mit geborgten Realitäten« nennt. »In Ermangelung eines neuen Begriffs von Gesellschaft, einer konkreten Utopie, und von den Subjekten, die den Weg dahin zu weisen hätten, griffen die Studenten auf Traditionen zurück, von denen sie glaubten, sie wären zwar abgebrochen, aber man könne daran anknüpfen.«[8] Organisationsmodelle seien aus der Dritten Welt und China geliehen worden. Diese Anleihen hätten sich in der Folgezeit als nicht im geringsten tragfähig erwiesen.

»Geborgte Realitäten«, diesen Ausdruck verwendete Negt auch, als er vom »Spiegel« gebeten wurde, die Unruhen an den niedersächsischen Universitäten im Sommer '87 mit der Studentenbewegung zu vergleichen. »Das Pathos von früher, das in Aktionen gegen den Vietnamkrieg, gegen Imperialismus und Kapitalismus drinsteckte, ist ja zunächst auch mitreißend gewesen. Aber dieses Pathos war aus einer geborgten Realität entstanden, es war auch hohl.«[9]

Ganz so kraß hat er es nicht immer gesehen. Auf die Kritik von Jürgen Habermas entgegnete er, selbst erst Schüler, später Assistent am Frankfurter Institut für Sozialforschung, daß »verschärfte Auseinandersetzungen in dezentralisierten ›Bewegungen‹ immer den Eindruck einer inneren Zersetzung« erweckten.[10] Damals gehörte Oskar Negt bereits zu den Wortführern der intellektuellen Linken, hatte mehrere Bücher über den Studentenprotest herausgebracht und »Die Linke antwortet Jürgen Habermas« einleitend kommentiert. Später gab er dem »Sozialistischen Büro« entscheidende politische Impulse und ein »theoretisches Selbstverständnis«, wie er sich ausdrückt, um den einzelnen Splittergruppen der Nach-APO-Ära ein nicht von dogmatischen Gräben zerteiltes Diskussionsforum gegenüberzustellen und die noch zarte Pflanze der Auseinandersetzung mit »Kritischer Theorie« wenigstens nicht gleich wieder verdorren zu lassen.

Seit 1971 lehrt Oskar Negt an der Universität Hannover, wo ich ihn in dem gepflegten Chaos seines Büros antreffe. Auf dem Weg dorthin, im Flur und Treppenhaus, finden sich noch immer Spuren des Protestes vom Sommersemester 1987 – Flugblätter, Wandzeitungen, Graffitis –, der Negt zu der Formulierung hingerissen hat, heute seien die Studenten radikaler als damals. »In der 68er-Bewegung hat es«, bestätigt er, »ja auch viel Schaumschlägerei gegeben, viel radikalen Formalismus. Nachträglich wird das heroisiert, aber die öffentliche Aufmerksamkeit auf diese Proteste kam zum großen Teil dadurch zustande, weil man so etwas noch nicht erlebt hatte. Ganze Seiten in der ›Zeit‹ waren voll mit Teach-in-Beiträgen. Das hat sich trivialisiert, und was die revolutionäre Veränderbarkeit der Gesellschaft angeht, unterlag man

'68 vielen Selbsttäuschungen. Das ist heute bei den Studenten nicht mehr der Fall.« Die Illusion, mit einem Rückgriff auf Theoriegebäude Marxscher oder Hegelscher Innenausstattung, mit Parteien von maoistischem oder leninistischem Zuschnitt die Gesellschaft umkrempeln zu können, sei gründlicher Ernüchterung gewichen. »Das ist«, stellt er fest, »eine gemeinsame Erfahrung.«

Dieser Ernüchterung, die trotz aller Schismen zu einer »überraschenden gemeinsamen politischen Sozialisation« der 1987 in Frankfurt versammelten APO-Veteranen geführt habe, sei es zu verdanken gewesen, so der Professor, daß man sich nach 20 Jahren in Frankfurt wieder etwas zu sagen hatte.

Und Oskar Negt hatte viel zu sagen, vor allem am zweiten Tag des Wochenendmeetings, an dem es um die »Sozialismusdebatte« ging. Aufräumen, Bilanzieren war angesagt.[11]

Er tat das gründlich und breitete dabei das ganze Spektrum der Widersprüche und Ungereimtheiten vor seinen Zuhörern aus.

»Nichts von dem, was sich im breiten Rahmen der Linken in den vergangenen 20 Jahren abgespielt hat, ist ihr von außen oder nur von außen (...) angetan worden, es sind Krisen und Fehlentwicklungen, die auch unsere eigene Tat sind, die wir nun wirklich verarbeiten können, wenn wir dafür die volle Verantwortung übernehmen.« Dennoch: Die Studentenrevolte habe eine Menge von Experimenten ausgelöst, die Zeit danach gliche einem »großen Laboratorium«, dessen Ergebnisse es nun festzuhalten gelte. Deshalb betrachte er die vergangenen 20 Jahre auch mit Stolz.

Oskar Negt bei unserem Gespräch: »Stolz bedeutet, daß vieles, was Ende der 60er Jahre in der theoretischen Kritik an alten Sozialismus-Vorstellungen formuliert wurde, auch umgesetzt wurde. Zum Beispiel die politische Verwendung der Psychoanalyse, etwa in der Gestalt von Wilhelm Reich. Mit dem Ergebnis, daß wir heute sagen: Wir können nicht die objektiven Verhältnisse ändern, ohne uns selbst zu verändern. Die Revolutionäre verändern nicht nur die Gesellschaft, sondern sie müssen sich selbst verändern, sie müssen zu Revolutionären fähig werden.«

*»Liegt darin der Keim für den veränderten Politikbegriff?«*
»Da sind Elemente drin. Am Beispiel der Selbstverwaltung, der Räte, kann man das genau studieren. Die alte Arbeiterbewegung ging davon aus, man müsse in mehr oder weniger autoritären, disziplinierten Formen für die Veränderung der Gesellschaft kämpfen, um dann die Selbstverwaltung einzurichten. Im Mai '68, in Frankreich und in Deutschland, ist diese Idee der Räte ja sehr intensiv aufgegriffen worden. Aber mit dem Tenor, daß Selbstbestimmung schon während des Prozesses der Umgestaltung der Gesellschaft stattfinden muß, nicht erst hinterher als Resultat. Das ist eine wesentliche Veränderung der alten Sozialismus-Vorstellung und auch des Politik-Begriffes: daß nämlich politische Tätigkeit nie ohne Veränderung der Subjekte, der Innendimensionen der Subjekte stattfinden kann.«

*»Ist das nicht zugleich der Beginn der Privatisierung, der ›neuen deutschen Gefühligkeit‹, es gibt viele Schlagwörter?«*
»Auch. Diese Auflösung der alten Disziplinen der Arbeiterbewegung ist nicht widerspruchslos. Die Freisetzung des subjektiven Elements oder die ›Politisierung des Privaten‹, wie Krahl das genannt hat, auch die private Aneignung des Politischen sind sehr widersprüchliche Vorgänge, die auch dazu führen, daß in Teilen der Linken so etwas wie ein Grundvorbehalt gegen Politik überhaupt formuliert wird und nur noch Erfahrungshunger vorherrscht: Nur das, was man unmittelbar anfassen kann, was man genießen kann, ist Realität. Das kam in dieser Tu-nix-Bewegung zum Ausdruck, die sich dann doch sehr schnell wieder zerstreut hat. Aber diese Freisetzung des subjektiven Elements, des Anti-Dogmatischen in der Theorie-Bildung, des Kulturkritischen im Alltag sind zweifellos Dinge, auf die man stolz sein kann. Das ist nicht etwas völlig Unbekanntes, sondern wurde in einer bestimmten Weise praktiziert.«

*»Nun haben Sie in Frankfurt versucht, für die Erscheinungen dieses ›Laboratoriums‹, etwa die Frauenbewegung, die Friedensbewegung, wiederum ein zusammenfassendes Dogma zu formulieren. Widerspricht das nicht den Erfahrungen der vergangenen 20 Jahre?«*

»Meine Kritik am gegenwärtigen Zustand der Linken bezieht sich darauf, daß sich inzwischen sehr viele differenzierte Elemente und Momente ausgeprägt haben, die im sozialistischen Systemdenken der Vergangenheit verdeckt waren und ihre eigene Logik nicht entwickeln konnten. In irgendwelchen Programmen tauchten natürlich auch immer Frauen, Ökologie und so weiter auf. Daß sich das differenziert hat und daß die Logiken dieser einzelnen Bewegungen nicht zusammengehören, daß Frauenbewegungen und Ökologie getrennte Probleme sind, die auch nicht von oben her zusammengefaßt werden können, erübrigt nicht die Notwendigkeit, den Zusammenhang herzustellen, der in diesen Protestenergien besteht. Darin sehe ich das Problem. Das Antidogmatische in der Bewegung der letzten zehn Jahre, also nach Auflösung der K-Gruppen, darf nicht dazu führen, daß sich jetzt eine Theoriefeindschaft herausbildet. Theorie hat die Funktion der Orientierung und der Urteilsbildung auch gegenüber den empirischen Verhältnissen, hat so etwas wie eine identitätsstiftende Funktion für eine Bewegung. Und deshalb beurteile ich die heutigen Bewegungen auch als ›Bewegung im Stillstand‹. Die Orientierung nach vorne fehlt.«

*»Nun engagieren sich ja viele Leute genau deshalb beispielsweise für Ökologie, weil sie wissen, sie kaufen damit nicht gleich – ob das nun stimmt oder nicht – eine Weltanschauung.«*

»Das ist auch richtig. Und gleichwohl kann keine Bewegung sich langfristig halten, ohne eine Vorstellung zu haben, wie die Gesellschaft aussehen soll. Ich bin ja nicht dafür, den Sozialismus in der traditionellen Form zu beleben. Aber im Sozialismus ist eine Vorstellung von einer kommenden Gesellschaft gewesen. Wie alternativ und radikal bestimmte Gruppen in dieser Gesellschaft auch sein mögen, man kommt nicht um die Frage herum, wie denn die Gesellschaft aussehen soll, in der wir leben wollen. Das ist auch ein theoretisches Problem, und nicht nur eins der individuellen, praktischen Perspektive.«

*»Eine Frage, die Ernst Bloch vor 20 Jahren stellte. Liegt es am Fehlen konkreter Utopien, daß die Bewegung so schnell zersplitterte?«*

»Das ist richtig. Die Studentenbewegung unterlag einem Zug zur Traditionalisierung. Und die Tatsache, daß viele Leute, die das mitgemacht haben, sich politisch bei den Grünen engagieren, ist ein Zeichen dafür, daß zwar Fehler gemacht wurden, aber daß viele Leute doch auch etwas daraus gelernt haben, nämlich daß es so nicht mehr geht.«

Der Lernprozeß hat viele Opfer gekostet. Geborgt waren auch die Realitäten, die die »Stadtguerilleros« der »Baader-Meinhof-Gruppe«, der »RAF«, der »Bewegung 2. Juni« für ihre eigenen hielten. Die Folgen dieses Realitätsverlustes sind hinlänglich bekannt. Der Journalist Stefan Aust hat minutiös den Weg der Akteure von der ungestümen Ungeduld der Jahre '67/'68 in die »ungestüme Herrlichkeit des Terrors« nachgezeichnet, und sein Fazit lautet: »Bis zu diesem ›deutschen Herbst‹ des Jahres 1977 waren 28 Menschen bei den Anschlägen oder Schußwechseln ums Leben gekommen. 17 Mitglieder der Stadtguerilla fanden den Tod. Zwei gänzlich Unbeteiligte waren bei Fahndungsmaßnahmen der Polizei erschossen worden. 47 Tote. Das ist die Bilanz von sieben Jahren Untergrundkampf in der Bundesrepublik Deutschland. Es waren sieben Jahre, die die Republik veränderten.«[12]

Die grobgeschnittenen Utopien von einer emanzipierten und sich emanzipierenden Gesellschaft, wurden, sowenig einheitlich sie je formuliert worden waren, auf lange Zeit zerschossen und zerbombt. Wie sehr die geborgten Realitäten die Köpfe vernebelte, belegt ein einziger Satz, geschrieben im Herbst 1977: »Wir haben Hanns Martin Schleyers klägliche und korrupte Existenz beendet.« Da wurde kein Mensch umgebracht, sondern eine »Existenz beendet«.

Stefan Aust bleibt in seiner Bilanz des »Deutschen Herbst« vorsichtig. Inzwischen bombt die dritte oder vierte Generation von RAF-Terroristen, mehr oder minder isoliert vom Rest der Welt und vernagelt in ihrer Wahrnehmung. Noch immer scheint eine »ungestüme Herrlichkeit« von Brandbomben auszugehen. Beispiele gibt es zuhauf, die davon zeugen, daß unmittelbares Handeln langwierigem politischen Kleinkram vorgezogen wird. Die Erklärungsmuster dafür ähneln sich auf bisweilen fatale Weise. Da nehmen die Kämpferinnen der »Roten Zora« für sich in Anspruch, mit ihren Brandbomben den Kampf südkoreanischer Frauen gegen die Ausbeutung durch eine deutsche Firma in die Metropolen zu tragen.[13] Autonome hoffen darauf, mit ihren Demonstrationen beispielsweise am Wackersdorfer Bauzaun nicht nur »Sachschaden an(zu)richten, den Preis des Projekts möglichst hoch(zu)treiben«, sondern »bei der Bevölkerung auch eine Akzeptanz meiner Aktionsform« durchzusetzen.[14]

Die Schadensbilanz kann auch auf staatlicher Seite noch nicht abgeschlossen werden. Mit Verabschiedung des Radikalenerlasses im Januar 1971 wurden auch viele der Hoffnungen verabschiedet, die sich an den Slogan »Mehr Demokratie wagen« knüpften. Plötzlich wurden überall Radikale geortet und überprüft, eine Demokratisierung der Institutionen rückte, so hatte es den Anschein, in weite Ferne. Die Gesetze zur Bekämpfung des Terrorismus, der Ausschluß von Verteidigern aus Verfahren, die Aufrüstung des Polizeiapparates mit modernsten Mitteln haben die Republik nachhaltig verändert.

Einige von denen, die den »Deutschen Herbst« aus der Perspektive der Krisenstäbe erlebt haben, gehören, wie etwa der ehemalige Regierungssprecher Klaus Bölling, mittlerweile zu den Verfechtern einer Politik der Reintegration ehemaliger RAF-Terroristen. Doch das Nachdenken darüber, wie man einen Ausstieg aus dem tödlichen Kreislauf von Gewalt und Gegengewalt ermöglichen kann, hat gerade erst begonnen. Welche Erfolge dabei zu verbuchen sein werden, ist völlig unklar.

Einen Weg zurück hat es bis heute nur für wenige gegeben. Horst Mahler, von 1970 an in Haft und 1974 wegen Beihilfe zum Mord zu 14 Jahren Freiheitsstrafe verurteilt, wurde 1980 auf Bewährung freigelassen. Seit vergangenem Jahr arbeitet er wieder als Anwalt. Gefragt, wie er die Zeit der Inhaftierung einigermaßen unbeschadet überstanden habe, antwortete Mahler: »Erstens habe ich zwar in der politischen Aktion die gesetzliche Ordnung verletzt, auch Straftatbestände verwirklicht, aber immer in der Überzeugung, es zum Besten der Allgemeinheit zu tun. Das war und ist eine innere Substanz, von der ich zehre. Zweitens hatte ich kein kaputtes Elternhaus, bin in diesem Sinne Kleinbürger und habe das bewußt durchgehalten, sehr zum Ärger anderer innerhalb der RAF. Und drittens, ganz wichtig, sind die Bindungen an meine Familie erhalten geblieben.«[15] Bereits 1979 äußerte er in einem Streitgespräch mit dem damaligen Bundesinnenminister Gerhart Baum: »Wir müssen raus aus den alten Schützengräben.«

Die sind nach wie vor tief. Ehemalige RAF-Terroristen haben, auch wenn sie sich längst losgesagt haben von ihren damaligen Zielen und Methoden, mit Strafen zu rechnen, die ihnen jeglichen Willen zum Ausstieg auszutreiben vermögen. Etwa Peter-Jürgen Boock: Ihm wurde zur Last gelegt, am Anschlag auf den Bankier Jürgen Ponto, an der Entführung und Ermordung Hanns Martin Schleyers und seiner Begleiter und am – mißglückten – Anschlag auf die Bundesanwaltschaft beteiligt gewesen zu sein. Gegen ihn wurde die in der Geschichte der Bundesrepublik höchste je verhängte Freiheitsstrafe ausgesprochen, dreimal lebenslänglich und 15 Jahre. Daß Boock wegen Drogen- und Medikamentenabhängigkeit vielleicht schuldmindernde Umstände zugesprochen werden könnten, wurde dabei kaum berücksichtigt. In einer zweiten Verhandlung wurde das Urteil zu einmal lebenslänglich revidiert – immerhin ein Hoffnungsschimmer.

Auch in anderer Hinsicht ist die Schadensbilanz noch offen. Wie sehr haben während der Entführung von Mogadischu Krisenstab und »Kleine Lage« unter Bundeskanzler Helmut Schmidt, eine, wie der »Spiegel« kommentierte, »Mischung aus Notstandsgremium und Führerbunker«[16], zeitweise jegliche parlamentarische Kontrolle außer Kraft gesetzt und sämtliche Ressortkompetenzen überschritten? Wann schlägt der Rechtsstaat um in einen Unrechtsstaat? Auf der Suche nach unkonventionellen Lösungen im Entführungsfall Schleyer soll immerhin erwogen worden sein, die Todesstrafe einzuführen für jene, die von den Terroristen freigepreßt werden sollten – »Keine Rechtsmittel möglich«. Helmut Schmidt später: »Ich kann nur nachträglich den deutschen Juristen danken, daß sie das nicht alles verfassungsrechtlich untersucht haben.« Die Grauzone, in die staatliches Handeln bei der Bekämpfung des Terrorismus geraten ist – Beispiel »Celler Loch« –, ist noch lange nicht ausgeleuchtet.

»Es wurde innerhalb der Protestbewegung immer deutlicher«, schreibt der Politologe Gerd Langguth in seiner Untersuchung über das Ende der Studentenbewegung, »daß es nicht langt, die bestehenden Verhältnisse anzugreifen, ohne eine positive Alternative in Form konkreter Gegenpositionen formuliert zu haben.« Gerade daran aber habe es gemangelt, und als die konkreten Anlässe für eine Antihaltung weggefallen seien, zerfiel auch die Antibewegung, denn »diese Antistellung (war) das wesentliche politische Band, das die verschiedenen Fraktionierungen noch zusammenhielt«.[17]

Eine Gruppe der Protestbewegung hatte es nicht nötig, sich Realitäten zu borgen, um zu wissen, wogegen, wofür und wie man noch zu kämpfen hatte. Als Sigrid Rüger, Berliner SDS-Delegierte, am 13. September 1968 Hans-Jürgen Krahl mit einer Tomate bewarf, brach damit ein Konflikt aus, der schon lange brodelte. Der Aufstand der Frauen gegen die Männergesellschaft im SDS wuchs von dem Tag an beständig an, und bereits beim nächsten Bundeskongreß hieß es auf einem Flugblatt des »SDS-Weiberrates«: »Befreit die sozialistischen Eminenzen von ihren bürgerlichen Schwänzen!« Paradoxer- und zugleich logischerweise hielten die SDS-Männer als Feindbild her, schließlich war bei ihnen der Widerspruch zwischen sozialistischem »Überbaugequatsche« und »sozialistischem Bumszwang«[18] besonders kraß.

## Das Ende vom Ende der Utopie?

»Alle materiellen und intellektuellen Kräfte, die für die Realisierung einer freien Gesellschaft eingesetzt werden können, sind da. Daß sie nicht für sie eingesetzt werden, ist ausschließlich der totalen Mobilisierung der bestehenden Gesellschaft gegen ihre eigene Möglichkeit der Befreiung zuzuschreiben. Aber dieser Zustand macht in keiner Weise das Projekt der Umwandlung selbst zu einer Utopie.«[19]

Hoffnungsvolle Worte, die Professor Herbert Marcuse im

Juli 1967 zu den über 2000 Studenten sprach, die sich im Auditorium Maximum der FU eingefunden hatten. Wer von der Befreiung der Gesellschaft von Armut und Unterdrückung und entfremdeter Arbeit rede, sei mitnichten realitätsferner Utopiker. Titel seines Vortrages: »Das Ende der Utopie«.

20 Jahre später diese Frage: »Sollte die ganze schöne Solidarität von einst überwiegend der Tatsache zu verdanken gewesen sein, daß alle genau zu wissen meinten, wo der Gegner steht?«[20]

Es scheint viel Resignation daraus zu sprechen. Ist das Ende der Utopie in weite Ferne gerückt, macht sich heute nur noch lächerlich, wer davon spricht?

Es kann gar nicht darum gehen, Herbert Marcuses Analyse zu entkräften und in das Regal der erledigten Fälle abzulegen. Aber: Wenn man schon nicht fragt, was daraus geworden ist, so zumindest, wie in der Erinnerung unserer »Väter und Mütter, der Revoluzzer« das aussieht, was damals, in den Jahren '67 und '68, so hoffnungsfroh stimmte.

Die Frage, aus welchem Stoff die einstige Solidarität geschnitten gewesen sein mag, stammt von Claus Peter Müller-Thurau. Für den Psychologen, Unternehmensberater und Schriftsteller scheint die Antwort festzustehen. Immerhin hat er am eigenen Leib erfahren, wie groß die Solidarität war, als der Gegner fixiert, wie schnell sie zerbröckelte, als der Feind nicht mehr mit Vokabeln wie Springer, Notstand, Große Koalition kurz und bündig zu fassen war.

Seine Geschichte ist ungewöhnlich. Als er sich 1968, gerade von der Bundeswehr entlassen, in Hamburg für das Fach Psychologie immatrikulierte, wurde er sofort mitgerissen in die Osterunruhen und Barrikadenkämpfe vor dem Springer-Verlagshaus. »Eigentlich erfolgte es fast zwangsläufig«, erzählt er, »daß man sich da einreihte. Es war ein herrliches Gefühl, als man sich auf dem Campus mit der Polizei gekabbelt hat: Wir standen oben im Philosophen-Turm im ersten Stock und haben die mit Sand gefüllten Kästen für die Aschenbecher runtergekippt, und die unten haben mit Schläuchen gespritzt. Hinterher saß man dann – und das war das Erbauliche – in der Kneipe zusammen, triefte noch, und wer besonders klitschnaß war, bekam natürlich den größten Applaus, und wir sonnten uns in diesem gemeinsamen Erlebnis.« Da habe man, noch vor jeglicher intellektuellen Beschäftigung mit den Zielen der Studentenrevolte, »echte Nestwärme« gespürt. Aber: »Wenn uns das jemand damals gesagt hätte, wären wir ihm an die Gurgel gegangen.«[21]

Mit der Nestwärme war es bald vorbei. Als Claus Peter Müller-Thurau 1972 einen Lehrauftrag an einer Heeresoffiziersschule übernahm und einmal in der Woche Offiziere in die Kunst der Menschenführung einwies, landete sein Name prompt auf einer schwarzen Liste. »Im nachhinein färbt das die Uni-Vergangenheit ein bißchen schwärzer ein. Auf diese Liste kamen all diejenigen, die am Psychologischen Institut keine Stelle kriegen sollten. Da ging es«, resümiert er, »um den Platz am Trog, und zwar ganz massiv. Die anderen Sachen spielten plötzlich gar nicht mehr so eine große Rolle.«

In dieser Zeit habe man sich längst nur noch um Gruppeninteressen gerangelt, in Sit-ins lediglich günstigere Prüfungsordnungen zu erkämpfen gesucht und trefflich darüber nachzudenken vermieden, daß woanders Leute arbeiten. Claus Peter Müller-Thuraus Kommentar: »Die Suche nach dem geringsten Widerstand.«

Nach seinem Examen lehrte er zunächst Psychologie an einer »Reformierten Oberstufe«, arbeitete dann als Psychotherapeut im Krankenhaus, 1976 nahm er ein Angebot an, als Unternehmens- und Personalberater in der Wirtschaft tätig zu sein. Ein Jahr später folgte seine »zweite böse Tat«: Claus Peter Müller-Thurau wurde Betriebspsychologe, ausgerechnet im Axel-Springer-Verlag. Freundschaften zerbrachen. »Von dem Moment an war ich ein Kapitalistenschwein.«

»Als Personalberater«, beschreibt Claus Peter Müller-Thurau seinen Weg zum »Klassenfeind«, »bin ich in viele Unternehmen gekommen, habe gesehen, daß dort Menschen arbeiten, die auch ihre Ansprüche an das Arbeitsleben haben. Und nun kriegte ich bei Axel Springer ein Angebot als Betriebspsychologe, für die Mitarbeiterinnen und Mitarbeiter etwas zu tun, Seminare zu veranstalten, um denen vielleicht beim weiteren Fortkommen behilflich zu sein, auch bei persönlichen Problemen. Da habe ich überhaupt keinen Grund gesehen, warum Springer-Mitarbeiter solch eine psychologische Hilfe nicht verdienen. Das bedeutete nicht, daß ich mich mit jeder Schlagzeile der ›Bild‹-Zeitung plötzlich identifizieren konnte.

Aber das ist natürlich schon ein doller Schritt. Auf der anderen Seite habe ich dann gehört, daß Jens Litten, den wir damals bewundert haben, ein großer Studentenführer – und da zog es mir fast die Schuhe aus –, sich als Biograph meines obersten Arbeitgebers, Axel Springer, betätigt hat. Und zwar positiv, ich habe die Sendung selbst gesehen. Solche verblüffenden Wandlungen gibt es wohl häufiger. Es liegt wohl einfach daran, daß man während der Uni-Jahre in einem Schonraum ist, man kann eben experimentieren, auch gedanklich experimentieren, einen Schritt weitergehen in unbekanntes Terrain. Nachher, wenn man dann sogar Familie zu versorgen hat und mit der Praxis zu Rande kommen muß, sieht das ein bißchen anders aus.

Diesen moralischen Rigorismus, dem wir damals frönten«, sagt er von sich, »könnte ich nicht durchhalten. Ich unterstelle mal, daß die meisten ihn auch nicht durchgehalten haben. Da wären wir ja auch Übermenschen gewesen. Was hatten wir zum Beispiel für Idealvorstellungen, familiäres Zusammenleben betreffend? Wir hatten so schöne Idealvorstellungen, was Kommune und alles mögliche betrifft. Da hat man ja auch sehr bald gemerkt, wie schnell man auf den Boden der Tatsachen kommt, wie schnell man sich auch in Kleinigkeiten verheddert. Ein Punkt unter vielen, der einen nachdenklich stimmt, daß es ohne Kompromisse dann doch nicht geht.«

Von vielen dieser Idealvorstellungen hat sich Claus Peter Müller-Thurau inzwischen gründlich verabschiedet. In einem seiner Bücher mit dem Untertitel »Unbefugte Bemerkungen zur Erziehung« hat er sich die gesammelten theoretischen Erziehungsdogmen der späten 60er und 70er Jahre vorgeknöpft und auf ihren praktischen Alltagswert untersucht.

»Ich vergesse nie, da war ich vielleicht im dritten oder vierten Semester, als uns ein Ex-Summerhill-Schüler vorgeführt wurde. Da dachten wir, wir sind im Zoo. Der A. S. Neill war unsere Bibel damals. Und ich sehe es noch vor mir, er saß da in einer Lederjacke, war vielleicht 30 Jahre alt und lebte davon, daß er mal Summerhill-Schüler war, er bereiste Kinderläden. Wir sind da voll drauf abgefahren. Und dieses Buch kam dann zustande, als ich plötzlich ein eigenes Kind zu ›managen‹ hatte. Da habe ich gestaunt, wie wenig brauchbar diese ehemals bewunderten Theorien waren. Im Oberseminar ging alles unheimlich glatt und reibungslos, jedes Erziehungsproblem haben wir dort in den Griff gekriegt. Nur in der Praxis, da wollte meine Tochter nicht so wie diese Theorien und Modelle. Rückblickend hatten wir sicher auch so etwas wie ein Allmachtsgefühl durch diese Theorien. Die Erziehungswelt war ganz einfach zu erklären. Es kam so ein Omnipotenz-Gefühl auf. Wir wollten die Welt ja gründlich umgestalten, und zwar möglichst nicht erst übermorgen, sondern morgen, und das Vehikel sollte natürlich die Erziehung sein. Ich möchte nicht in die Ecke des Theoriefeindes gestellt werden und denke auch, daß sich seitdem sehr viel in der Kindererziehung zum Guten verändert hat. Man muß ein Gedankengerüst haben, mit dem man an die Wirklichkeit herangeht. Aber man muß in jedem Moment bereit sein, das über Bord zu werfen. Ich glaube, daß wir damals ganz schön dogmatisch waren, nach dem Bonmot: ›Wenn die Realität sich nicht der Theorie fügen will, dann ist es eben Pech für die Realität.‹ Wenn sich dann aber ein dreijähriges Kind in der Trotzphase im Supermarkt auf den Boden wirft, dort Remmidemmi macht und man dann versucht, über den Verstärkungsansatz des Psychologen Sowieso, über Bekräftigungsmodelle Sowieso zu Rande zu kommen, dann merkt man, daß sich die Dinge so leicht nicht fügen, und kommt in die Lage, daß man über Theorien nachdenkt.«

»*In Ihrem jüngsten Buch, ›Deutsche Idole‹, schreiben Sie ein Kapitel über Rudi Dutschke und Che Guevara. Daraus spricht Bewunderung.*«

»Ja, und die habe ich nach wie vor. Weil Rudi Dutschke für uns alle so schön klar nachgedacht hat. Wir haben uns sein Vokabular richtig ›reingezogen‹, versucht, es auswendig zu lernen, um diese Begriffe parat zu haben. Das hat auch ein Stück Sicherheit vermittelt. Für uns waren das Idole. Vorbilder. Revolution war ja ein assoziativ unheimlich positiv besetzter Begriff. Jemand, der in Sachen Revolution tätig war, war ein Idol, wir riefen ja ›Che‹ und ›Ho‹. Wir konnten die Sachen immer nur in dämmerigen Kneipen machen oder im Oberseminar gedanklich bewegen. Das waren Leute! Dutschke als jemand, der die Massen hinter sich brachte in vorderster Reihe, und Che Guevara als jemand, der wirklich mit dem Revolver loszog. Vielleicht hatten sie die gleiche Funktion, die Winnetou für einen Zwölf- oder Dreizehnjährigen hat. Wenn man eine Hitliste der Begriffe aufstellen würde, dann kam nach ›Revolution‹ gleich das Wort ›Kampf‹, ›kämpfen‹. Wir ›kämpften‹ dauernd für irgendwas. Es ist kein Zufall, daß dieses Wort ›Kampf‹, nicht ›sich einsetzen‹ oder ›sich bemühen‹, eine unheimliche Rolle spielte. Dahinter steht vielleicht die Sehnsucht, nicht immer nur zu reden so wie die Politiker, von denen wir ja immer sagten: ›Die reden immer nur.‹ Wir haben auch immer nur geredet, was sollte man machen? Che Guevara machte was.«

»*Einen Satz über Rudi Dutschke möchte ich zitieren: ›Sein Ende als Revolutionär war so banal, daß man darin das Absurde erkennen möchte, an das er zeitlebens geglaubt haben mag.‹ Stellt es sich im nachhinein als so absurd dar, was man damals wollte?*«

»Ja. Stellt es sich. Beispielsweise die totale Befriedung zwischenmenschlicher Beziehungen, was wir uns als ganz großes Ideal aufgehängt haben. Ob das in der Familie ist, in der Partnerschaft, am Arbeitsplatz – man hat schnell gemerkt, daß es nachher um so banale Dinge geht, Kabbeleien, Auseinandersetzungen. Die wollten wir alle mit einem ganz großen Wurf aus der Welt schaffen, und das war sicherlich ein absurdes Unterfangen. Rückblickend denkt man, wir hätten bei ganz kleinen Dingen anfangen sollen. Und da hat es bei uns ja auch nicht geklappt, wir wollten immer auf das Entfernteste los.«

»Es war absurd«, sagt Doris Henning, »was wir uns für Illusionen gemacht haben. Wir haben gedacht, alle Menschen

**Wortführer**

Rudi Dutschke und Professor Ralf Dahrendorf (FDP) bei einer Diskussion vor 3000 Studenten. Die FDP-Führung hatte im Rahmen des 19. Parteitages an einer Podiumsdiskussion nicht teilnehmen wollen: Januar 1968, Freiburg warten nur darauf, von uns angestachelt zu werden, und dann folgen sie uns in Massen. Selbst diejenigen, die wie ich eher aus der Arbeiterklasse kamen, haben das gedacht. Obwohl uns ja schon die Reaktion der Eltern hätte stutzig machen müssen, die wenig von unseren Ideen hielten.«[22]

Doris Henning studierte 1967/68 in Münster. »Gerade als Soziologie-Studentin«, erinnert sie sich, »fühlte man sich schon fast als Avantgarde der Studentenbewegung – klar, die ganzen ›Großkopfeten‹ vom SDS waren Soziologen.«

Auch sie trat in den SDS ein, zog in eine Wohngemeinschaft, wo aber bald »sehr scharf getrennt wurde« zwischen Maoisten, eher DKP-Nahen und »freischwebenden Linken«. »Irgendwie war jeder in irgendeinem linken ›Chaotenverein‹. Einige fingen dann an, Arbeiterbildung zu machen, und fuhren ins Ruhrgebiet zu irgendeiner Zeche.« Sie fand das eher dubios.

Vielleicht liegt ihre resignative Sicht der Dinge daran, vermutet sie, daß sie heute in einer Hochschule arbeitet, die einst als Reformeinrichtung gedacht war, mittlerweile aber dem Zeitgeist anheimfällt.

»Früher herrschte Aufbruchstimmung, viele waren in der Gewerkschaftsarbeit engagiert. Heute studieren die meisten Betriebswirtschaft, um dann aufzusteigen.« Sie könne das den Studenten von heute nicht einmal vorwerfen.

Eigentlich wollte sie gar nicht an einer Hochschule arbeiten. »Was mir vorgeschwebt hätte, wäre eine Verbindung zwischen Theorie und Praxis. Im Bereich Dritte Welt oder im Bereich Sozialarbeit. Aber«, fragt sie, »was kann man als Soziologin machen?«

Nun ist sie doch Dozentin, schon seit 1973, und findet ihre Arbeit mit dem Schwerpunkt Dritte Welt auch wichtig und inhaltlich vertretbar.

»Ich hätte mir allerdings mehr Nähe zur gesellschaftlichen Praxis gewünscht. Die habe ich jetzt, indem ich in Dritte-Welt-Gruppen, zum Beispiel im Nicaragua-Verein, mitarbeite und versuche, das auch in meinen Veranstaltungen zu transportieren. Ich denke, daß sich da schon etwas bewegt hat und bei mir eine gewisse Kontinuität vorhanden ist.«

Diese »gewisse Kontinuität« reicht bei ihr weiter zurück als bis in studentenbewegte Tage. Schon ihre Mutter, Sozialdemokratin, ist gegen die Remilitarisierung auf die Straße gegangen. Und Doris Henning, die kurz vor unserem Interview von einer Reise durch Kuba zurückgekehrt war, hat bereits als Schülerin über Che Guevara gelesen. Deshalb sei die Studentenbewegung gar nicht so wichtig gewesen für das, »was dann politisch bei mir abgelaufen ist. Ich habe damals mit offenen Augen und offenen Ohren zugesehen und zugehört« sagt sie heute, »aber ich habe versucht, das etwas grundsätzlicher zu betrachten. Damals war vieles sehr spontaneistisch«. Hier habe man ein Institut besetzt, da eine Vorlesung gestört.

»Ich will das gar nicht abwerten, das war auch wichtig. Aber wichtiger war, daß man anschließend zu Diskussionen gekommen ist, um die Gründe – über den Anlaß hinaus – zu finden. Ich habe selbst in einem Arbeitskreis mitgemacht, der sich mit der Bewältigung des Faschismus in der Bundesrepublik und mit der Zweiteilung Deutschlands befaßt hat. Daraus ergab sich für mich die Erkenntnis, daß es über spontaneistische Aktionen hinausgehen muß, um zu einer tiefgründigeren Arbeit zu kommen.«

*»Wann setzte sich diese Erkenntnis bei Ihnen durch?«*

»Zeitlich ist das schwer festzumachen. Ich habe natürlich auch bei Institutsbesetzungen und ähnlichem mitgemacht. Natürlich hat das auch Spaß gemacht, man fühlte sich aufgehoben, das waren ja auch alles dufte Leute, die darüber hinaus nette Sachen machten. Es war ja nicht so, daß es nur Go-ins und Teach-ins und so weiter gab, man ging ja auch am Wochenende zusammen zum Baden, das darf man nicht vergessen. Das war eine wichtige soziale Komponente. Deshalb war eigentlich zu erwarten, daß viele abgesprungen sind und hinterher gesagt haben: ›Das war halt unsere Sturm-und-Drangzeit, damit habe ich jetzt nichts mehr am Hut.‹«

Es mag nur folgerichtig klingen, was Doris Henning als Fazit feststellt: »Es hat sich eigentlich nicht so viel bewegt, ich betrachte das Ergebnis mit großer Skepsis. Klar, die meisten Leute, die damals dabei waren, sind zumindest keine Reaktionäre geworden, sie machen auch politisch noch ganz gute

Sachen. Insgesamt sehe ich das aber resignativ. Es gibt Leute, die das anders einschätzen als ich. Ich habe ziemlich oft Streitgespräche mit Leuten, die ich noch von damals kenne und die sagen: Schau doch mal diese breite Solidaritätsbewegung hierfür und dafür, es tut sich doch was. Das ist zwar richtig, insgesamt aber finde ich die Resultate enttäuschend.«

Also bitte: Was ist geblieben von der Revolte unserer Väter und Mütter? So könne man das doch gar nicht fragen, höre ich immer wieder. Kann man doch. Nur werden die Antworten darauf nicht Soll und Haben wiedergeben, sondern eher die Mischung aus Erinnerung, Verklärung, Resignation, Ernüchterung, kurz: persönliches Empfinden der »68er« gegenüber ihrer Revolte. Wer hat recht, wer nicht? Die, die in der Studentenbewegung trotz alledem den größten Einschnitt in der Geschichte der Bundesrepublik sehen, wie etwa Knut Nevermann? Die, die wie Doris Henning oder Claus Peter Müller-Thurau eher mit Skepsis auf die hochfahrenden Theorien und absurden Illusionen blicken und ernüchtert feststellen: viel ist nicht geblieben? Zu dem Teil, wie jeder seine eigene Studentenbewegung erlebt hat, wird er auch seine eigene Rechnung aufstellen. Das Terrain der Bilanz ist vermintes Gelände. Sei es trotzdem betreten.

## Das unsichere Terrain einer Bilanz

Eine Deutschland-Reise 1972. Von den Folgen des Attentats schien Rudi Dutschke sich erholt zu haben. Nur er, seine Frau Gretchen Dutschke, vielleicht ein paar enge Freunde mögen gewußt haben, welche Ängste die Schüsse hinterlassen hatten. Nach einer Odyssee quer durch Europa hatte er für sich und seine Familie in Dänemark endlich wieder so etwas wie eine Heimat gefunden. Nun wollte er sehen, wie es in Deutschland aussah. Eine Zeitlang reiste er mit Manfred Scharrer, einem alten SDS-Genossen und neuen Freund, zeitweise begleitete ihn Jürgen Treulieb, ebenfalls SDS-Genosse und 1968 AStA-Vorsitzender der FU. Das Bild, das sich Rudi Dutschke bot, war widersprüchlich. In den vier Jahren seines Exils war viel passiert.

**Neues Opfer**

Der Ort des Attentats auf Rudi Dutschke:
April 1968, Berlin

Foto: Ludwig Rieder/Rowohlt

An den Universitäten tobten Glaubenskriege um die richtige Marx-Exegese und die trefflichste Sozialismus-Blaupause – Sektierertum und »Jammern, daß die Massenbewegung vorbei ist«.[23] Die Jungsozialisten waren eine bedeutende Kraft geworden und zehrten am linken Flügel der SPD. Dort müsse man hineingehen, wenn man schon keine eigene linke Partei auf die Beine bringen würde, meinte Dutschke.

Aber noch anderes bekam er von seinen Reisegefährten gezeigt. Jürgen Treulieb erinnert sich: »Rudi hatte seit dem Attentat ja nichts mehr direkt mitbekommen, Zeitunglesen ersetzt nicht unmittelbare Erfahrungen. Und er war erstaunt, wie viele Initiativen vorhanden waren, wie sich die politische Landschaft in der Zwischenzeit verändert hatte. Rudi war entsetzt darüber, wie viele in alter APO-Romantik schwelgten und sich nicht darum kümmerten, was es an neuentstandenen Initiativen gab. Wir haben uns mit politischen Gruppierungen in Norddeutschland getroffen, mit Leuten aus der Anti-AKW-Bewegung. Das war für ihn völlig neu. Da müßten diese ›68er‹, sofern sie sich noch politisch begreifen, mitmachen, statt von alten Zeiten zu schwärmen.«

Im Juli fuhren Jürgen Treulieb und Rudi Dutschke nach Berlin, zu Helmut und Brigitte Gollwitzer, wo beide einst ein- und ausgegangen waren. Als sie dort eintrafen, wartete drinnen bereits Bundespräsident Gustav Heinemann. Ganz unbekannt waren sie sich nicht, der Präsident und der ehemalige »APO-Rädelsführer«. Heinemann hatte den Exilanten Dutschke finanziell unterstützt, wofür sich dieser bereits schriftlich bedankt hatte. Sechs Stunden unterhielten sie sich.

Mit vertauschten Rollen: Während Rudi Dutschke gerade die traurigen Überbleibsel der Studentenrevolte besichtigt hatte, sagte Gustav Heinemann: »Ihr werdet wohl erst Häuser besetzen müssen, ehe wir ein anderes Mietrecht bekommen, denn demokratische Unistrukturen habt ihr auch erst bekommen, als ihr die FU tatsächlich besetzt habt. Solange ihr Resolutionen verabschiedet habt, ist nichts geschehen. Als ihr die FU besetzt habt, war es plötzlich möglich.«[24]

»Heinemanns Einschätzung war die«, erinnert sich Jürgen

Treulieb, »daß ohne außerparlamentarische Aktivitäten und Aktionen auch die Institutionen des Staates, die er ja viel positiver eingeschätzt hat als wir, völlig immobil seien, und falls es zu Veränderungen komme, dann nur, wenn entsprechender Druck ausgeübt werde. Ich glaube, diese Erkenntnis hat sich inzwischen ausgebreitet und gehört sozusagen zum Allgemeingut politischer Erkenntnis.«

Jürgen Treulieb lehrt heute als Hochschulassistent für Politologie an der Universität Osnabrück, die er vor 16 Jahren als Assistent mitgeplant hat. Als wir uns bei ihm zu Hause treffen, sprechen wir vor allem über das Verhältnis von »Sieg« und »Niederlage« im Zusammenhang mit der APO. »An sich war es so«, gibt er zu, »daß wir damals nicht unbedingt in die Unis wollten. Wir wollten die Gesellschaft verändern, und da war uns klar, daß das außerhalb von Universitäten und Schulen eher möglich ist als ausgerechnet in diesen Institutionen.«

Doch im Gefühl der Niederlage beim Kampf gegen die Notstandsgesetze, der Machtlosigkeit, über die Mauern der Universität hinaus wirken zu können, seien die meisten im Bildungsbereich geblieben.

»Die Hochschule«, sagt Jürgen Treulieb, »war sozusagen der einzige Ort, in dem wir überhaupt Vorstellungen durchsetzen konnten. Obwohl die Drittelparität ja nur in ganz wenigen Unis wirklich erreicht werden konnte und der Reformansatz durch das Urteil des Bundesverfassungsgerichts 1973 wieder zerschlagen wurde. Viele sind auch deshalb in der Hochschule gelandet. Was dann in der antiautoritären Bewegung zum Teil belächelt wurde: Jetzt sind sie selber Profis, früher haben sie die bekämpft.«

Bezogen auf die unmittelbaren Ziele der 68er-Bewegung, so Jürgen Treulieb, sei die Einschätzung, eine Niederlage erlitten zu haben, zweifellos richtig gewesen. Auch die sozialliberale Koalition habe nur wenig von dem halten können, was sie an inneren Reformen versprochen habe. Die Opfer des Radikalenerlasses, dem »größten Fehler der Regierung Brandt/Scheel«, seien bis heute nicht rehabilitiert. »Um die Leute, die auf der Strecke geblieben sind, hat man sich wenig gekümmert. Man könnte über diese 70er Jahre sagen, daß sich in vielen Bereichen auch reaktionäre Politik durchgesetzt hat. Aber«, meint der Osnabrücker Politologe, »das ist nur die eine Seite der Medaille. Mittlerweile gibt es eine ganz andere Ebene, die man so beschreiben kann: Es hat in Deutschland noch nie so viele Menschen gegeben, die an einer Veränderung dieser Gesellschaft interessiert sind wie gegenwärtig. Was sich in Gewerkschaften, Kirchen, Verbänden, also in diesen Institutionen, die doch zum Selbstverständnis dieser Gesellschaft gehören, bewegt, finde ich ziemlich beachtlich. Das wäre früher nie denkbar gewesen. Daneben, aber nicht davon zu trennen, ist jetzt die Aktivität von Hunderten von Bürgerinitiativen, die Ökologie-Bewegung, Friedensbewegung, Frauenbewegung zu sehen. Selbst eine Provinzstadt wie Osnabrück, die Ende '60, Anfang '70 vollkommen unberührt schien von solchen Aktivitäten, hat sehr viele und sehr lebendige Initiativen. Die Aktivitäten dieser Gruppen haben mit der Studentenbewegung insofern zu tun, als es sie ohne den Aufbruch der Studentenbewegung in dieser Form nicht geben würde. Das ist sowohl eine Hoffnung derer, die die Studentenbewegung mitgemacht haben, als auch die Analyse von Außenstehenden, von Journalisten, Politikern, die das ja auch so beurteilen. Sosehr man auch in verschiedenen Bereichen Ansprüche hatte, die sich nicht realisieren ließen, so haben diese doch dazu geführt, daß vorhandene Strukturen aufgebrochen wurden.«

»*Ist es nicht Wunschdenken von ›68ern‹, daß sich in den Bürgerinitiativen sozusagen eine späte Saat zeigt und man jetzt sagen kann: Es war nicht umsonst, ohne uns wäre diese Bewegung nicht denkbar?*«

»Das Verhältnis ist sicher sehr kompliziert. Die radikalen Feministinnen behaupten ja, daß sie mit der Studentenbewegung überhaupt nichts zu tun haben, weil die ja chauvinistisch und frauenfeindlich gewesen sei. Ich glaube dennoch, daß ohne die Studentenbewegung diese Frauenbewegung nicht so entstanden wäre. Sie ist zum Teil durch die Auseinandersetzung mit bestimmten Gruppierungen innerhalb der Studentenbewegung und des SDS entstanden.

Wenn ich eingangs sagte, daß es in Deutschland noch nie so viele Menschen gab, die an einer Veränderung dieser Gesellschaft interessiert sind wie gegenwärtig, dann klingt das sehr pathetisch, aber ich glaube, daß es dennoch richtig ist. Und dieses hat mit dem Aufbruch von '68 zu tun. Längst gibt es Leute aus der 68er-Zeit, die gar nicht mehr politisch aktiv sind und nichts mehr mit jetzigen politischen Auseinandersetzungen und Bewegungen zu tun haben oder zu tun haben wollen. Aber der Zusammenhang besteht. Es könnte sonst auch etwas peinlich wirken, wenn man es so darstellen würde, als habe es vor '68 noch keine Geschichte und noch keine politische Opposition gegeben.«

Jürgen Treulieb, inzwischen Mitglied bei den »Grünen«, greift zu einem Vergleich. Auch die Friedensbewegung der 80er Jahre habe ihr Hauptziel, die Nachrüstung zu verhindern, nicht erreicht und dennoch eine bedeutende Rolle in der Bundesrepublik gespielt. Ähnlich sei die Studentenbewegung gescheitert in ihrem Anliegen, die Gesellschaft von Grund auf zu demokratisieren. Da zeige sich »die Ambivalenz von Scheitern und Erfolg.« Jürgen Treulieb: »Es war damals eine Niederlage und gleichzeitig ein großer Erfolg. Wir haben sicherlich die Niederlage nicht so deutlich gesehen, wie sie sich dann herausstellte. Wenn man zum Beispiel diese Aufforderung von Rudi Dutschke nimmt, ›den langen Marsch durch die Institutionen‹ anzutreten, und andererseits die Berufsverbote sieht, was die Gegenmaßnahme des Staates ist, dann kann man heute sagen, wenn man die Situation der Bundesrepublik analysiert, daß der lange Marsch doch teilweise stattgefunden hat und weiter stattfindet. Auf der anderen Seite hat es große Rückschläge gegeben. Aber es ist nicht eindeutig so, daß sich Rudi Dutschkes Vision klar durchgesetzt hätte oder daß der Radikalenerlaß alles gestoppt hätte. Es ist nicht eindeutig entschieden.«

*»Was wohl schon am Ausdruck ›langer Marsch‹ liegt. Was wäre denn das Ziel? Man kann es gar nicht so festschreiben, daß man irgendwann sagen könnte, jetzt haben wir es erreicht.«*

»Ich kann das vielleicht an einem Beispiel klarmachen. Als

in Frankfurt der Richter Jahr Blockierer freisprach, die gegen die Nachrüstung im Frankfurter Raum eine Kaserne blockierten, überschrieb die ›FAZ‹ einen Kommentar: ›Später Sieg des SDS?‹ Ich habe das Urteil einmal gelesen, in dem es nur so von Hegel-Zitaten wimmelt. Man sieht einfach an diesem Urteil, das ist ein ›68er‹, der nicht meint, ich gehöre nun einmal zur Klassenjustiz, und da muß ich objektiv so agieren, wie die herrschende Klasse das erwartet. Man kann auch als Richter etwas ganz anderes machen ... Das Urteil von Richter Jahr ist inzwischen rechtskräftig geworden. Das ist ein Beispiel dafür, was man auch unter den Bedingungen dieser Gesellschaft, die sich in ihren wesentlichen Strukturen noch nicht verändert hat, machen kann. Das ist vielleicht bedeutender, als es uns im Augenblick erscheint.«

Die Ansicht teilt auch Helmut Gollwitzer. »Die Studentenbewegung«, sagt er, »ist nicht gescheitert in den Tiefenwirkungen, die sie auf die Individuen hatte, und in den atmosphärischen Wirkungen. Ich spreche nicht gerne von einem Scheitern der Bewegung, denn Scheitern besagt von einem Phänomen, daß man es eigentlich wegdenken könnte, ohne daß etwas fehlt.«[28]

Helmut Gollwitzer wohnt heute noch in Berlin-Dahlem, wo ich, vollgestopft mit allen möglichen biographischen Daten, ihn besuche. Betrachtet man das Destillat aus den unzähligen Publikationen mit und über Helmut Gollwitzer, so war der Theologie-Professor während der Studentenrevolte Vaterfigur, Vermittler und moralische Instanz in Personalunion. Zusammen mit Gretchen Dutschke-Klotz, Rudi Dutschkes Frau, und Jürgen Miermeister fungiert er denn auch als Herausgeber der Schriften und Reden Rudi Dutschkes.

Dabei gehörte er als Professor qua Amt eigentlich zum universitären »Establishment«, kam aus einer ganz anderen Generation und war zudem mit Heinrich Albertz befreundet, dem Regierenden Bürgermeister Berlins.

Doch das ist nur die eine Seite. Als Pfarrer der Bekennenden Kirche war ihm von den Nazis Redeverbot erteilt worden, im Nachkriegsdeutschland hatte er sich gegen die Wiederbewaffnung eingesetzt, und so verkörperte er auch das andere Deutschland.

Er stimmte nicht ein in das Gerede von »linksradikalen Minderheiten«, als die ersten Studenten sich vorsichtig auf die Straße wagten, sondern begleitete ihre Aktionen »als skeptischer Älterer«, wie er sagt. Nach den Schüssen auf Benno Ohnesorg übernahm Helmut Gollwitzer die Patenschaft für Benno Ohnesorgs Kind, das seinen Vater nie gesehen hat. Als wir über Rudi Dutschke sprechen, fällt ein Satz, der ohne viel Worte mehr erklärt:

»Ich habe ihn sehr geliebt.«

Eine Weile ist es sehr still in seinem Garten.

Viele Studenten haben bei ihm und seiner Frau gewohnt, er hat miterlebt, wie »sie die Köpfe zusammensteckten« und aufzählten, »was an dieser Gesellschaft kritikwürdig« sei. Bürgerkinder, die kaum Ahnung hatten vom Leben der Lohnabhängigen, die sich zwar an der Universität auskannten, darüber hinaus aber nur wenig erlebt hatten, für die die Berufswahl nahezu ungetrübt war von ökonomischen Zwängen. Daß sich auf einmal Tausende von Studentinnen und Studenten herausgewagten, allen voran eine kleine Elite junger Intellektueller, sei für ihn ein völlig irrationales Ereignis; die neue linke Bewegung Ende der 60er Jahre ein Exempel für die »Unvorhersehbarkeit großer geschichtlicher Bewegungen«.

Helmut Gollwitzer: »Das ist ein sehr unmarxistischer Satz.«

In seiner Bilanz der Studentenbewegung spiegelt sich die ganze »Ambivalenz zwischen Scheitern und Erfolg« wider. Zum einen, sagt er, seien die Studenten gescheitert in ihrem Anliegen, die Gesellschaft zu revolutionieren.

»Die Studentenbewegung war entstanden durch Probleme, die den Studenten auf den Nägeln brannten. Dann schlossen sich Probleme an, die ihrem globalen Weitblick auf den Nägeln brannten. Das heißt also, die unmittelbaren Probleme und dann sehr vermittelte Probleme aus sehr entfernten Weltteilen. Für die Tagesprobleme, womit der Normalmensch, der bürgerliche und kleinbürgerliche, zu tun hatte, hatte das, was sich in der Studentenbewegung an Theorie entwickelt hat, kaum etwas zu sagen. Diese Alltagsprobleme ließen sich nicht auf die allgemeinen Formeln der Studenten bringen.«

Zum anderen habe sich die kapitalistische Gesellschaft als enorm stabil erwiesen mit ihren Verschleierungsmitteln. Helmut Gollwitzer: »Jetzt rede ich marxistisch, und das ist meine Meinung.«

Es sei eingetreten, was er damals schon als skeptischer Älterer prophezeit habe. »Ich habe ihnen gesagt: Ihr dürft nicht denken, daß die, die die Macht haben, umfallen, wenn ihr sie ein bißchen auslacht. Das hat sich auch gezeigt. Nach einer ersten Erschütterung und Verblüffung hat das Establishment zurückgeschlagen und damit viele Karrieren unterbrochen oder beendet und der Sache die Erfolgsaussichten genommen.«

Doch das ist nicht alles. Helmut Gollwitzer erinnert sich: »Ich habe Rudi Dutschke damals um Weihnachten 1967 herum gefragt: Was ist das nun, was da gerade abläuft? Mich erinnert das sehr an die Jugendbewegung, an der ich als Junge mit ganzem Herzen teilgenommen habe, aber die dann eben verklang, als die Leute ins entsprechende Alter kamen – und dann war sie eine schöne Jugenderinnerung. Da meinte er, hier werde es wohl nicht so gehen, und zwar weil die jetzige Jugendbewegung ein stabileres Gerüst habe durch den neuentdeckten Marxismus, durch eine gesellschaftliche Gesamttheorie, die der Bewegung ihren Sinn gibt und an der die einzelnen Individuen auch weiter festhalten werden.« Das Ende dieser Geschichte ist bekannt. Oder?

Ja und nein, folgt man Helmut Gollwitzer, der zwar sagt: »Das war doch offenbar zuviel gehofft«, und gerade die Entdeckung des Marxismus, als alle den richtigen Marx in der Tasche zu haben glaubten, entpuppte sich als Sprengstoff.

»Diese Entdeckung, die sich hier in Berlin in wenigen Wochen und Monaten vollzog und die ich sehr genau beobachten konnte, das Marx-Lesen und ein sehr aktuelles Verstehen von Marx und Engels, das gehört aber dennoch zu den weiterreichenden, bleibenden Ergebnissen der Studentenbewegung.«

Das Terrain der Bilanz ist in der Tat gespickt mit »ja, aber«

und »trotzdem«. »Die bürgerliche Gesellschaft« erklärt Helmut Gollwitzer, »erwies sich als sehr stabil. Der Kapitalismus erwies sich in einem Maße reformfähig, nicht im Sinne von sozialen Reformen, sondern von Reformen seiner Methoden, wie es Marx nie für möglich gehalten hat. Und so war die Weltgeschichte stärker als die Studentenbewegung. Die Frage muß also lauten: Welche Nachwirkungen hatte sie trotzdem? Was hat sie bewirkt für diese fähigen, interessanten Individuen, die dank ihrer Fähigkeiten in der Gesellschaft weiterhin etwas bedeuten könnten, die die Chance dazu hatten, was ist aus ihnen geworden? Sie tauchen fast nicht auf in den heute führenden Schichten der Bundesrepublik«, beantwortet Helmut Gollwitzer seine Frage selbst. Weder in der Wirtschaft noch in der Administration säßen die Wortführer der Studentenrevolte. Doch trotz des Eindrucks, der Erfolgsaussichten beraubt worden zu sein oder sich selbst beraubt zu haben, hätten die wenigsten von ihnen ihre Ideale aufgegeben, arbeiteten auch in der Einsicht, daß die Revolution nicht machbar sei, weiter an Reformmöglichkeiten, seien nicht, um wenigstens einen Teil der Utopie zu retten, in die DKP gegangen, sondern hielten vielmehr in ihrer »profund kritischen« Haltung zu dieser Gesellschaft fest, auch an ihrer Kritik des real existierenden Sozialismus. »Wir stehen vielfach noch in Verbindungen, wir sind uns gesellschaftskritisch einig, und zu Gesellschaftskritik ist heute ja noch mehr Anlaß gegeben als damals.«

Dennoch, und damit beginnt die Seite der Nachwirkungen, war die Studentenbewegung »ganz sicher die tiefste atmosphärische Veränderung in der Geschichte der Bundesrepublik«, meint der Theologie-Professor. »Das hat sich natürlich vor allem auf die Jüngeren ausgewirkt, und zwar vorteilhaft, weil es ihnen so viele neue Freiräume verschafft hat, bei der Kleidung angefangen. Das ist schon ein Gewinn, den die Jungen erben, legeres Auftreten, legere Sitten, legere Sexualsitten. Außerdem: daß linke Gedankengänge, die damals zu vertreten kühn war, jetzt geläufig sind.« Auch führende Sprecher der ökologischen Bewegung würden nicht bestreiten können, so Gollwitzer, daß die Studentenbewegung den Boden aufgepflügt hat für eine kritische Betrachtung der Gesellschaft, obwohl das Thema Ökologie damals noch gar nicht aufgegriffen worden sei. Auch in den Kirchen zeige sich, ohne daß dies jemals vermerkt worden sei, eine starke »Veränderung nach links. Das Zuendegehen der Studentenbewegung ist nicht das Zuendegehen der Wirkungen, die von ihr ausgehen«, sagt der Theologe. »Ein Bekannter von mir, der nach zehn Jahren aus Israel wiederkam, erzählte mir, was für Veränderungen er festgestellt hat. Das waren eigentlich lauter Veränderungen im Lebensstil, im Idiom, im Wortgebrauch, in politischen Diskussionen. Am meisten, meinte er, haben die Frauen profitiert. Und das stimmt auch. Eine neue Freizügigkeit im Benehmen der Frauen und damit natürlich auch im Verhältnis der Geschlechter. Das ist eine der wichtigsten Nachwirkungen. Sie sehen«, fügt Helmut Gollwitzer hinzu, »das sind alles Dinge, die sich statistisch nur sehr notdürftig messen lassen.«

# V. Früchte eines kollektiven Lernprozesses

## »Das gehört zu mir, das gehört zu meinem Leben«

Wenn Statistik schon nicht weiterhilft, wie kann man dann die veränderte Atmosphäre darstellen? Es gibt viele Möglichkeiten. Nachteile haben sie alle, repräsentativ ist keine, woran sollte man sich auch entlanghangeln – an den vielen Lebensäußerungen einer bunter gewordenen Protestkultur, angefangen bei der Sponti-Bewegung bis zu den Antiatomkraft-Bewegungen, an Biographien, an Betrachtungen über das »Große und Ganze«? Welche Namen sollten darin auftauchen, welche nicht?

Die Entscheidung für oder wider einen der vielen Wege, den sperrigen Begriff von der Großwetterlage kleinzumünzen, wurde mir zum Teil abgenommen. Noch in der Vorbereitung zu den Recherchen für dieses Buch bin ich über mehrere Zeitungsmeldungen gestolpert. Darunter die Nachricht, daß sich 20 Richterinnen und Richter auf die Hornbergstraße in Mutlangen gesetzt haben.

Ich habe einige dieser Leute aufgesucht, wurde weitergereicht, hier- und dorthin verwiesen. Einige derjenigen, die ich auf diese Weise kennengelernt habe, wurden bereits in den ersten Kapiteln vorgestellt. Die Gespräche waren eine Annäherung an die Fernwirkungen der Studentenbewegung. Andere sollen jetzt deshalb noch zu Wort kommen.

Etwa Jutta Oesterle-Schwerin.

»Als Frau hatte ich gar nicht die Chance«, sagt sie, als ich sie auf ihren ›Marsch durch die Institutionen‹ anspreche, »weil ich Kinder großzuziehen hatte. So kam ich gar nicht in die Situation, mich dafür oder dagegen zu entscheiden. Ich hatte sowieso auf dem Arbeitsmarkt wesentlich schlechtere Chancen, auch als Architektin. Erstens, weil ich Frau bin, und dann auch noch, weil ich Mutter bin. Der Marsch durch die Institutionen ist ein Lebensweg, der Frauen normalerweise verschlossen bleibt, und wenn sie Kinder haben, ist der Schlüssel zweimal umgedreht. Insofern bleibt ihnen nur, sich anzupassen, auszusteigen oder weiterzukämpfen. Letzteres war für mich der richtige Weg. Aber ich bilde mir darauf nichts ein.«[1]

Bonner Regierungsviertel im Februar 1988. In irgendeinem Restaurant, das um die Mittagszeit mit Ministerialbeamten oder Leuten bevölkert ist, die zumindest so aussehen wollen, treffe ich mich mit Jutta Oesterle-Schwerin. Sie gehört nicht zu den Prominenten, die auch die Grünen hervorgebracht haben, seit sie vor einigen Jahren die parlamentarische Bühne mit Blumentöpfen in den Händen betreten haben, ihr Gesicht ist nicht aus dem Fernsehen bekannt, und in der »Aufsteiger«-Geschichte der Grünen, verfaßt vom Fernsehjournalisten Peter Gatter, taucht ihr Name nicht einmal auf.

Kein Wunder, es ist ihre erste Legislaturperiode im Hohen Hause. Zudem gilt ihr Interesse einem wenig medienträchtigen Metier. Neben Homosexuellenpolitik beschäftigt sich die Architektin in der Hauptsache mit dem Thema sozialer Wohnungsbau. »Das Problem ist, daß es immer weniger Sozialwohnungen gibt, im sozialen Wohnungsbau tickt eine Zeitbombe. Aber das ist ein relativ trockenes Gebiet, und die meisten Leute wohnen ja irgendwo. Das ist so wie mit vielen Sachen, etwa beim Kampf gegen den Paragraphen 218, da ist es ja auch schwierig, die Frauen zu mobilisieren, weil jede denkt, mir passiert nichts. Und wenn's dann passiert ist, wird das Thema auf einmal aktuell.«

Daß sie zu diesem Vergleich greift, kommt nicht von ungefähr. Jutta Oesterle-Schwerin ist seit 1974 in der Frauenbewegung aktiv. Damals wurden in Itzehoe zwei Frauen, Judy Anderson und Marion Ihns, zu lebenslänglichen Haftstrafen verurteilt, weil sie den Mann der einen hatten umbringen lassen, um zusammenleben zu können.[2] Der Prozeß gegen die beiden wurde zum Fanal, aus dem ganzen Bundesgebiet reisten Frauen nach Schleswig-Holstein und demonstrierten vor dem Gerichtssaal. Denn Sigrid Rügers Tomaten auf den SDSler

Hans-Jürgen Krahl hatten, obwohl damals selbst von den meisten Frauen noch belächelt oder als peinlich empfunden, die »Nebenwidersprüche« als das entlarvt, was sie wirklich waren: Ungleichbehandlung, latente Gewalt, gesellschaftlich konzessionierte Unterdrückung.

Es waren zunächst wenige Frauen, die sich dagegen wehrten. Erst die spektakulären und ausgerechnet im »Stern« verbreiteten »Ich habe abgetrieben!«-Selbstanklagen entfachten den Kampf der Frauen um den Paragraphen 218 an breiter Front. 3000 dieser Bezichtigungen wurden dem Bundesjustizminister Jahn im Juli 1971 überreicht, zusammen mit mehr als 80000 Solidaritätserklärungen zur Abschaffung des Abtreibungsparagraphen. In 30 Städten gingen Tausende Frauen (und Männer) auf die Straße. Frauenhäuser wurden gegründet, zu Frauenkongressen geladen; die neue Frauenbewegung entwickelte ihre eigene Dynamik, orientierte sich an ihren eigenen Theoretikerinnen.[3]

Jutta Oesterle-Schwerin war dabei, als auch in Ulm das erste Frauenzentrum ins Leben gerufen wurde. »Damals«, sagt sie, »habe ich die Frauenproblematik überhaupt erst kapiert. Ich war zwar schon lange eine Linke, aber dann bin ich erst Feministin geworden. Ich war ja schon im SDS in Stuttgart, als der noch aus zwölf oder 14 Leuten bestand, ich gehörte da zu den Aktivsten. Damals hat sich das Problem gar nicht so kraß gestellt, weil ich in meiner ökonomischen Situation den männlichen Studenten gleichgestellt war. Die Unterdrückung als Frau habe ich erst gespürt, als ich die Frauenrolle angenommen habe, als ich Kinder bekommen habe und selbst in ökonomische Abhängigkeit geriet.«

Da hatte sie bereits einige Jahre an politischer Arbeit hinter sich. Jutta Oesterle-Schwerin, 1941 in Jerusalem zur Welt gekommen und im Besitz der deutschen und israelischen Staatsbürgerschaft, ist 1962 nach Deutschland gekommen, um an der Akademie der Bildenden Künste zu studieren. Noch im selben Jahr meldete sie sich im SDS an und reihte sich ein in den Ostermarsch der Atomwaffengegner. Als die Revolte 1968 ihren Höhepunkt erreichte, sei sie, wie sie mit leiser Selbstironie anmerkt, schon »besonnene ältere Genossin« gewesen, während Leute wie Joschka Fischer, dem sie in Stuttgart begegnete, zu den »jungen Hitzköpfen« zählten. »Heute ist das Verhältnis umgekehrt«, sagt sie dabei mehrdeutig, »heute hält er sich für den Besonneneren.«

Als sie 1970 ihr erstes Kind bekam, zog sie sich aus der Studentenpolitik zurück. »Aber ich habe diese Ruhepause ganz gut genutzt«, erzählt sie, »indem ich in Ulm einen Kinderladen mitgegründet habe. Das war privat wichtig, einfach um die Kinder unterzubringen, hatte aber auch eine politische Bedeutung, man hatte ganz bestimmte Vorstellungen über die Erziehung oder Nicht-Erziehung von Kindern.« 1975 kandidierte sie für die SPD bei den Ulmer Gemeinderatswahlen, wurde gewählt und gab ein »Gastspiel«, wie sie heute sagt. »Ich denke, ich habe es nicht schlecht gemacht, es war ein Forum, wo man politisch aktiv sein konnte, aber als der Nachrüstungsbeschluß kam, war es genug.« Fortan konzentrierte sie sich auf die Arbeit im Frauenzentrum, und dann, 1983, trat sie in die Grüne Partei ein, für die sie nun in der elften Wahlperiode im Bundestag sitzt.

»Ich bilde mir darauf nicht allzuviel ein. Ich denke, daß es wichtig ist, daß wir drin sind, weil wir da die Chance haben, auf andere Art und Weise auf Mißstände aufmerksam zu machen als nur mit Infoständen und Flugblättern. Diese parlamentarische Arbeit, die wir hier machen, ist nicht mehr als ein Teil in der Infrastruktur der linken außerparlamentarischen Bewegung. Dazu gehört alles mögliche, Menschen, die an der Basis Politik machen, Kinderläden, Buchläden, Bioläden, Liedermacher und halt auch Parlamentarierinnen. Ich sehe mich als Teil dieser Bewegung, werde vier Jahre im Bundestag sein, vielleicht länger, aber auch das ist nur ein Gastspiel.«

Immerhin, diese »Infrastruktur« ist bunter geworden. »Vor '68 hatten wir das nicht, das ist der entscheidende Unterschied«, sagt Jutta Oesterle-Schwerin. »Da waren wir wirklich einsame Leute, es gab höchstens ein paar Kommunisten aus der alten KPD, ein paar progressive Leute aus der evangelischen Kirche, und wenn wir mal viele waren, wie bei den Ostermärschen, dann kannte man trotzdem jeden. Seit '68 ist es eine große starke Bewegung geworden, zehn Prozent der Menschen zählen sich dazu, das ist doch eine ganze Menge, wenn ich bedenke, daß ich 1962 niemals geglaubt hätte, es würde so etwas wie '68 überhaupt geben. Insofern erlebe ich immer wieder angenehme Überraschungen. Wer hätte gedacht, daß Linke in den Bundestag kommen?«

Zwar macht sie sich keine großen Illusionen, acht Prozent der Stimmen seien noch lange nicht acht Prozent der Macht, dennoch spricht aus ihr Zuversicht. Auch wenn keine großen Siege errungen worden seien, habe sich seither viel bewegt in den Köpfen. Die Vorstellungen von Kindererziehung, die damals in den Kinderläden noch revolutionär gewirkt hätten, seien heute in »Brigitte« und »Eltern« nachzulesen. »Das ist teilweise Allgemeingut.« Sie selber habe bei den Ostermärschen die friedliche Nutzung der Atomenergie gefordert, was sie heute nur noch mit »wie bescheuert wir doch damals waren« kommentiert. »Mit solchen Parolen sind wir auf die Straße gegangen. Daß Atomkraft auch gefährlich ist, wenn man keine Bomben daraus baut, haben wir von den Ökologen gelernt.«

So betrachtet sie die Grünen als Zusammenschluß von Linken, die immer schon gewußt haben, der Kapitalismus sei schlecht für die Menschen in der Dritten Welt, für die Armen hierzulande, und von denen, die auf die katastrophalen Folgen vor der eigenen Haustür zeigen. »Wenn man als mittelständische Europäerin Politik macht für die Dritte Welt, dann hat das immer so etwas Moralisches an sich. Selber ist man ja nicht betroffen, im Gegenteil, wir leben ja ganz großartig auf Kosten der Dritten Welt. Daß der Kapitalismus hier schlecht ist, habe ich erst von den Umweltleuten gelernt. Aber es ist beides wichtig. Ich glaube, daß die ökologische Bewegung nicht derart groß und stark geworden wäre, wenn es nicht schon eine linke Bewegung gegeben hätte. Und andererseits denke ich, daß die Linken nicht in den Bundestag gekommen wären ohne die Ökologen. Wir gehören zusammen und sind aufeinander angewiesen auf Gedeih und Verderb. Trotz aller Flügel-Streitigkeiten ist mir die Einheit dieser Bewegung wichtig.«

Wie es nach der Legislaturperiode weitergeht, weiß Jutta Oesterle-Schwerin noch nicht genau. Vielleicht fängt sie wieder als Architektin an. »Ich habe schon einmal den Einstieg in den Beruf geschafft, nach der Trennung vom Vater meiner Kinder, und ich denke, ich kann das noch mal schaffen, sonst hätte ich diesen Schritt gar nicht erst gemacht«, sagt sie, und man möchte es ihr glauben bei ihrer Art, über das Leben als Parlamentarierin zu sprechen. 16 Stunden Arbeit am Tag, Termine, auch wenn sie Bonn in Richtung Ulm verläßt, Wahlkampfauftritte, Infostände. Manchmal, erzählt sie, muß sie zwei Tage ausruhen, wenn sie zu Hause ist, so ausgepumpt fühlt sie sich. Dann sind da ihre beiden Kinder, 14 und 17 Jahre alt. »Das ist nicht leicht, zu ihnen Kontakt zu halten, und im Grunde sind die ganz froh, daß die Alte weg ist. Wenn ich mal einen Tag früher nach Hause komme, fragen sie, ›Mami, warum bist du schon da?‹« Jutta Oesterle-Schwerin lacht, fügt dann hinzu: »Naja, das ist immer ein Problem, die Loslösung von den eigenen Kindern. Dadurch, daß ich hier bin, wurde mir das sicherlich erleichtert, so bin ich diejenige, die weggegangen ist.«

Dennoch fühlt sie sich privilegiert. »Andere Leute müssen das, wofür ich hier bezahlt werde, am Feierabend machen. Ich kann hier sozusagen von Berufs wegen drei Zeitungen lesen, vollpolitisch arbeiten. Außerdem bin ich wieder in einer neuen Stadt, lerne viele neue Leute kennen. Die meisten Bundestagsabgeordneten jammern ja immer, daß sie lieber heute als morgen gehen würden. Aber wenn es um die Listenaufstellung geht, sind alle wieder da. Ich gehe davon aus, daß es bei mir nicht anders sein wird.«

Nach mehr als 20 Jahren Engagement in außerparlamentarischen, und nun auch im Parlament vertretenen, Bewegungen zeigt sie noch keine Ermüdungserscheinungen. »Es gab Phasen, wo ich weniger gemacht habe«, sagt die Bundestagsabgeordnete, »wo meine Kraft woanders gebraucht wurde. Und es kann sein, daß es solche Phasen wieder gibt, ich brauche auch Ruhepausen. Aber diese politische Arbeit gehört zu mir, das gehört zu meinem Leben.«

Sie schaut auf die Uhr der nächste Termin drängt.

## »Ich habe angefangen nachzudenken«

Hannover im Juni 1983. Auf der Schlußkundgebung der Friedenskampagne des Kirchentages betritt ein Mann das Rednerpult, bei dem sich viele wohl fragen, was er dort verloren hat. Was Bundeswehrmajor Helmuth Prieß dann sagt, erstaunt noch viel mehr: »Als Soldat der Bundeswehr solidarisiere ich mich mit denen, die tatsächlich Frieden schaffen wollen mit weniger Waffen. Und ich ergänze: Jeder Soldat auf dieser Welt ist ein Soldat zuviel.«

Sein Auftritt brachte einen Stein ins Rollen. Wenige Monate später fanden sich in Darmstadt etwa 20 Soldaten sowie zivile Mitarbeiter der Bundeswehr zusammen und formulierten das »Darmstädter Signal«. Ihre Erklärung sprach Klartext, sie forderten konkrete Abrüstungsschritte, atomwaffenfreie Zonen in Mitteleuropa, westliche Vorleistungen bei der Abrüstung. »Als Soldaten und zivile Mitarbeiter der Bundeswehr«, hieß es darin weiter, »fühlen wir uns besonders betroffen und verantwortlich. Deshalb treten wir dem in der Öffentlichkeit erzeugten Eindruck entgegen, daß in der Bundeswehr Einigkeit darüber herrsche, die ›Nachrüstung‹ sei aus militärischen Gründen notwendig.«[4]

Inzwischen ist der »Arbeitskreis Darmstädter Signal« fester Bestandteil der Friedensbewegung, über 200 Bundeswehrbedienstete, vom Obergefreiten bis zum Oberst, haben sich dem Aufruf angeschlossen. »Wenn man sich in anderen Ländern umschaut«, sagt Helmuth Prieß, »dann ist das ein einmaliger Vorgang auf der Welt. Der ist nicht auf die Liberalität unserer Vorgesetzten zurückzuführen, sondern auf unser politisches Engagement. Mit dem ›Arbeitskreis Darmstädter Signal‹ hat sich eine ganz beachtliche Zahl von Soldaten mit sehr viel Idealismus und Engagement, auch mit sehr viel Augenmaß, ein gutes Stück Meinungsfreiheit erkämpft.«[5]

Kämpfen mußten sie tatsächlich. Als etwa Verteidigungsminister Wörner hochrangigen Bundeswehroffizieren die Teilnahme an einer Diskussion in der Evangelischen Akademie Loccum verbot, weil sich dort auch der Schriftsteller Günter Grass und der Friedensforscher Alfred Mechtersheimer angesagt hatten, die zuvor in der »Heilbronner Erklärung« dazu aufgerufen hatten, den ihrer Überzeugung nach verfassungswidrigen Wehrdienst zu verweigern, reagierten die Soldaten vom Arbeitskreis prompt. Sie setzen sich über den »Maulkorberlaß« des Ministers hinweg und luden die Schriftsteller kurzerhand nach Bonn zum ersten »Hardtberg-Gespräch« ein. »Ich bewundere den Mut dieser Offiziere und Soldaten«, sagte Heinrich Böll nach der Veranstaltung.[6]

Helmuth Prieß lebt in Swisttal, einer kleinen Gemeinde in der Nähe von Köln. Als SPD-Mitglied ist er dort stellvertretender Bürgermeister. Natürlich, sagt er, ist er kein 68er. »Ich kenne keinen aktiven Soldaten, der der Studentenbewegung nahestand. Im Gegenteil: Wir haben eigentlich alle auf der anderen Seite gestanden.« Als wir uns über seinen Werdegang unterhalten, kommt er dennoch immer wieder auf die 60er Jahre zu sprechen. »Was mich mit den 68ern verbindet, ist, daß diese Jahre sehr dazu beigetragen haben, daß ich mich überhaupt mit Politik auseinanderzusetzen begann. Das war für mich eine Umbruchphase.«

Helmuth Prieß wurde 1939 in Hildesheim geboren. »Ich komme«, erzählt er, »aus einem sehr konservativen bis reaktionären Elternhaus. Mein Vater war Architekt, CDU-Stadtratsmitglied in Hildesheim, angesehener Bürger, aber erzkonservativ, ein Antisemit bis zu seinem Tode. Wir haben uns zum Teil fürchterlich gestritten. Zudem stamme ich aus einer richtigen ›Militär-Sippe‹, jedenfalls aus einer Familie, die mich sehr stark in dieser Richtung prägte. Weder in der Schule noch im Elternhaus bin ich zum kritischen Denken erzogen worden. Im Gegenteil. Nachdem ich eine ziemlich kaputte Schullaufbahn absolviert und eine kaufmännische Lehre abgeschlossen hatte, war es für das Erreichen eines für unsere Familie ›normalen sozialen Status‹ wichtig, endlich Leutnant zu sein, nach dem Motto: Wenn man schon kein Abitur hat, muß man wenigstens Leutnant sein.«

Mehr genötigt denn gewollt machte sich Helmuth Prieß 1960 an die Aufholjagd. Zunächst als Wehrdienstleistender für zwölf Monate einberufen, fand er sich im Bundeswehralltag, wie er sagt, schnell zurecht, »weil ich Droh- und Drucksysteme von zu Hause kannte«. Er verpflichtete sich für eineinhalb Jahre, verlängerte auf zwei, gab ein kurzes Zwischenspiel in einer Eisenwarenhandlung, arbeitete im Rheinstahl-Konzern, und als er nach einer Reserveübung seine Offiziersprüfung mit sehr gutem Ergebnis bestand, blieb er endgültig bei der Armee und wurde Leutnant. »Ich habe mich ungeheuer autoritär gegenüber Untergebenen verhalten, selbst gegenüber älteren kriegsgedienten Feldwebeln, und war stolz darauf. Damals zogen sich junge Leutnants gegenseitig daran hoch, wie rabiat sie mit Unteroffizieren und älteren Feldwebeln umgingen. Das hat mich, 21- oder 22jährig, natürlich darin bestärkt zu sagen: ›Helmuth, was bist du für ein Mordskerl.‹ Heute tut mir mein autoritäres Verhalten sehr leid.«

In der Tat ist seine Geschichte die eines erstaunlichen Wandels. »Ich bin etwa Mitte der 60er Jahre, als die ersten ›Zukkungen‹ der Studentenbewegung stattfanden, wacher geworden. Zwei Umstände haben das begünstigt. Der erste ist, daß ich durch die vielen Schläge mit dem Rohrstock, die ich bis zum 18. Lebensjahr bekommen habe, sensibel wurde gegenüber Prügel und Druck von oben und mich dagegen aufzulehnen lernte ... Und wenn man an die 68er denkt: Das war ja auch ein Aufbegehren gegen das Establishment. Insofern entsprach die Bewegung meiner eigenen Lebenserfahrung.«

Zweitens sei von der außerparlamentarischen Opposition der Studenten zwar nur wenig über die Kasernenmauern gedrungen, aber ganz habe sich die Atmosphäre des Umbruchs nicht aussperren lassen. Helmuth Prieß besuchte politische Bildungsseminare der Bundeswehr, lud als Personaloffizier Journalisten in die Kaserne ein, um mit ihnen über die Pressefreiheit zu diskutieren, erlebte die Auseinandersetzungen um die Notstandsgesetze mit. Sein schwarzweißes Weltbild vom »bösen Osten und guten Westen« bekam Risse. »Neben der Diskussion um Pressefreiheit haben mich gesellschaftlichen Grundfragen interessiert, die dahinter standen. Ich habe mir Bücher von Dutschke, Rabehl und Lefèvre gekauft und gelesen. Ich habe angefangen nachzudenken, aber noch nicht deutlich Position bezogen und aktiv politisch gehandelt.«

Persönliche Erlebnisse, Wiedersehen mit ehemaligen Bundeswehrkameraden, die jetzt zu den rebellierenden Studenten gehörten, kamen hinzu. »So eine Begegnung gab Vertrauen«, erinnert sich der Major, »und das waren Leute, die mir persönlich sehr sympathisch waren, auch die Art, wie sie ihre Meinungen vertreten haben, die Ehrlichkeit, der ernste Ansatz. Das spielt ja auch eine große Rolle, was für ein Mensch hinter einer bestimmten Position steht. Das kann einem den Weg über die Brücke, falls man den gehen muß, erleichtern oder erschweren.«

Er ging den Weg zunächst zaghaft. Damals sei er noch für die Notstandsgesetze gewesen. Besser ein gesetzlich geregelter Zustand als ein ungesetzlicher, den irgendwelche Leute mißbrauchen könnten, habe er sich damals gesagt. »Dabei ist das umgekehrte Problem, Gesetze mißbräuchlich zu benutzen, größer; heute habe ich meine Meinung revidiert.«

Auch beim Thema Vietnam lag der Offizier noch ganz auf der Linie der Regierungen Erhard und Kiesinger. »Den Vietnam-Krieg hielt ich für gerechtfertigt. Ich war 1965/66 Leutnant und habe in einer Panzerkompanie in Hildesheim politische Bildung organisieren müssen. Da habe ich noch vorgetragen, daß die Amerikaner zu Recht in Vietnam sind und die Ideale der freien westlichen Welt schützen. Daß das alles korrupte Systeme waren und es um wirtschaftliche Interessen ging, habe ich damals nicht begriffen.«

*Wann kam Ihnen zum erstenmal der Gedanke, daß das Engagement der Amerikaner in Vietnam falsch ist?«*

»Bei mir persönlich sind stärkere Bedenken erst nach Ende des Krieges aufgetaucht. Besonders als die Massaker von My Lai bekannt wurden, merkte ich, daß dies nicht nur ein von wirtschaftlichen Interessen bestimmter, sondern darüber hinaus ein überaus schmutziger Krieg war. Das war ein sehr starkes Signal für viele Menschen in der Bundesrepublik und für mich auch: Verdammt noch mal, was ist da eigentlich alles passiert? Auf was haben sich da amerikanische Menschen einlassen müssen, die man ins ferne Vietnam befohlen hatte.«

Heute schüttelt Helmuth Prieß darüber eher den Kopf. Damals sei sein Amerika-Bild noch sehr einseitig durch Kennedys Auftritt in Berlin geprägt gewesen, mittlerweile wisse er, daß Amerika zwei Gesichter habe. Dennoch, auch in seiner Erinnerung schwingt die Aufbruchstimmung mit, die an den Universitäten grassierte.

»Von der Aufbruchstimmung waren ja nicht nur die Studenten betroffen«, sagt er, »sondern zum Beispiel auch die Evangelische Kirche mit ihrer Denkschrift zur Ostpolitik. Die wurde auch in der Armee stark diskutiert, '66/'67 im lebenskundlichen Unterricht. Das war eine gesamtgesellschaftliche Aufbruchstimmung. Eine unwahrscheinlich hoffnungsvolle Stimmung für die, die ein bißchen an realen Utopien hingen, die sich mit Verfassungsnorm und Verfassungswirklichkeit auseinandersetzten. Das waren Worte, die in der Diskussion ständig fielen. Wir haben uns ein Stück auf den Weg gemacht. Auch mich hat das hoffnungsvoll gestimmt.«

Ärger mit seinen Dienstherren bekam Helmuth Prieß schon 1972. Damals hatte er gewagt, die Doktrin der Vorneverteidigung anzuzweifeln, hatte im Unterricht seinen Schülern gegenüber die Ansicht vertreten, man dürfe in einem atomaren Krieg nicht mehr ernsthaft erklären, die Republik verteidigen zu wollen, wenn gleichzeitig Hamburg durch eine Megatonnen-Explosion vernichtet werden würde. Auf dem Lehrplan stand: »Gehorsam und Gewissen«.

Die Quittung kam prompt. Helmuth Pricß wurde seines Postens als Inspektionschef an der Schule der Technischen Truppe in Bremen enthoben und nach Köln versetzt. Strafversetzt, wie der »Stern« kommentierte.

»Das ist ein besonders wichtiges Datum in meinem Leben«, sagt Helmut Prieß heute, »dieser dienstliche Konflikt hat mir sehr deutlich gemacht, auf welcher Seite ich eigentlich stehe. Von da an habe ich mich konsequenter verhalten als vorher.«

Über seine Rolle in der Bundeswehr, über die Möglichkeiten des »Arbeitskreises Darmstädter Signal« gibt sich Helmuth Prieß keinen großen Illusionen hin. »Einige jüngere Kameraden vom Arbeitskreis werden enttäuscht sein, wenn sie das hören. Man kann die konservative Armee kaum von innen her verändern. Der hierarchische Apparat ist zu groß, die kritische Minderheit ist zu klein. Man kann nur versuchen, einen ausreichend großen Handlungs- und Diskussionsraum für eine Minderheit zu schaffen, der vielleicht irgendwann einmal als selbstverständlich hingenommen wird, so daß man repressionsfrei auch kritische Meinungen vertreten kann. Ansonsten sehe ich nur Chancen, daß man über gesellschaftliche Entwicklungen, durch parlamentarische Kontrolle, durch engere Anbindung der Bundeswehr an gesellschaftliche zivile Institutionen etwas verändern kann. Die Bundeswehr hat eine starke Tendenz, sich bestimmten gesellschaftlichen Entwicklungen zu entziehen, so zum Beispiel bei der kontroversen Diskussion um Friedensfragen. Nach ›außen‹ wird hier und da Offenheit vorgespielt – eher plakativ, als Werbung. Aber tatsächlich findet innerhalb der Armee keine offene Auseinandersetzung statt. Vereinfacht gesagt: Die Armee verändert sich nicht von innen her, und sie schafft sich nicht von selbst ab. Mit dem Satz, daß jeder Soldat auf der Welt ein Soldat zuviel ist, habe ich natürlich auch dienstlichen Ärger bekommen. Aber der Satz bleibt richtig und vernünftig. Es gibt in Washington, in Moskau, in Köln, auch in Swisttal viel zu viele Soldaten. Die Frage ist, wie nah kann man einem solchen Ziel kommen?«

Das mag resignierter klingen, als er es vielleicht meint. Denn daß die Frage eher rhetorischen Charakter hat, weiß auch Helmuth Prieß, der heute beim Kölner Heeresamt arbeitet. Dort will er auch bleiben, obwohl man ihm wie 1200 weiteren Stabsoffizieren angeboten hat, nach 25jähriger Treue im Dienst mit dicker Pension in den Ruhestand zu gehen. »Aber«, sagt er, »ich werde den Teufel tun, mit Hilfe eines zutiefst unsozialen Pensionsgeschenkes den Konservativen die Freude zu machen, daß ein unbequemer und kritischer ›Staatsbürger in Uniform‹ die Armee verläßt.«

Der Weg dahin war weit, daran läßt der Major keinen Zweifel, auch wenn sich einfach anhört, was er, inzwischen ausgezeichnet mit dem Gustav-Heinemann-Bürgerpreis, so beschreibt: »Wenn man älter wird, wird man vielleicht ein Stück menschlicher. Und ich bin immer nachdenklicher geworden. Je mehr ich nachgedacht habe, desto mehr habe ich mein eigenes Verhalten hinterfragt, desto nachdenklicher haben mich gesellschaftliche Zustände gemacht, desto kritischer bin ich geworden. Da haben alle Diskussionsanstöße ihren Anteil, aber es gibt nicht einen, von dem man sagen kann, der hätte mich besonders geschubst. Die Zeit der Studentenbewegung hatte dabei vielleicht so eine Funktion wie ein Durchlauferhitzer ... Ich bin ein ganz gutes Beispiel dafür, wie sich ein Mensch im Laufe seines Lebens verändern kann. Das zu wissen ist wichtig, wenn man Politik macht. Das stimmt einen hoffnungsvoll. Ich halte es deshalb auch für wichtig, dem, der eine andere Meinung hat, eine Tür offenzuhalten, durch die er ohne Büßermiene gehen kann.«

»*Halten Sie es für möglich, daß so etwas wie der ›Arbeitskreis Darmstädter Signal‹ vor 20 Jahren hätte entstehen können?*«

»Nein, das wäre vor 20 Jahren nicht möglich gewesen, wenngleich man sagen kann, daß der Handlungsbedarf damals schon da war. Denn auf die Strategie, die den eigenen Selbstmord mit einplant, um vermeintlich glaubwürdig zu sein, haben wir uns schon Mitte der 60er Jahre eingelassen, und man hätte sich schon längst dagegen wehren müssen.«

## »Wir sind eine wachsende Kraft«

Ellis Huber – eine andere Geschichte. Die Geschichte eines Aufsteigers?

Vielleicht. Immerhin ist Ellis Huber mit 38 Jahren Präsident der Berliner Ärztekammer geworden, gewählt von 50 Prozent seiner Berliner Berufskollegen. Und wenn man hinzufügt, der erste linke Präsident, dann wirft er schnell ein: »Der erste linke und alternative.«[7]

Also gut. Immerhin verrät schon die Schlagfertigkeit, was einen Großteil seiner Wirkung ausmacht: Ellis Huber ist ein gewandter Redner. Wenn er in der Öffentlichkeit auftaucht, dann ist selbst sein Abgang vom Rednerpult »Teil einer Inszenierung«, wie die »Süddeutsche Zeitung« anläßlich eines Ärztetages schrieb.[8] Er ist so gewandt, daß man erstens jeden Satz in den Druck zu geben versucht ist und zweitens kaum

Gelegenheit findet, seinem Wortschwall mit Fragen entgegenzutreten. Als ich es versuche und ihn in seinem Büro im Berliner Haus der Ärztekammer ganz einfach frage, ob sein Arbeitstag sich nicht erheblich von dem eines Arztes unterscheidet antwortet er: »Naja, wir leben in einer arbeitsteiligen Gesellschaft, und ich bin überzeugt, daß die Frage der Kommunikations- und Beziehungsarbeit und die Frage Umsetzung politischer Interessen auch eine Frage spezifischer Befähigung, Kenntnisse und damit auch eine Spezialisierung darstellt.« Was soviel heißt wie: »Jeder nach seinem Können.«

Seine Karriere führte ihn allerdings nicht auf den herkömmlichen Stiegen der Medizinerhierarchie empor. Ellis Huber wuchs in einem Dorf im Südschwarzwald auf, als Kind einer Arbeiterfamilie. Um Abitur machen zu können, ging er nach Freiburg, in eine »doppelte K-Gruppe«, wie er das erzbischöfliche Studienheim St. Georg nennt. Damals stritten Rudi Dutschke und Ralf Dahrendorf wortreich auf dem Freiburger Marktplatz. Ellis Huber gründete mit anderen eine sozialistische Schülergruppe. Die Tiefe der Studentenbewegung habe er allerdings nicht erfaßt. »Ich war da«, sagt er, »keine politisch aktive Person.« Das änderte sich, als er während seines Medizinstudiums als Fachschaftssprecher mit Professoren aneinandergeriet. »Also«, antwortet er, als ich ihn nach seiner Nähe zu den Studentenverbänden der Revolte frage, »ich habe meine ›Kapital‹-Schulungskurse auch gemacht. Ich kannte das ideengeschichtliche Hintergrundmaterial.«

Als er 1977 nach Berlin kam, um dort seine Ausbildung zu beenden, war er dort zunächst ein Nobody. Das hatte auch Vorteile. »Das war sicherlich wichtig, daß ich hier auf der Berliner politischen Szene jemand war, der von den ganzen alten Grabenkämpfen der K-Gruppen keine Ahnung hatte. Ich war deswegen in der Lage, Leute, die sich fünf Jahre vorher auf der Straße noch verprügelt hatten, wieder an einen Tisch zu bringen. Wenn Sie wollen, ein zufälliger Umstand.«

Ein folgenreicher, wie sich später zeigen sollte. Denn 1980 stand auf dem reichhaltigen Kongreßplan Berlins der »Deutsche Ärztetag« an. Solche Kongresse kennt man. Unter der

Schirmherrschaft des Politikers X werden kluge Referate gehalten, »Damenprogramme« durchgezogen, ein »gesellschaftliches Ereignis« halt. Ellis Huber arbeitete zu der Zeit in einem alternativen Gesundheitsladen. »Ich hatte damals, gegen die Position der meisten Linken und Alternativen, gesagt, es ist die Zeit vorbei, wo wir demonstrieren. Wir sind in der Lage, mit einer eigenständigen Veranstaltung deutlich zu machen, daß es innerhalb der deutschen Ärzteschaft noch eine andersdenkende Gruppe gibt. So kam es zum ersten Nationalen Gesundheitstag, der parallel zum Ärztetag stattfand und zu dem, begeistert von der Idee und dem Symbol ›Wir machen einen Gesundheitstag statt eines Ärztetages‹, 10000 Besucher nach Berlin geströmt sind. Ich habe 1979 in einem Zeitungsinterview gesagt, es entsteht und wächst in der Bundesrepublik eine Gesundheitsbewegung als Teil dieser sozialen, der ökologischen und der Frauenbewegung.«

Wohl wahr, denn Ellis Hubers Marsch an die Spitze der Berliner Ärzteschaft, der – von der Alternativen Liste unterstützt – über die Posten des Gesundheitsdezernenten in Wilmersdorf und Kreuzberg führte, steht für einen Trend in der bundesdeutschen Medizinerszene. Oppositionelle Medizinergruppen, die unter Namen wie »Demokratische Ärzte« oder »Fraktion Gesundheit« firmieren, sind in den vergangenen Jahren in fast allen Ländern in die Ärztekammern, in ärztliche Kreis- und Bezirksverbände eingezogen. Die Gründe dafür sind mannigfaltig. Zum einen die Krisenerscheinungen der herkömmlichen Medizin, die als Schlagworte wie »Kostenexplosion«, »Glaubwürdigkeitskrise«, »Ärzteschwemme« durch die Medien geistern. All dies komme, so Ellis Huber, in Berlin mit seinen vielen Ein-Personen-Haushalten, dem hohen Rentneranteil in der Bevölkerung, den vielen Sozialhilfe-Empfängern, der Belastung durch die »urbane Lebenswelt« besonders zum Vorschein. Der Ärztekammerpräsident: »Wenn Sie sich den gesamtpolitischen Raum ansehen, dann kommt es sicherlich nicht von ungefähr, daß eine ökologisch orientierte Mehrheit der Berliner Ärzteschaft stabil, klar und eindeutig diesen als Sensation empfundenen Wechsel herbeigeführt hat.«

Die Vokabel »gesamtpolitisch« verrät viel über Ellis Hubers Verständnis von seinem Amt und der Medizin, der er zu mehr Geltung verhelfen will. Zuständig für die Einhaltung der Berufsordnung, für Weiterbildung und Rentenversorgung von Ärzten, legt er das Hauptgewicht seines Amtes auf die »Wirkung im öffentlichen Raum über öffentliche Verlautbarungen, Stellungnahmen, über das Einmischen der Ärztekammer in den politischen Diskurs.«

»Was Belange der Ärzteschaft sind, regelt die Bundesärzteordnung in § 1: ›Der Arzt dient der Gesundheit des einzelnen Menschen und der gesamten Bevölkerung.‹ Den Dienst an der Gesundheit für die gesamte Bevölkerung kann eine Ärztekammer nur dann erbringen, wenn sie auch bereit ist, sich in die politischen Belange einzumischen, wenn die Gesundheit bedroht wird. Fragen der Umweltverschmutzung, Fragen der Wohnqualität, Fragen des Sterbens, des Verunglückens im Verkehr, Fragen der sozialen Kultur, die Geborgenheit oder Ausgrenzung vermittelt. All das sind Dinge, die die Gesundheit, nicht nur von einzelnen, sondern von ganzen Gruppen, wesentlich beeinflussen. Wir sehen einen Auftrag, der hier von der Gesellschaft nicht nur an den einzelnen Arzt, sondern an die Ärzteschaft gegeben wird, dafür Sorge zu tragen, daß die sozialen und gesellschaftlichen Verhältnisse sich möglichst gesundheitsgerecht entwickeln. Das unterscheidet uns als junge gesundheitspolitische Kraft natürlich grundlegend von unseren Vorgängern, die bisher diesen ärztlichen Auftrag immer nur als individuelle Problemlösung gesehen haben und den unserer Meinung nach genauso wichtigen gesellschaftspolitischen Verantwortungs-Bestandteil sträflich vernachlässigt haben.«

»*Das, was an Ihrer Amtswahrnehmung alternativ ist, bezieht sich vor allem auf diesen Sektor, den Sie ›Wirkung im politischen Raum‹ nennen?*«

»Richtig. Natürlich sehen wir, daß die medizinische Ideologie, das, was eine Hochschulmedizin mit ihren Abhängigkeiten von Pharmaindustrie und medizinisch-industriellem Komplex bietet und vermittelt, weder zeitgemäß noch problemgerecht ist. Wir sind verpflichtet, im Weiterbildungssystem neue Inhalte einzuführen, die sozialmedizinische und psychosomatische Aspekte ebenso berücksichtigen wie soziokulturelle. Wir sind auch verpflichtet, den Arzt als gesellschaftspolitisch verantwortliche Persönlichkeit zu bilden, und nicht nur den medizinischen Technokraten.«

*»Wie sieht das konkret aus: den Arzt so auszubilden, daß er zu gesellschaftspolitischen Themen Stellung beziehen kann?«*

»Der moderne Arzt ist sich selbst gegenüber geprägt von einer sehr bescheidenen Einstellung. Er ist in der Lage, zu den Möglichkeiten und Grenzen dessen, was er kann und was seine Wissenschaft ihm an die Hand gibt, auch zu stehen und dies öffentlich deutlich zu machen. Er ist zum Beispiel in der Lage zu sagen: ›Ich kann nicht mehr helfen, es wird zum Tode führen.‹ Ärzte müssen bereit sein, in einem Verhältnis zum Patienten mehr partnerschaftliche und gleichberechtigte Aspekte zuzulassen, als es bisher der Fall ist. Dies erfordert eine Person, die hochkompetent, was ihr Wissen und ihre Fähigkeiten angeht, Problemen begegnet, die aber gleichzeitig bescheiden und zurückhaltend ist, was ihre Machtausübung betrifft. Das ist kein neues, sondern ein ehrliches und klares Arzt-Patient-Verhältnis.«

*»Klingt sehr schön. Aber was können Sie dafür tun, das voranzutreiben? Für mich hört sich das ein bißchen nach ›Überarzt‹ an.«*

»Nein, das ist einfach ein Arzt, der auch zu seiner subjektiven Befindlichkeit steht und der es auch zulassen kann, daß er mit manchen Patienten schlicht nicht kann. Es ist ein Menschenbild, was sehr freiheitlich ist, gleichzeitig durchaus moralistische Konzepte vertritt und sich abkehrt von allen dogmatischen Vereinheitlichungsbestrebungen. Die Probleme der Menschen sind vielfältig. Die Art und Weise, wie Menschen damit umgehen können oder nicht umgehen können, ist vielfältig. Es gibt da kein einheitliches Rezept, es gibt auch viele Arten der Gesundheit und viele Wege zur Gesundheit. Und Ärzte sind letztlich nicht in der Lage zu definieren, was für Menschen Gesundheit bedeutet. Die der Ärzteschaft gegebene Definitionsmacht – wo ist die Grenze zwischen gesund und krank? – wird von uns in Frage gestellt.«

»*Wenn Sie sagen ›von uns‹, wer ist damit gemeint?*«

»Meine politische Gruppe, die ›Fraktion Gesundheit‹, die Mehrheit der Berliner Ärzteschaft. Und das ist natürlich ein Prozeß, der identisch ist mit einer umfassenden kulturellen Bewegung. Wir vertreten sicherlich eine kommende, aufstrebende Ärztegeneration und laufen nicht Gefahr, von der alten Generation in den nächsten Jahren abgelöst zu werden. Aber zurück zur Definitionsmacht. Das ist für Ärzte auch eine Entlastung und Erleichterung. Es ist also keine hehre Mitmenschlichkeit, sondern durchaus ein egozentrisches Verhalten, wo wir wieder auf uns selbst gucken als Ärzte und sagen, wir sind nicht in der Lage und auch nicht bereit, alle Allmachtsphantasien, die manche Patienten dem Arzt gegenüber mitbringen ...«

»*... die auch mancher Arzt beruflich mitbringt?*«

»... Ja. ... zu erfüllen. Wir können das nicht. Es macht nur uns selbst krank. Die Ärzte sind übrigens die kränkste Bevölkerungsgruppe, die wir haben. Und das muß ja auch einmal zum Nachdenken führen, daß die Gruppe, die den Auftrag hat, zu sagen, was der Gesundheit nutzt, sich selbst so schlecht helfen kann. Ich kann das nicht mit ideologischen Sprüchen verbrämen, sondern hier kommt bei den Ärzten eindeutige und klare Not zum Vorschein, worauf wir neue Antworten suchen.«

Die suchen Ellis Huber und seine Kolleginnen und Kollegen auf vielfältige Weise. Ein wahres Füllhorn von unkonventionellen Ideen schüttet der rege Standespolitiker aus, wenn man ihn bittet, darüber laut nachzudenken. Medizinische Selbsthilfe-Programme, »gruppenbezogenes Spazierengehen statt durchblutungsfördernde Chemie«, »Selbstbehauptungstraining statt Valium« sind so einige der Begriffe aus seiner Ideenküche. Vielleicht solle sogar – ähnlich wie der blaue »Umweltengel« – eine »grüne Gabel« all jenen Produkten verliehen werden, die besonders gesund sind.

»Wir meinen, daß die Kooperation der Berliner Ärztekammer mit einem Lebensmittelkonzern immer noch besser ist, als die Kooperation einer herkömmlichen Ärztekammer mit einem pharmazeutischen Unternehmen.«

Wenn man ihn darüber reden hört, verlieren diese Ideen ein wenig den Ruch des »Spinnerten«, was sicherlich daran liegen dürfte, daß Ellis Huber sie so überzeugt und überzeugend vorzutragen in der Lage ist. An mangelndem Selbstbewußtsein leidet er jedenfalls nicht.

»Das sind Vorschläge, Verhandlungen, Ziele«, sagt er. »In Ansätzen ist zu spüren, daß einiges in Bewegung gerät. Es liegt nicht an uns, daß andere verantwortliche Institutionen der Stadt in dieser Gesellschaft noch nicht die Flexibilität aufbringen, die die Ärztekammer bereits hat.«

Ellis Huber arbeitet neben seiner Präsidentschaft im Ärzteverband noch beim Deutschen Paritätischen Wohlfahrtsverband. »Es ist«, sagt er, »eine Organisations- und Vernetzungstätigkeit, ich bin befaßt mit der Entwicklung innovativer Dienste. Ich sitze ganz bewußt auf dieser Stelle, weil ich überzeugt bin, daß die Gesundheitsprobleme von heute und erst recht von morgen gelöst werden können, wenn es gelingt, die bestehende medizinische Versorgung und die bestehende soziale Versorgung zu integrieren. Diese Verknüpfung von zwei Berufen gibt mir die Möglichkeit, im Alltag einiges durchzusetzen, was ich theoretisch ausgedrückt habe.«

*»Plagt Sie nicht die Sorge, von der ›Basis‹ abgehoben zu arbeiten?«*

»Nein, ich werde immer noch täglich mit Krankheitsfällen konfrontiert, die Sorge, den Kontakt zu menschlichen Nöten zu verlieren, habe ich nicht. Es macht natürlich auch eine Menge Freude, Präsident zu spielen, und es ist durchaus verführerisch, mit manchen Insignien dieser Position, mit der Ehrerbietung durch die Presse oder durch den Fahrdienst des Deutschen Bundestages, ein Gefühl zu entwickeln, man sei etwas ganz Besonderes und etwas mehr als der Rest der Ärzteschaft. Ich würde auch nie behaupten, daß ich gegen diese Verführung absolut gefeit bin.«

Aber da sind ja noch die Kolleginnen und Kollegen, die ihn wieder auf den Teppich holen, falls er mal wieder abhebt, was ihm, wie er zugibt, schnell passieren kann. »Das ist ein gutes Verhältnis von Kontrolle, Vordenken, sich zurücknehmen. Im Augenblick geht das ganz gut.«

Daß die Ärztekammer kein Machtfaktor ist, »bei dem eine grundlegende Änderung gleichzeitig eine grundlegende Veränderung in der Stadt oder in der Gesellschaft zu Folge hat«, ist auch Ellis Huber klar. Ein Arztkollege, der Geschäftsführer des Vereins »Demokratische Ärzte«, umschrieb die Rolle der oppositionellen Medizinergruppen folgerichtig als »Pfahl im Fleische der Standespolitiker«.

Der Pfahl sitzt tief, die Irritation geht so weit, daß der Vorsitzende des CSU-Arbeitskreises Gesundheitspolitik sich dazu hinreißen ließ, die neuen Kräfte in der medizinischen Standespolitik kurzerhand ins Umfeld terroristischer Randgruppen zu rücken.[9] Ellis Huber ficht das wenig an. »Es hat durchaus Symbolcharakter«, sagt er, »daß der nächste in Berlin stattfindende Ärztetag 1989 von mir eröffnet werden wird.«

## Spuren der Veränderung?

Eine Frau, die vom SDS zur Kinderladen- und Frauenbewegung findet und über die Grüne Partei schließlich im Bundestag landet; ein Bundeswehrmajor, der jeden Soldaten auf dieser Welt für einen zuviel hält und eine soldatische Friedensinitiative mit ins Leben ruft; ein Arzt, der sich selbst als Teil der linken und alternativen Szene begreift und zum Präsidenten der Ärztekammer in Berlin gewählt wird: Spuren der Veränderung?

Die Genannten haben nicht viel gemeinsam. Und doch heben sich die späten 60er Jahre in ihrer Erinnerung deutlich ab von der Zeit davor und danach. Sie alle sind keine Aushängeschilder der Studentenbewegung, ihre Namen tauchen in den entsprechenden Kapiteln der Geschichtsbücher nicht auf. Im Gegenteil, Helmuth Prieß sagt deutlich genug, er habe damals auf der »anderen Seite« gestanden. Aber auch seine Geschichte zeugt davon, daß das Aufbegehren der Studenten Anstöße gab, deren Folgen bis heute spürbar sind – mögen die Fernwirkungen im Einzelfall auch eher wie Rinnsale aussehen.

»Die Aufweichung der etablierten Apparate« – diese Vorstellung ist nicht Rudi Dutschkes ureigenste Erfindung. Die Hoffnung darauf bestand bei vielen. Selbst wenn man den Begriff »Institution« sehr eng faßt, sind Aufweichungserscheinungen zu bemerken.

Zum Beispiel bei der Polizei.

Bonn, im März 1987. Polizistinnen und Polizisten aus dem ganzen Bundesgebiet treffen sich zu einer Arbeitstagung. Sie nennen sich »Bundesarbeitsgemeinschaft kritischer Polizistinnen und Polizisten« und beraten drei Tage lang über die Möglichkeiten, die innere Struktur des Polizeiapparates zu verändern. Daß dazu Anlaß besteht, liegt für sie außerhalb jeden Zweifels. Vor allem den Kolleginnen und Kollegen aus Hamburg sind die Bilder noch gegenwärtig, die mit dem Begriff »Hamburger Kessel« eher beschönigt werden.

Am Ende ihrer Tagung verabschieden die etwa 40 Beamtinnen und Beamten ein Papier, in dem sie den autoritären Führungsstil bei der Polizei beklagen, mangelndes Mitspracherecht bei der Gestaltung des Dienstunterrichts konstatieren, rigide Dienstwegregelungen, die bei Mißachtung disziplinarisch geahndet werden und jede Diskussion im Keim ersticken lassen. Kurz: Sie beklagen das mangelnde demokratische Selbstverständnis der Polizei. Und ihre Kritik geht weiter. Sie fordern die verantwortlichen Politiker, Gewerkschaften und Polizeiführungen auf, die Rolle der Polizei zu überdenken und hergebrachte Feindbilder abzubauen. Zur Volkszählung, gegen die sich in jenen Monaten ein enges Netz von Boykott-Initiativen formiert hat, sagen sie: »Aus unserer Sicht ist die Volkszählung überflüssig und bedenklich, sie sollte nicht durchgeführt werden.«[10] Klare Worte.

Michael Horn, Kriminalpolizist in Hamburg und Mitglied der Bundesarbeitsgemeinschaft, stand 1968 als junger Polizist auf der anderen Seite der Barrikaden, erlebte die Prügeleien, las aber auch die Flugblätter, Zeitungen und Schriften, die bei den Studenten kursierten, und wohnte in einer Wohngemeinschaft. »Ich würde mich vielleicht auch auf dem Marsch sehen«, sagt er, »weil ich Änderungswünsche innerhalb der Polizei, innerhalb der Gesellschaft habe.« Auch wenn die Initiative der Polizistinnen und Polizisten von der

Studentenbewegung nicht beeinflußt worden sei, immerhin lägen ja 20 Jahre dazwischen, sei er doch davon angestoßen worden. »Ohne diesen starken Protest hätte ich auch nichts wahrgenommen ... Ich habe da bestimmt viele Dinge übernommen, oder es hat mich vieles gepackt, gereizt.«[11]

Zum Beispiel in der Justiz. Nicht nur die Richter-Blockade in Mutlangen zeigt, wie das bis vor zwei Jahrzehnten gepflegte Selbstbild einer monolithischen, politisch neutralen Gerichtsbarkeit zerbröckelt. Dazu eine Beobachtung: Als im März 1987 die »Neue Richtervereinigung« (über die schon im ersten Kapitel berichtet wurde) gegründet wurde, waren vier oder fünf Vorstandsmitglieder im Alter zwischen 41 und 42 Jahren, gehören also – rein rechnerisch – der Generation derjenigen an, die 1968 die Universitäten bevölkerten. Die »Neue Richtervereinigung« ist nicht die erste Organisation, in der kritische Rechtsauffassungen gebündelt werden sollen. Es ist nicht einmal klar, wie lange der neue Verband bestehen und was für Erfolge seine Arbeit zeitigen wird. Dorothea Schiefer, Richterin am Oberverwaltungsgericht in Münster und 1968 als Studentin in Frankfurt eher Mitläuferin, wie sie zugibt, stellt selbst fest, daß man sich sehr anstrengen müßte, wollte man die Gründung der Richtervereinigung oder des Richterratschlags als späten Triumph der Studentenbewegung ausgeben. Dahinter stünden eigene Entwicklungen, vorrangig das »Bedürfnis, aus den Erfahrungen des Dritten Reiches zu lernen«. »Aber«, sagt sie, »zu meiner Überraschung stelle ich immer wieder fest, wie viele Ältere dabei sind. Und das ist die 68er-Generation, das läßt sich gar nicht leugnen, das ist augenscheinlich.«[12]

Doch auch wenn sich diese personelle Kontinuität nicht nachweisen läßt – bei den kritischen Polizistinnen und Polizisten ist es nahezu unmöglich –, verraten die in diesem Kapitel vorgestellten Menschen und ihre Geschichten mehr von den Fernwirkungen der Studentenbewegung, als vielleicht auf den ersten Blick zu erkennen ist. Zum einen zeigen sie, wie widersprüchlich, gebrochen und nur vom Standpunkt des einzelnen zu bewerten diese Fernwirkungen sind. Aber: Sie geben auch ein Beispiel dafür ab, daß die »Aufweichung der etablierten Apparate« noch im Gange ist. Auch wenn kaum jemand der von mir Befragten den »Marsch durch die Institutionen« als Strategie für sich beansprucht, haben sich die Institutionen verändert und verändern sich weiter. Von den Folgen der Studentenbewegung auf das ganze Spektrum außerparlamentarischer Bewegungen, Bürgerinitiativen usw. noch gar nicht zu sprechen.

Diesem Bewußtseinswandel nachzuspüren – was hier nur punktuell geschehen kann – ist ein mühsames Unterfangen. Doch selbst Demoskopen haben ihn registriert. Denn es gibt Zahlen, gesammelt ausgerechnet vom »Allensbacher Institut für Meinungsforschung«.

# VI. Das Dilemma der Angekommenen

## Die »verletzte Nation«?

»Die deutsche Bevölkerung hat das Mißtrauen gegenüber jeglicher Form von Autorität verinnerlicht. Abweichend von den europäischen Nachbarn, abweichend besonders von den Vereinigten Staaten hat Autorität für die deutsche Bevölkerung die Aura des Unbekömmlichen, des Verdächtigen. Eine Stärkung von Autorität gilt 84 Prozent der amerikanischen, 61 Prozent der europäischen Bevölkerung als wünschenswertes Ziel, aber nur 44 Prozent der Deutschen.«[1]

Das schreibt, im Jahre 19 nach der antiautoritären Revolte, Renate Köcher, die zusammen mit ihrer Kollegin Elisabeth Noelle-Neumann vom Allensbacher Institut für Meinungsforschung versucht, den Deutschen demoskopisch zu Leibe zu rücken. Was die beiden Meinungsforscherinnen zutage fördern, klingt erschreckend. Die Deutschen hätten ein kompliziertes Verhältnis zu Autoritäten, eine gebrochene und widersprüchliche Einstellung über den Wert sozialer Normen im Verhältnis zu individuellen Freiräumen. Es kommt noch schlimmer: Den Deutschen drohe das rechte Gefühl für die Freiheit abhandenzukommen. Denn, und da beruft sich Renate Köcher auf niemand Geringeren als Carl Friedrich von Weizsäcker, »die Befolgung fester Normen konstituiert ebenfalls Freiheit«, nämlich die »Freiheit von eigenen Trieben und Wünschen«.[2] Die düstere Überschrift der Allensbacher Studie: Die verletzte Nation.

Daß eine Nation, die zwei Weltkriege angezettelt, Millionen Menschen zu Untermenschen erklärt und danach systematisch ausgerottet hat, die danach nichts gesehen und gewußt haben will, sowohl verletzt gewesen als auch Verletzungen davongetragen haben muß, dürfte nicht weiter erstaunen. Überraschen mag eher, daß ausgerechnet das »Mißtrauen gegenüber jeglicher Form von Autorität«, noch dazu »verinnerlicht« und somit guten Argumenten gegenüber verschlossen, das Krankheitsbild abrundet. Wäre dieses Mißtrauen nicht eher ein Grund zum Aufatmen?

Die Allensbacher Studie beschäftigt sich nicht mit etwaigen Fernwirkungen der Studentenbewegung, wie das obenstehende Zitat vielleicht suggeriert. Im Gegenteil, merkwürdigerweise werden die Jahre der Studentenbewegung und ihre möglichen Folgen ausgelassen. Im letzten Kapitel ihres Buches, das Elisabeth Noelle-Neumann mit »Rückblende« überschreibt, finden sich zwar, als feuilletonistische Bonbons eingestreut zwischen all den Zahlen und Tabellen, Geschichten aus der Kriegs- und Nachkriegszeit, auch eine aus dem Jahr 1985. Dazwischen aber herrscht Tabula rasa.

Das mag unbewußt geschehen sein, wirft aber die Frage auf, ob man es bei den 60er Jahren und den Resultaten der Studentenbewegung mit einer Black-box zu tun hat, bei der nicht einmal die Ergebnisse mit dem demoskopischen Sezierbesteck freigelegt werden können. Oder andersherum gefragt – und entgegen Helmut Gollwitzer, der nicht vom »Scheitern« der Studentenrevolte sprechen will, denn das besage von einem Phänomen, daß man es wegdenken könnte: Kann man die Symptome, die auch Renate Köcher und Elisabeth Noelle-Neumann bemerken und kurzerhand in pathologische »Verletzung« ummünzen, nicht auch ohne die antiautoritäre Revolte erklären? Vielleicht, die Allensbacher jedenfalls geben damit den Blick frei auf ein Dilemma, das sich durch die Rezensionsgeschichte der Studentenbewegung fortschleppt: die Nicht-Beachtung.

Es dürfte für viele gerade der prominenteren 68er das kleinere Übel sein. Als ich Kurt D. Wolff, Frankfurter Ex-SDSler, ehemals Bundesvorsitzender des Studentenverbandes und heute Verleger, um ein Interview bitte, handele ich mir eine Abfuhr ein. Er käme ja zu nichts mehr, wenn er jedem Interviewwunsch nachkommen müßte. Bei Frank Wolff, der mit seinem Bruder zusammen den Bundesvorstand bildete, ergeht es mir nicht anders. Nein, sagt er am Telefon, er hat keine Lust, immer wieder die alten Geschichten aufzuwärmen.

Um Dilemmata (griechisch *di* – zweifach + *lemma* – Annahme; Zwangslage zwischen zwei Übeln; Schwierigkeit) geht es in diesem Kapitel. Sie sind aufgetaucht während der Interviews und klangen in den vorherigen Kapiteln bisweilen durch. An dieser Stelle sollen sie für sich thematisiert werden. Es handelt sich dabei um Schwierigkeiten, die sich »68ern« beim Rückblick auf die vergangenen 20 Jahre stellen mögen, aber auch um Brüche, Ungereimtheiten, die nach wie vor ein einheitliches Bild der Studentenrevolte und ihrer Folgen zu zeichnen verbieten. Nicht alles, was im folgenden aufgezeigt wird, stellt sich für jeden meiner Gesprächspartner als Problem dar. Es kann deswegen nicht das Ziel sein, hier Urteile fällen zu wollen. Vielmehr sollen einige, nicht alle, Spannungsfelder abgesteckt werden, die sich bei der persönlichen Erinnerung an die APO-Revolte wie bei der historischen Bewertung auftun.

Denn es gab die 68er-Revolte, Elisabeth Noelle-Neumann zum Trotz, nun einmal. Das Nachdenken darüber, ob Deutschland heute genauso aussähe, wenn es die APO nicht gegeben hätte, führt ins Spekulative. Um weiterfragen zu können, wird man sich also an die andere Arbeitshypothese halten müssen, nämlich daß die Studentenbewegung zumindest ein tiefgreifender Einschnitt in der Geschichte der Bundesrepublik gewesen sei. »Hat man nicht schon oft gesagt, die Deutschen fallen von einem Extrem ins andere?« fragt Elisabeth Noelle-Neumann in ihrer Studie über den Charakter der Deutschen. Man muß in ihr Erschrecken über den von ihr konstatierten Hang der Deutschen zum Defätismus, wenn es darum geht, den Wert von solchen Gefühlen wie »Stolz« und »Nationalgefühl« zu beurteilen, ebensowenig einstimmen wie man ihr beipflichten muß, daß ohne diese Gefühle niemand so recht glücklich wird. Aber immerhin, so wenig sie die Zeit der späten 60er Jahre bei ihrer Erklärung für das Übel zitiert, das die Deutschen befallen habe, so pflügt doch auch sie das Terrain der Bilanz weiter auf.

Man kann streiten über den Wert von Versuchen, die Innendimensionen einer Volksseele demoskopisch zu vivisezieren, und es mit Helmut Gollwitzer halten, der von statistisch schwer faßbaren Nachwirkungen der Studentenrevolte auf die Atmosphäre spricht. Die Atmosphäre ist groß, was zumindest erklären würde, warum sich viele 68er bei ihren Betrachtungen über jene Spätfolgen im Ungefähren verlieren: Das politische Klima habe sich verändert; die Leute redeten heute anders; der Politik-Begriff sei »sozialwissenschaftlich durchdrungen«; die Frauen hätten dazugewonnen.

Kaum jemand wird das bezweifeln, und doch offenbart sich an solchen Aussagen bereits ein weiteres Dilemma. Denn für jede Wahrnehmung, die solchen Erkenntnissen zugrunde liegt, gäbe es mehr als genug Gegenbeispiele. Auch heute ist die Unterdrückung und Benachteiligung von Frauen die Regel, nicht die Ausnahme. Alice Schwarzer, Herausgeberin der feministischen Zeitschrift »Emma«, könnte ein Lied davon singen. Leider fand sie für ein Interview keine Zeit. Die Anti-Porno-Kampagne und ein Verkaufsboykott gegen die Zeitschrift vereitelten alle Termine. Auch heute kann ein Bundeskanzler nahezu ungestraft Michail Gorbatschow mit Joseph Goebbels vergleichen und sich gewiß sein, auch noch heimlichen Beifall zu erheischen; das »politische Klima« läßt all dies zu. Man kann diese Gegenrechnung um viele Posten erweitern. Sie den 68er vorzuhalten hieße, sie samt und sonders für die heutigen Mißstände verantwortlich zu erklären – natürlich ein infames Rechenexempel. Dennoch, dieses Dilemma bleibt, denn die Aufrechnung ist zwar unsinnig, aber bequem und alleine deswegen schnell zur Hand. Jüngstes Beispiel dafür ist die Diskussion um AIDS, wo nachträglich der janusköpfige Charakter der »sexuellen Befreiung« angeprangert wird, als sei diese an sich mitverantwortlich für die Viruserkrankung.

Das Dilemma setzt sich in seinem logischen Gegenstück fort. Denn Beispiele zu suchen für die Wetterwende hieße, diese Erscheinungen auch zu beschlagnahmen, sie sozusagen als posthumen Erfolg der APO-Zeit darzustellen. Sicherlich, man kann alles, was heute im bunten, grünen, frauenbewegten, linken, alternativen, autonomen Spektrum kreucht und fleucht, auch als von der Studentenbewegung beeinflußt ansehen – irgendwie, irgendwo, wenn man nur will und lange genug die Spuren zurückverfolgt. Personelle und zeitliche Zusammenhänge bestehen durchaus.

Aber so einfach macht es sich von den von mir Interviewten niemand, und wenn der Bogen doch geschlagen wird, dann nur sehr vorsichtig. Etwa als ich mit Jürgen Treulieb über die Anti-AKW-Bewegung in Wyhl spreche. »Ich glaube«, sagt er, »daß der Lernprozeß, den Bürgerinitiativen in einem gesellschaftlichen Konflikt mit den vorhandenen Institutionen machen, viel entscheidender ist, als daß sie sagen: ›In Berlin haben sich die Studenten zur Wehr gesetzt, und das müssen wir auch.‹ Viel entscheidender ist der Lernprozeß, daß man sich zunächst in dem naiven Glauben, man lebe in einer Demokratie, zusammenschließt, eine Petition an die Obrigkeit weiterleitet und die Erfahrung macht, daß sich die Obrigkeit nicht beeindrucken läßt. Die Erfahrungen von Bürgerinitiativen mit diesen Politikern und diesen Institutionen radikalisierten sie und bringen sie in eine ähnliche Situation. Da liegen die Parallelen.«

Überhaupt Wyhl. Als im Februar 1975 28000 Menschen den von der Landesregierung Baden-Württembergs zum AKW-Standort auserkorenen Bauplatz am Rhein besetzten und besetzt hielten, scheint damit fast so etwas wie ein Trauma der Studentenbewegten begonnen zu haben. Denn es waren Bauern, Winzer, Fischer aus Wyhl, Weisweil und den Nachbardörfern, Menschen, die um ihre Heimat fürchteten und deswegen gegen die von Ministerpräsident Filbinger als »wichtigen Beitrag für die Zukunft«[3] bezeichnete Segnung demonstrierten. Viel sieht man heute nicht mehr von den Kämpfen zwischen Polizei und Atomkraft-Gegnern. Die Nebenarme des Rheins fließen weiter träge durch den Wyhler Forst, einzig eine Klimastation der vermeintlichen Kernkraftwerksbetreiber erinnert an das Bauvorhaben.

Aber man braucht sich nur in Wyhl in die Kneipe zu setzen und zu fragen. Man wird an den Apotheker verwiesen, der schickt einen weiter zu seinem Bruder, dem Bäcker Bernd Nössler, der nun auch noch Bücher über Wyhl und den Widerstand gegen das Atomkraftwerk herausgibt, man besucht vielleicht noch Loore Haag in Weisweil, die in ihrer Dachstube alles hortet, was mit dem Widerstand zu tun hat. Und plötzlich ist man mittendrin in der erstaunlichen Geschichte einer außerparlamentarischen Oppositionsbewegung, die mit der Studentenbewegung wenig gemein zu haben scheint und noch lange nicht zu Ende ist. Studenten kommen darin auch vor, selbst ehemalige SDS-Mitglieder wie der Liedermacher, Schriftsteller und Journalist Walter Moßmann, der heute allerdings viel eher mit Wyhl und dem Beginn der ökologischen Bewegung in Verbindung gebracht wird und meint: »Jede Gruppe, die auf ihrer Parteipolitik besteht, hat den alternativen Charakter dieser politischen Selbstorganisation nicht begriffen und zertritt Keime, die mehr wert sind als die tollsten KPD-Parteitags-Shows in Offenbach und anderswo.«[4] Klassenanalysen und Rätemodelle der APO tauchen tatsächlich praktisch nirgends auf, die Menschen vor Ort berufen sich auf ihre eigene Vergangenheit, in der sie, einfach und ergreifend zugleich, schon mehrfach vor den Trümmern ihrer Heimat standen, weil irgendein Krieg über das Dreyeckland am Kaiserstuhl hinweggefegt ist. Wyhl ist längst zu einem Symbol geworden für den Widerstand gegen derlei technische Großvorhaben, wie sie in Brokdorf, Gorleben, Grohnde, Wackersdorf und und und durchgesetzt wurden oder werden sollen. Aber ist Wyhl auch Teil einer Lawine, die die Studentenbewegung losgetreten hat?

Einiges spricht dafür. Zum einen, weil es erst seit der Studentenrevolte in der Bundesrepublik und parallel zu den K-Gruppen eine ganze Flut solcher auf jeweils ein Ziel sich konzentrierender Bürgerbewegungen gibt, obwohl auch vorher viel zu bemängeln und bekämpfen gewesen wäre. Zum anderen, Jürgen Treulieb wies bereits darauf hin, weil die Entwicklung solcher Protestbewegungen immer wieder erstaunliche Ähnlichkeiten mit der Entwicklung der Studentenbewegung aufweist.

Dagegen zu argumentieren ist schwierig und unpopulär. Man wird nicht behaupten können, daß all dies auch ohne die Studentenbewegung möglich gewesen wäre, schließlich führt das zurück zu der schlichten Weisheit: Es gab die Studentenbewegung nun einmal. Auch das Argument zieht nicht so richtig, der ähnliche Verlauf solcher Protestbewegungen, der, in anderen Fällen als in Wyhl, sogar bis zum kurzfristigen Scheitern und Zerfall, erstaunliche Parallelen zur APO aufweist, zeige, daß sich das Verhältnis von Protest und der Reaktion darauf in diesem Land kaum geändert habe. Denn was erwartet man von dem Aufstand einiger zehntausend Studenten? Daß sie die Mechanismen von Macht und Gegenmacht binnen weniger Jahre grundsätzlich umkrempeln?

Um dennoch der gängigen Meinung vorzubauen, alles, was sich seit den 70er Jahren in deutschen Landen regt, sei Ausfluß der Studentenrevolte, seien einige Gegenargumente hier genannt. Zunächst: Parallelen im Verlauf beweisen noch lange nicht die Abhängigkeit verschiedener Protestbewegungen voneinander. Und: Ist eine Abhängigkeit anders als durch Personen, die aus der Studentenbewegung kommen und sich in neuen sozialen Bewegungen engagieren, was am Anfang der Wyhler Bewegung schwerlich nachzuweisen ist, gegeben, so bedarf es eines Transportmittels: Irgendwie müssen die Bauern und Fischer ja, ginge es nach dieser These, auf die Idee gebracht worden sein, wie man sich verhalten kann, wenn die Landesregierung einen mit Atomkraftwerken segnen will.

Ekkehard Trautwein, Kind des Dreyecklandes und bestens vertraut mit dem Aufleben der Wyhler Anti-AKW-Bewegung, schreibt dazu in einer wissenschaftlichen Arbeit: »In den meisten Veröffentlichungen über Entstehungsursachen wird nahezu einhellig die Meinung vertreten, daß Bürgerinitiativen eine Folge der Studentenbewegungen der sechziger Jahre sind. Demnach liegt die Hauptursache der Entstehung in der Erkenntnis, daß die Protestbewegungen der Studenten bewiesen, daß die Beeinflussung politischer Entscheidungsträger auch auf anderem Wege als über Parteien, Parlament, Verbände etc. möglich ist. Diese Erkenntnis mag die Bürgerinitiativen in ihrer Bereitschaft zur Aktion gestärkt haben; als direkte Entstehungsursache aber ist sie zu verneinen. Eher muß man sich hier der Meinung (...) anschließen: ›(...) haben Studentenrevolte und Bürgerinitiativen die gleiche Wurzel, sind phasenverschobene Reaktionen auf analoge soziale Tatbestände; dies ist wahrscheinlicher als eine zu große Imitationsbedeutung ...‹«[5].

Der Kern dieses Dilemmas aber liegt nicht so sehr in der Tatsache, daß sich die Fernwirkungen *gar nicht* nachweisen ließen oder es sich deswegen sogar verböte, davon zu reden. Vielmehr, und das ist der Punkt, führt die Rede von den Fernwirkungen zwangsläufig in den Dunstkreis des Großen, Ganzen und Ungefähren und somit weit über das hinaus, was einzelne, die damals an den Universitäten ihre Empörung über die Zustände in dieser Gesellschaft artikulierten, noch zu ihrem persönlichen Wirkungskreis zählen können. Neben all den Desillusionierungen, was die Veränderbarkeit der Gesellschaft angeht, schlägt deshalb außerdem zu Buche, daß die Erfolge nur schwer festzunageln sind und die Haben-Seite der Bilanz auf wackeligen und argumentativ angreifbaren Füßen steht.

Einer, der damit keine Probleme hat, ist Daniel Cohn-Bendit, der als Soziologie-Student in Nanterre im März 1968 zu den Hauptsprechern der französischen Studentenrevolte und den Pariser Maiunruhen avancierte und daraufhin aus Frankreich ausgewiesen wurde. Er löst das Problem der unsicheren Bilanzen auf seine Art.

»So leicht es sich von einer Generation sprechen läßt, so schwer ist es, ein adäquates Portrait zu zeichnen«, schreibt er im Vorwort der Buchausgabe seiner als TV-Serie ausgestrahlten Interviewsammlung mit dem Titel »Wir haben sie so geliebt, die Revolution«.

Das Buch erzählt eindringlich, reich bebildert, von Revolten, nicht von einer Revolte, und so nennt er es folgerichtig »Album«.[6]

Entsprechend sammelnd geht Daniel Cohn-Bendit vor. Abbie Hoffmann und Jerry Rubin, die beiden Yippies der amerikanischen Studentenrevolte, werden darin ebenso vorgestellt wie Joschka Fischer oder Christian Semler. Ex-Terrorist Hans Joachim Klein kommt ebenso zu Wort wie die Frauenrechtlerin Susan Brownmiller, jeweils als Repräsentanten für »die Revolte«, »das Proletariat«, »den Krieg«, »die Demokratie« – so die Kapitelüberschriften. Dazwischen spannt sich ein Bogen von Berlin nach New York, Rio, Paris, Berkeley. Denn was auf den ersten Blick wie ein buntes Sammelsurium wirkt, hat, so macht Daniel Cohn-Bendit glaubhaft, seinen Ursprung genau darin, daß die Revolte ein buntes Sammelsurium war und Lebensläufe geprägt hat, die unterschiedlicher kaum sein können. Hier werden sie in ihren extremen Gegensätzen vorgeführt: »Der eine an der Börse, der andere im Knast.« Daniel Cohn-Bendit: »Jeder meiner Gesprächspartner hat einen Weg eingeschlagen, auf den ich mich ebenso hätte einlassen können, wenn die Zufälligkeiten und die Notwendigkeiten dieser Zeit mich dazu gezwungen hätten.«[7]

Ist das nicht der Rückzug ins Fahrwasser der Beliebigkeit? Mit dieser Frage im Gepäck mache ich mich auf den Weg nach Frankfurt, wo Daniel Cohn-Bendit die 14tägig erscheinende Alternativ-Zeitschrift »Pflasterstrand« herausgibt und bei den Grünen mitmischt. Eine knappe halbe Stunde streiten wir über die Auswirkungen der Studentenrevolte, wie sie heute noch zu spüren seien, dann schalte ich mein Bandgerät wieder ab. Ein Teil dieses Streits sei hier wiedergegeben.
Daniel Cohn-Bendit: »Ich fand es interessant, einmal andere Leute zu Wort kommen zu lassen. Und ich sage ja auch, daß alles, was sie sagen, im Grunde auch meine Interpretation ist. Das ist sehr widersprüchlich, aber genau das ist das Spannende. Das ist kein Rückzug aus der Kritik, schließlich habe ich ja auch andere Bücher geschrieben, gleich '68 (Linksradikalismus – Gewaltkur gegen die Alterskrankheit des Kommunismus; zusammen mit seinem Bruder Gabriel, d. A.) und '73/'74 ›Der große Basar‹. Und ich bin immer noch im Kreuzfeuer der Kritik, einfach weil ich immer noch Politik mache. Das Gesamtgebilde dessen, was in der deutschen Ausgabe des Buches steht, gerade mit dem Interview mit Christian Semler, ergibt ein Bild, das meine Position wiedergibt. Als gesamtes Kunstwerk.«[8]

»*Ein widersprüchliches Bild, das nicht auf einen Nenner zu bringen ist?*«
»Genau.«
»*Dein Fazit lautet also: Die Gesellschaft sieht nach der Studentenrevolte bunter aus?*«
»So salopp würde ich es nicht ausdrücken. Ich glaube, daß

**Sprecher**
Daniel Cohn-Bendit und K. D. Wolff:
April 1968, Frankfurt

---

sich die Gesellschaft, was die ganzen Verhaltensweisen angeht, entscheidend gewandelt hat. Und ich würde auch nicht sagen, daß sich das in der Folgezeit ins Gegenteil verwandelt hat. Es hat sich entwickelt, hat verschiedene Richtungen genommen. Ich sage immer: Politisch haben wir nicht gewonnen, sicherlich ist die Rätedemokratie nicht eingeführt worden. Aber sozial ist das, was wir an Versteinerungen, an Immobilität angeprangert haben, aufgelöst worden durch diese Bewegung. Das Leben in einem industriellen Land ist nach den Revolten der 60er Jahre anders als vorher. Der Begriff von Autonomie, von Freiheit, von Selbstbestimmung, den die Menschen heute haben, ist in dieser Zeit entstanden.«

*»Alles ziemlich abstrakte Begriffe.«*

»Das ist doch Quatsch. Was ist daran abstrakt, wenn die Leute heute selbst bestimmen, wie sie leben?«

*»Viele sind das nicht.«*

»Das ist nicht wahr. Es ist die überwiegende Mehrheit. Deswegen gibt es diese hohe Scheidungsrate, deswegen hat die Kirche das Problem, daß niemand mehr auf sie hört, wenn es um Verhütung geht. Das ist doch keine Minderheit. Das sind Millionen, das ist die Mehrheit.«

*»Das würde implizieren, daß sozusagen alles, was danach kam, irgendwie auf die Studentenbewegung zurückgegriffen hätte?«*

»Auf die Brüche in dieser Zeit, ja.«

*»Wie sieht es dann mit Wyhl aus?«*

»Das ist wieder ein anderes Problem. Ich habe ja nicht gesagt, daß *alles,* was danach gekommen ist, darauf zurückzuführen ist.«

*»Die Entstehungsgeschichte dieser Bewegung ist völlig unabhängig von der Studentenbewegung verlaufen.«*

»Das kann ja sein ... Da muß nicht ein einziger Student dabeigewesen sein. Aber die Leute haben das doch in den Medien mitbekommen. Denn das ist trotzdem nicht unabhängig voneinander gelaufen. Ohne dieses selbständige Handeln dieser Studentenbewegung wären die Leute in Wyhl nicht auf die Idee gekommen, selbständig zu handeln. Es hat sich durchgesetzt im Bewußtsein der Gesellschaft, daß man seine Interessen selbständig vertreten muß. Und das hat sich wegen der antiautoritären Revolte in der Bundesrepublik durchgesetzt. Vorher war es in der Bundesrepublik nicht selbstverständlich, zu demonstrieren.«

*»Es gab auch vorher schon Demonstrationen. Es ist ja nicht so, daß die Revolte aus dem Nichts kam.«*

»Ja, aber guck' 'mal: Zu der größten Demonstration in der Notstandsbewegung kamen 30 000 Leute. Heute sind 30 000 Leute nichts.

Gesellschaftliches Bewußtsein ist nicht etwas, was sich

langsam und stetig entwickelt. Das konstituiert sich in historischen Brüchen. Und so ein Bruch war die Revolte für die bundesrepublikanische Gesellschaft. Die Lebensformen haben sich verändert, Wohngemeinschaften, andere Arten der Erziehung, antiautoritäre Kinderläden, die haben ja existiert und die Erziehung in der Bundesrepublik verändert. Die Sexualität hat sich verändert. Das ist meine Interpretation, du kannst es auch anders erklären und von mir aus sagen: Der spinnt.«

Das ist nicht nötig. Denn Daniel Cohn-Bendit hat gute Argumente, und was er als Belege anführt, hat es zweifelsohne gegeben und gibt es heute noch. Die Frage ist nur, wie man diese Erscheinungen quantitativ bewertet. Denn aus seinem Rückblick spricht ein Optimismus, den man nicht unbedingt teilen muß. Die Unsicherheit fängt schon bei dem Begriff »selbstbestimmtes Leben« an und führt weiter zu der Frage: Wo sind die mehr als 30 Millionen Menschen, also die rechnerische Mehrheit der Bundesbürger, die derart selbstbestimmt leben?

Das unsichere Terrain der Bilanz, um das es hier immer wieder geht, bleibt unsicher. Es geht nicht darum, Daniel Cohn-Bendit das Gegenteil nachzuweisen. Aber – vielleicht würde er mir beipflichten – es hängt von der Wahrnehmung des einzelnen ab, wie sehr man daraus ein Problem macht. Seine Bilanz jedenfalls, daran läßt er keinen Zweifel, ist positiv:

»Das war doch klar, daß ich sowas sagen würde.«

## »Wir waren nicht nur Opfer«

Haben die Revoluzzer, hält man sich an die Allensbacher Daten und deren Auslegung, Deutschland von einem Extrem ins andere katapultiert? Ist die Untertanenseele ins ebenso unreflektierte Gegenteil umgeschlagen? Mehr noch, sind beide, der Untertanengeist der Herrenmenschen und das antiautoritäre Gebahren ihrer Töchter und Söhne, der APO-Studenten, auf demselben Humus gewachsen und derselben Verdrängung, dem Nicht-mehr-wissen-Wollen, anheimgefallen?

»Auch der Antifaschismus der Studentenbewegung war von unbewußten Entlastungswünschen gelenkt«, schreibt der Schriftsteller Peter Schneider 20 Jahre nach der APO-Revolte, als er die »Historikerdebatte« zum Anlaß nimmt, die innere Beziehung zwischen der Nazi-Eltern- und der APO-Kinder-Generation zu erhellen. Der Antifaschismus der letzteren sei »weder historisch noch emotional erarbeitet« worden, habe sich zwar in Oberseminaren mit dem Großen und Ganzen beschäftigt, die Verstrickung der Eltern en detail aber tunlichst ausgespart. Wäre der Antifaschismus der APO-Zeit mehr gewesen als nur das Aufspüren des »systemimmanenten Faschismus«, so der Jargon der Zeit, hätte es laut Peter Schneider nie zu solchen Bekennersätzen wie dem der Mörder Hanns Martin Schleyers kommen dürfen: »Wir haben seine klägliche und korrupte Existenz beendet.« Peter Schneider: »Dies ist die Sprache der Wannseekonferenz.«[9]

Peter Schneider ist nicht irgendwer. Immerhin gehörte er zu den exponiertesten Vertretern der APO-Linken in Berlin, seit er im Mai 1967 seinen Kommilitonen zugerufen hatte, »daß wir gegen den ganzen alten Plunder am sachlichsten argumentieren, wenn wir aufhören zu argumentieren und uns hier in den Hausflur auf den Boden setzen«.[10] Was die meisten denn auch taten; eines der ersten großen Sit-ins.

Sein Vorwurf mag deshalb schwerer wiegen als der eines Außenstehenden, zumal er weiter schreibt: »Diese Sätze ließen sich abtun als Gratis-Kritik an ein paar Dutzend Desperados, die selbst bei der Neuen Linken keinen Koffer mehr abstellen können. Tatsächlich gilt die Abneigung vieler Linker – und da sind sie nichts weiter als feige – nur dem praktischen Gepäck des Terrorismus, nicht dem ideologischen.«

»Der Todeskreis der Schuld«, so die Überschrift von Peter Schneiders Aufsatz, wirke fort. Zum Beleg zitiert er die Reaktionen auf einen offenen Brief, mit dem die Brüder des von RAF-Terroristen erschossenen Diplomaten Gerold von Braunmühl dessen Mörder aufforderten, über ihre Motive nachzudenken. »Objektiv« diene der Braunmühl-Brief der »Koalition, um ihre Anti-Terrorismus-Gesetze durchzupeitschen«, heißt es in einem Leserbrief, der bei der »Tageszeitung« eingegangen ist. In einem anderen steht dieser Satz zu lesen: »Offenbar ist es ihnen (den Braunmühl-Brüdern) nicht möglich, sich in die Lage derer zu versetzen, die sich mit dem schreienden Unrecht, das in diesem unserem Staate begangen wird, nicht abfinden wollen.« Wenn man bedenkt, daß der Leserbriefschreiber wohl alles andere im Sinn hatte als zynisch zu sein, muß man sich fragen, welche Narben der »Todeskreis der Schuld« auch in den Köpfen derer hinterlassen hat, die während der APO-Revolte für sich in Anspruch genommen haben mögen, die Schuld der anderen endlich beim Namen genannt zu haben, oder bei denen, die damals sogar noch viel zu jung waren, um die Studentenbewegung aus dem persönlichen Erleben zu kennen. Dazu noch ein Zitat:

»Die Idee von der Stadtguerilla und vom bewaffneten Kampf in den Metropolen ist keineswegs in den Hirnen von ein paar isolierten Einzelkämpfern entstanden. Sie schwamm von Anfang an mit im Gedanken- und Gefühlsstrom der 68er Generation und wurde mit einer heute unvorstellbaren Offenheit auf Teach-ins diskutiert, an denen Tausende teilnahmen. Allerdings wurden die Diskussionen mit einer gewissen Unschuld geführt: sie hatten sich noch nicht zu einer Strategie des bewaffneten Kampfes gefestigt und mußten sich an der entsprechenden Praxis nicht messen lassen.

Als dann Gruppen wie die ›Bewegung 2. Juni‹ und die ›Rote Armee-Fraktion‹ ernst machten, wich der theoretische Flirt mit dem bewaffneten Kampf rasch einer hastigen Abgrenzung. Diese Abkehr war aber nicht das Ergebnis einer energischen Kritik und Selbstkritik. Sie fand ebenso still und sprachlos statt wie die Abwendung von anderen Ideen jener Zeit, die sich als illusionär oder falsch herausstellten. Was den Umgang mit der eigenen Vergangenheit angeht, haben es die Söhne kaum besser gemacht als die Väter: was sich nicht bewährte, vergaß man lieber und überließ es der natürlichen historischen Selektion. Nach der Niederlage wurde man Hals über Kopf demokratisch, gewaltfrei und fing an, die Verfassung zu lesen. Fortan nannte man sich nicht mehr Marxist, sondern links, nicht mehr revolutionär, sondern radikal, und was bei diesem Namenswechsel alles mit über Bord ging und über Bord zu werfen verdiente, wollte man nicht so genau wissen. Der Gang der Dinge ersetzte den Lernprozeß. Die Sprachlosigkeit, in die sich die meisten Wortführer der Studentenbewegung Mitte der siebziger Jahre zurückzogen, war nie mit bloßer Theoriemüdigkeit zu erklären. Diese Müdigkeit ist das Ergebnis einer Verdrängung.«[11]

Diese Sätze, gerichtet an den zu mehrmals lebenslänglich verurteilten ehemaligen RAF-Terroristen Peter Jürgen Boock, nötigen Respekt ab. Denn die Kritik, die Peter Schneider äußert, ist auch Selbstkritik und berührt eine Wunde, die immer noch offen ist.

Dazu eine Beobachtung. Während meiner Interviews mit Vertretern der APO-Generation, egal ob mit »Wortführern« oder »Mitläufern«, wurde das Thema Terrorismus fast nie von ihnen selbst angesprochen. Wenn es doch geschah, dann nur sehr vorsichtig und zumeist mit Sätzen wie: »Das habe ich damals schon als Irrweg erkannt.« Diese Aussagen lassen sich nicht zu einer Statistik verdichten, und es kann hier auch gar nicht darum gehen, jedem oder jeder einzelnen Verdrängung vorzuwerfen. Nicht einmal, um allen Mißverständnissen vorzubauen, soll hier eine Aufrechnung der »Verdrängungsleistung« der Nazi-Generation mit der der »68er« vorgenommen werden. Worum es hier geht, ist die Frage, wie sehr die Jahre des Terrorismus die Sicht auf die positiven Aspekte der Studentenbewegung verstellen und den Bezug zu diesen Jahren erschweren.

In der Tat ein »Dilemma« mit vielen Nuancen.

Zum einen: Gerade die von Peter Schneider konstatierte, auch innere Nähe eines großen Teils der APO-Linken zu den Ideen der späteren RAFler macht eine klare Unterteilung in »die« und »wir« sehr schwer. Das wiegt um so mehr, als der Nährgrund für die APO wie für, zumindest am Anfang, den RAF-Terror ein ungeheuer hoher moralischer Anspruch war. Die »moralische Empörung« über den Krieg in Vietnam, über die jüngste Geschichte der Bundesrepublik wird in den Interviews immer wieder als Motivation genannt, den gemächlichen Gang der Dinge zu unterbrechen und zu demonstrieren. Die Tragik der Geschichte des Terrorismus liegt darin, daß Menschen, die es gut meinten, mit den Mitteln, mit Hilfe derer sie ihre, heute wie auch immer illusionär erscheinenden Ziele zu verfolgen suchten, diese Ziele selbst gräßlich entstellten. Helmut Gollwitzer erinnert sich: »Als ich Ulrike Meinhof das letzte Mal im Gefängnis besuchte und mit ihr darüber diskutierte, schaute sie mich mit treuem Blick an und fragte: Wie willst du denn dann die Revolution machen? Ich sagte darauf: Ulrike, ein bißchen Marx scheinst du ja gelesen zu haben, aber doch nicht genug, hast immer noch nicht erkannt, daß kein Mensch eine Revolution machen kann.«[12]

Vielleicht hat sie es erkannt, aber um einen hohen Preis. Ulrike Meinhof erhängte sich im Mai 1976 in ihrer Gefängniszelle in Stuttgart-Stammheim. Der Tod der Ex-»Konkret«-Journalistin, der es irgendwann nicht mehr genug war, in der Hamburger Schickeria herumgereicht zu werden und kämpferische Kolumnen zu verfassen, schwingt fortan in der Erinnerung an die Studentenbewegung mit, ob man will oder nicht. Und der Tod der vielen anderen. Holger Meins etwa, der 1967 half, im Gegenermittlungsausschuß die wahren Umstände des Todes von Benno Ohnesorg aufzuklären, der zum Springer-Tribunal einen Film über den Bau von Molotow-Cocktails drehte, starb 1974 an den Folgen eines Hungerstreiks. Jan Carl Raspe, der Kommunarde, brachte sich in Stammheim um, als die Entführung der Lufthansa-Maschine »Landshut« gescheitert war. Gudrun Ensslin und Andreas Baader töteten sich in derselben Nacht. Ulrich Schmücker wurde 1974 von ehemaligen Mitkämpfern durch Genickschuß regelrecht hingerichtet. Und die vielen anderen Opfer des RAF-, Bewegung-2.-Juni- und Revolutionäre-Zellen-Terrors: Kammergerichtspräsident Günter von Drenkmann, ermordet im November 1974, Generalstaatsanwalt Siegfried Buback und sein Fahrer Wolfgang Göbel, erschossen 1977, die Opfer der Stockholmer Botschaftsbesetzung von 1975, Dresdner-Bank-Chef Jürgen Ponto, in seinem Haus 1977 erschossen, Hanns Martin Schleyer und seine vier Begleiter, erschossen im Herbst 1977, die Liste ist noch länger. Täter wie Opfer des Terrorismus werden künftig mitgenannt werden, wenn es um die Studentenrevolte geht. Die Erkenntnis, daß die Terroristen von heute nicht mehr aus den Reihen der APO kommen, vermag das nur wenig abzumildern.

Verstärkt wird dieser Effekt noch dadurch, daß – horribile dictu – Terrorakte nun einmal bessere, weil sensationellere Geschichten abgeben als trockene Berichte über irgendwelche Theoriedebatten. Auch auf diesem Wege verstellt der Terrorismus die Sicht auf die Anregungen der Studentenrebellion. Und Begriffe wie »Emanzipation«, »kollektiver Lernprozeß«, »Aufklärung durch Aktion«, die ganzen naturgemäß vagen Formeln von einer besseren Welt, lassen sich durch die Aufrechnung mit den Namen der Opfer leicht verstellen.

Das Dilemma birgt weitere wesentliche Aspekte. Spätestens seit Jürgen Habermas' Vorwurf vom »Linksfaschismus« hatten die, die es gerne so deuten wollten, ihr Schlagwort gefunden, mit dem sich die Studentenrevolte trefflich abtun und gleichzeitig kriminalisieren ließ. Das geschah früh und zielgenau. Bereits das »Pudding-Attentat« zeigt, daß die Beamten der Abteilung I, Politische Polizei, nicht gewillt waren, tatenlos die Provokationen durch die Kommunarden hinzunehmen. Nach dem Attentat auf Rudi Dutschke war es der Verfassungsschutz in Person des Agents provocateurs Urbach, der die Mollies lieferte.

Aber die Kriminalisierung hätte wohl gar nicht funktionieren können, wäre der Gedanke vom bewaffneten Kampf nicht durch die Köpfe vieler geistert. Und so liegt in der Studentenrevolte auch der Grundstein für das seither ambivalente Verhältnis von staatlicher Machtausübung und außer- und antiparlamentarischer Gegengewalt. Besonders die Partei der Grünen, mit ihrem parlamentarischen »Spielbein« und dem außerparlamentarischen »Standbein«, bekommt das immer wieder zu spüren. Mit schöner Regelmäßigkeit wird die »Gewaltfrage« gestellt und hochgekocht, besonders von denen, die dem staatlichen »Gewaltmonopol« zu mehr Geltung verhelfen wollen und immer neue Datenverbundsysteme für Polizei und Verfassungsschutz ersinnen, immer mehr Gesetze zum Schutze der »Inneren Sicherheit« fordern.

Daß hier ein Erbe der Studentenrevolte fortwirkt, liegt einfach daran, daß sich Protest in der Bundesrepublik bis dahin niemals derart radikal artikulierte und über die Grenzen hinwegsetzte, die andere für die äußersten hielten – das unselige Wort »Konfrontationsunmittelbarkeit« sei hier in Erinnerung gerufen.

Ein Glied in der Kette war der Radikalenerlaß von 1972. Kaum zwei Monate nach einer Grundsatzentscheidung des Hamburger SPD-Senats wurde er von der Ministerpräsidentenkonferenz übernommen und in einer Erklärung, der sich auch Bundeskanzler Willy Brandt anschloß, bekanntgegeben.[13]

»Das Schlimme an diesem Berufsverbot«, sagt Tilman Fichter, »ist gar nicht so sehr, daß tatsächlich vielen Leuten der Zutritt zum öffentlichen Dienst versperrt wurde. Die meisten sind mittlerweile in den öffentlichen Dienst gekommen. Viel schlimmer ist die Kränkung, die ein junger Akademiker erfährt – selbst wenn er am Ende nicht mit einem Berufsverbot belegt wird –, wenn er vor einer bürokratischen Institution Auskunft geben muß über sein bisheriges Leben. Diesen ›Urschreck‹ haben Hunderttausende aus meiner Generation erfahren und schleppen ihn mit sich herum.«[14]

Tilman Fichter, einstmals im inneren Kreis des Berliner SDS und zusammen mit Siegward Lönnendonker Chronist des Studentenverbandes, hat jahrelang in Oberursel an einer Gewerkschaftsschule gelehrt. Heute arbeitet er in Bonn. Genauer: Im Erich-Ollenhauer-Haus, der schmucken SPD-Baracke. Lange sitzt er noch nicht in seinem Büro im Bildungsreferat der sozialdemokratischen Parteizentrale, wo ich ihn frage, was ein ehemaliger SDSler in der Sozialdemokratischen Partei verloren hat – nach all den Enttäuschungen, die viele gerade im SDS mit der SPD erlebt haben.

»Anfang der 80er Jahre«, sagt er, »habe ich mir überlegt: ›Willst du weiter im Kaffeehaus sitzen, ab und zu Gewerkschaftsschulung machen und ansonsten immer recht bekommen und recht behalten, oder willst du dich nicht doch noch einmal an diesem großen politischen Spiel beteiligen?‹« Er wollte. »Und wenn man langfristig in der Bundesrepublik

Deutschland Emanzipation und Aufklärung durchsetzen möchte, kann man das nicht ohne oder gegen die ›kleinen Leute‹, also ohne die Sozialdemokratie oder den Deutschen Gewerkschaftsbund«, glaubt er. Zudem verkörpere die SPD als einzige Partei in einem Land, das sich nicht aus eigener Kraft vom Nationalsozialismus befreit hat, ein Stück »demokratische« Tradition. »Daß man jetzt, 20 Jahre nach dem Scheitern der Studentenbewegung, im ewigen Hader mit der SPD verharrt, halte ich zwar emotional für verständlich, aber für wenig ergiebig.« In der Nacht, als Helmut Schmidt von Genscher und seiner FDP gestürzt wurde, trat er in die SPD ein. Tilman Fichter: »Bereut habe ich das bisher nicht.«

Dennoch spart Tilman Fichter nicht mit Kritik an der Partei. Das Berufsverbot habe zu einer tiefen Kluft zwischen Intelligenz und der Sozialdemokratie geführt, ein Problem, das bis heute in keiner Weise aufgearbeitet sei. Und daß die SPD in Berlin versucht habe, die Studentenbewegung zu kriminalisieren, bestreite heute selbst in der SPD niemand, der »sich ernsthaft damit beschäftigt hat«. Nach den Auseinandersetzungen um die SDS-Kampagne »Ungesühnte Nazijustiz« Ende der 60er Jahre, der Großen Koalition, dem krassen Widerspruch zwischen offizieller SPD-Politik gegenüber den Amerikanern und deren Vietnam-Krieg und sozialdemokratischer Privatmeinung, nach sei der Konflikt zwischen SPD und den SDS-Studenten emotionalisiert worden. Der Radikalenerlaß sei dann »nur noch das i-Tüpfelchen« gewesen.

Doch so ganz ungetrübt will er das Bild der tragisch vom Irrtum des Radikalenerlasses Verprellten nicht stehenlassen.

»Andererseits«, sagt er, »wäre es lächerlich, wenn wir uns nur als Opfer stilisieren würden. Wir haben sicherlich ebensoviele neokonservative Schriftsteller, Professoren und andere Leute verschreckt, wie später Leute durch den Radikalenerlaß verschreckt wurden. Wir sind ja nicht immer sanft umgegangen mit unserem Gegenüber, wir haben Eier geschmissen, wir haben teilweise Techniken der chinesischen Kulturrevolution an westdeutschen Universitäten eingeführt. Was wir gemacht haben, ist ja nicht immer demokratisch gewesen.«

Und so schlußfolgert er, daß der Radikalenerlaß zwar das Ende der Studentenbewegung »überlagert« habe, aber nicht dafür verantwortlich zu machen sei. »Die Studentenbewegung«, sagt Tilman Fichter heute, »war von Anfang an zum Scheitern verurteilt. Das verleiht ihr eine gewisse Würde, aber auch eine Vergeblichkeit. Wir haben gegen unsere Väter geputscht, die bis heute nicht einsehen, welche Verantwortung sie tragen für den Mord an sechs Millionen Juden. Und ich bin nach wie vor der Meinung, wir mußten scheitern und wir mußten putschen.«

Darin stehe die Studentenbewegung in einer ehrwürdigen republikanischen Tradition, meint er und greift weit zurück in dem Versuch, die APO einzuordnen in die Geschichte Deutschlands. »Jugend-, Lebensreform und Frauenbewegungen sind in Deutschland immer gescheitert, und sie sind immer wieder angetreten. Zu dem Heroismus der Jugendrevolte oder der Frauenbewegung gehört eine gewisse Blindheit, aber auch ein gewisser Idealismus. Und das ist ja nicht nur negativ. Wenn Widerstand nur dann geübt würde, wenn auch Aussicht auf Erfolg besteht, gäbe es ihn nicht. Von daher rechne ich damit, daß diese sozialen Bewegungen, die Frauenbewegung, die Jugendbewegung auch in den nächsten 20 bis 30 Jahren eine große Rolle in der Bundesrepublik spielen werden.«

*Worin, so frage ich Tilman Fichter, besteht seiner Meinung nach diese Rolle, wenn das Scheitern vorprogrammiert sei?*

»Das Scheitern ist so lange vorprogrammiert, wie die SPD und die Einheitsgewerkschaft davor zurückscheuen, sich mit diesen Protestbewegungen anzufreunden. So lange werden diese Protestbewegungen *macht*politisch scheitern. *Kultur*politisch scheitern sie nicht. In dieser Hinsicht ist die Studentenbewegung ja auch nicht gescheitert, auch die Frauenbewegung nicht. Ich würde sogar sagen, daß die Studentenbewegung viel mehr verändert hat als alle Re-Education-Versuche der Amerikaner nach 1945.

Immerhin hat die Studentenbewegung auch in der SPD Spuren hinterlassen, die sich in solchen Politikfeldern wie

Ökologie, Beziehung zwischen Männern und Frauen, Verhältnis zur Dritten Welt, Jugendpolitik zeigen. Sie hat sogar Spuren in der CDU und der Jungen Union hinterlassen.«

## »Es ist nichts entschieden«

Als 1977/78 die ersten Kreistagsmandate an Splittergruppen wie »Grüne Liste Umweltschutz« oder die »Wählergemeinschaft Atomkraft – Nein Danke!« fielen, betraten die ersten »Grünen« das parlamentarische Podium. Was sich da zusammenschloß, noch kaum beachtet von den Wahlkampfstrategen der etablierten Parteien, war ein bunter Haufen: Rudolf Bahro war ebenso dabei wie das Ex-CDU-Mitglied Herbert Gruhl, Hausbesetzer, Feministinnen, Bauern, Professoren, K-Grüppler, Blut-und-Boden-Theoretiker. Die Sorge um die Umwelt verband Menschen, die sonst vielleicht nie an einem Tisch gesessen hätten. Einige Namen kannte man auch aus der Studentenbewegung. Daniel Cohn-Bendit stand auf der Landtagswahlliste in Hessen. Rudi Dutschke warb, kurz bevor er 1979 an den Folgen des Attentats in seinem Exil in Aarhus, Dänemark, starb, in Bremen für die Grünen. »Die grüne Opposition, die zweite APO, muß substantiell und inhaltlich noch einiges klären«, sagte er nach der Bremer Bürgerschaftswahl im Oktober 1979 in einem Interview. »Es muß Klarheit geben in bezug auf die Frage von Demokratie und Sozialismus, das Verhältnis von Ökonomie und Ökologie muß geklärt werden. Hier ist noch vieles ungeklärt, aber eines ist, meines Erachtens, das Entscheidende: in der wichtigsten Frage herrscht Einheit. Alle wissen, daß der Weiterbestand der Gattung in Frage steht ...«[15]

Zu klären gibt es immer noch viel, an den Geburtsschwierigkeiten haben die Grünen weiterhin zu arbeiten. Neue Probleme sind hinzugekommen; den einen sind die Grünen zu radikal, anderen ist die Partei schon wieder zu angepaßt. Vor allem Jugendliche haben Probleme mit den Grünen, die »von einer Generation geprägt sind«, wie es der parlamentarische Geschäftsführer Hubert Kleinert einmal ausdrückte, »die glaubt, die ewige Jugend gepachtet zu haben«.

Aber die Grünen haben den Bundestag erobert, sind von einer Vielzahl von Grüppchen, die in Wahlstatistiken als »Sonstige« verbucht wurden, zu einer Partei gewachsen, die – bisher – bei fast allen Wahlen die Fünf-Prozent-Hürde genommen hat und die eingesessenen Parteien zu Sorge, offener Feindschaft oder vorsichtiger Annäherung veranlaßt. Kalt jedenfalls läßt die Partei keinen mehr.

»Zweite APO«?

Ist die Grüne Partei so etwas wie das Sammelbecken ehedem Studentenbewegter?

Dazu Rainer Trampert, Ex-Vorstandssprecher der Grünen: »Das wäre übertrieben. Aber die APO-Opas sind mit dabei. Wir dürfen nicht vergessen, daß, wie ich schätze, 90 Prozent der APO-Leute damals den Marsch durch die Institutionen und durch die Sozialdemokratie angetreten haben. Vielleicht ein Zehntel hat sich insgesamt gegen eine Institutionalisierung und ›Versozialdemokratisierung‹ ihrer Politik gewandt und sich dann in K-Gruppen, in Autonomen-Gruppen organisiert. Und dieser Teil war Mitbegründer der Grünen. Und er hat einen wesentlichen Anteil daran gehabt, daß aus den Grünen eine links-ökologische Partei wurde, nach den harten Auseinandersetzungen mit Herbert Gruhl und, ich sage es mal so, den Blut-und-Boden-Ökologen«.[16]

Zahlenmäßig fiele die ehemalige APO-Linke zwar nur wenig ins Gewicht, aber sie habe »in ihren politischen Aussagen, in ihrer Analysefähigkeit und schließlich bei der Programmgestaltung der Grünen Einfluß gehabt«.

Rainer Trampert, Jahrgang 1946, hat die APO-Bewegung »mehr von außen beobachtet« und die »rebellischen Elemente sehr attraktiv« gefunden. Damals arbeitete der gelernte Industriekaufmann, der später in einem Abendstudium sein Diplom als Betriebswirt nachholte, in der Hauptverwaltung eines Mineralölkonzerns. »Ich hatte«, erinnert er sich, »selber schwer daran zu tragen, in einem Betrieb von Hierarchien erdrückt zu werden und keine Möglichkeit zu haben, alleine dagegen anzukommen. Die APO hat angesteckt und dazu geführt, daß wir uns auch im Betrieb zusammengesetzt und gesagt haben, wir können uns nicht vom Betriebsgeschehen die Hierarchien vorschreiben lassen, und wir können uns nicht vom DGB vorschreiben lassen, wie wir dagegen zu opponieren haben. Und daher haben wir die Nähe zur APO-Linken gesucht und mit ihnen diskutiert. Ohne studentischer Beteiligter der APO gewesen zu sein, zähle ich mich dazu, weil ich vom Zeitgeist erfaßt war.«

Er wurde Mitglied im Kommunistischen Bund und blieb dort bis 1980. Dann kam es zum Bruch. »Es ging darum, ob die kommunistischen Organisationen nicht den Zug der Zeit verpassen«, sagt er, »indem sie nicht begreifen, wie viele eigene, politisch wertvolle Momente in den neuen ökologischen und sozialen Bewegungen enthalten sind.« Rainer Trampert wollte den Zug nicht verpassen, sagte, man müsse von diesen Bewegungen lernen, weil sie viele Probleme aufgegriffen hätten, die den K-Gruppen bisher schlicht entgangen wären, und verabschiedete sich aus der K-Gruppen-Szene – wie viele andere auch, denen langsam schwante, daß die K-Zirkel mehr und mehr die Merkmale eines politischen Ghettos erfüllten.

Heute zählt er sich selbst zu den »Ökosozialisten«, von anderen wird er den »Fundis« zugerechnet. Daran mag es liegen, daß der Begriff »Versozialdemokratisierung« in seinem Munde bitter schmeckt. »Versozialdemokratisierung«, die Anpassung an die Spielregeln und das Aufgesogen-Werden im Trott der herkömmlichen parlamentarischen Arbeit, ist das, was auch den Grünen drohe, so wie es neun Zehntel der Studenten der APO-Revolte widerfahren sei.

»Mit dem Unterschied, daß die bewußt in die Sozialdemokratie hineingegangen sind in dem Wunsch, die Sozialdemokratie in den Griff zu bekommen, sie zu einer linken Partei zu machen, die gesamten staatlichen Institutionen aufzumischen.«

Was davon übriggeblieben ist? »Ich glaube, sie sind überwiegend verschwunden und selber angepaßt worden«.

Ein hartes Urteil, an dem Rainer Trampert auch mit der Bemerkung nicht rütteln läßt, immerhin seien einige bekannte Repräsentanten der Studentenrevolte bis in die Programmkommission der SPD vorgedrungen. Rainer Trampert: »Ein

Abschiebebecken für nachdenkliche Linke. Oder die Leute haben sich reputierlich gezeigt, sich der Normalität in der SPD angepaßt und deswegen nichts Rebellisches behalten.«

Dennoch habe die APO, daran läßt Rainer Trampert keine Zweifel aufkommen, mit den Brüchen, die sie in der bundesrepublikanischen Gesellschaft hinterlassen habe, »insgesamt kulturelle und politische Grundlagen mitgelegt, in die dann später so etwas wie eine Grüne Partei hineinstoßen konnte«. Und wieder fällt das Wort vom politischen Klima, über das die APO wohl mehr mit der Gründung der Grünen zu tun habe, als die Zahl der APO-Veteranen vermuten ließe.

Doch auch die APO-Veteranen, die bei den Grünen gelandet sind, kommen bei Rainer Trampert nicht ungeschoren davon. »Für einen Teil der APO-Reste«, sagt Rainer Trampert, »sind die Grünen sozusagen der letzte Zug, auf den sie aufspringen können, um jetzt noch den Anschluß an eine Karriere zu bekommen, wenn sie damals noch nicht aufgesprungen waren. So hat es, glaube ich, Hermann Gremliza (Herausgeber des Polit-Magazins »Konkret«, d. A.) einmal gesagt.«

»*Würdest du dem zustimmen?*«

»Da ist etwas dran, ja. Ich glaube, daß eine Generation abtritt, die APO-Generation. Das bezieht sich nicht unbedingt auf das, was sie an politischem Klima hinterlassen hat, obwohl das durch Yuppie-Wesen, durch die Angst vor Arbeitslosigkeit, durch neue Technologien auch gefährdet ist. Es ist eher so, daß ein großer Teil der APO-Leute, die die Grünen mitgegründet haben, jetzt ihre eigene politische Institutionalisierung über die Grünen unterstützen. Das drückt sich in dem auf Joschka Fischer gemünzten Spruch so schön aus: ›Der Marsch durch die Institutionen – einer kam durch.‹ Die zunehmende Integration der Grünen in dieses Staatswesen führt dazu, daß rebellische Elemente aus den Grünen herausgehen oder sich erst gar nicht mehr mit ihnen identifizieren. Ich glaube, das ist auch ein Grund dafür, daß viele Jugendliche, die gegen die herrschenden Verhältnisse rebellieren, etwa bei Hausbesetzungen, in der Hafenstraße, in Wackersdorf, sich bei den Grünen nicht mehr wiederfinden.«

Die SPD als einzige Partei, in der sich Emanzipation und Aufklärung vorantreiben ließen, wie Tilman Fichter meint?

Die Partei der Grünen als Produkt der APO-Umbrüche und letzter Zug Richtung Karriere, der nichts Schlimmeres passieren könnte als eine »Versozialdemokratisierung«, wie Rainer Trampert fürchtet?

Eine dritte Variante fügt Wolfgang Lefèvre hinzu: Was solle man als »68er« heute machen, fragt er und liefert die Antwort gleich mit. »Wäre man Realpolitiker, würde man in die SPD gehen. Aber ich würde mich da nicht wohl fühlen, weil die sozialistischen Traditionen verschüttet sind. Mit den Grünen geht man bei bestimmten Aktionen auf die Straße, aber dort fehlt eine langfristige politische Perspektive.«[17] Eine politische Heimat gäbe es für ihn nicht, und so schließt er auf andere Ex-Genossen aus dem SDS: »Für das, was sie bewegt, haben sie im Moment keine realen Voraussetzungen, um Politik zu machen.«

Er berichtet von einem Treffen ehemaliger SDS-Genossen, das 1985 in Berlin unter Regie von Bernd Rabehl und mit finanzieller Unterstützung der Stiftung Volkswagenwerk stattgefunden habe.

»Ich bin da mit gemischten Gefühlen hingegangen, und es war wirklich wie ein Klassentreffen. Aber die Leute haben sich nicht auf die Schulter geklopft und gesagt, Mensch, weißt du noch? So wäre es mir eigentlich am liebsten gewesen, weil das klare Verhältnisse geschaffen hätte. Aber die sind gleich wieder eingestiegen in die alten Debatten, als wären inzwischen nicht 20 Jahre vergangen. Eine völlig irrsinnige Situation.« Und im Nachsatz fügt er hinzu: »Warum machen die so ein Treffen? Weil sie sich in anderen Bürgerbewegungen völlig fremd vorkommen.«

Meine Zusammenkunft mit Wolfgang Lefèvre kommt unter merkwürdigen Umständen zustande. Eigentlich, sagt er am Telefon, habe er keine Lust, überhaupt etwas zu sagen. Man sollte das Thema doch lieber wie ein historisches bearbeiten oder mal untersuchen, wie die Berichterstattung über die Studentenrevolte ausgesehen habe.

Wir verabreden uns dennoch, abends in einer Kneipe in

Berlin-Moabit. Wolfgang Lefèvre, heute 46 Jahre alt, hat so ziemlich alle Posten eines Studenten-Politikers innegehabt, die es gab. Er war AStA-Vorsitzender an der FU, Konventsvorsitzender, SDS-Vorstandsmitglied.

Jahrelang hat er Hochschulreform-Vorschläge in irgendwelche Gremien hineingetragen und miterlebt, wie sie alle mehr oder minder unbeachtet in der Ablage landeten. Als plötzlich die Zwangsexmatrikulation anstand, sah er seine Chance gekommen.

Zum erstenmal schlossen sich auch konservative Studenten der Formulierung an, es gelte die Freiheit der Universität als Problem zu sehen, das über die Grenzen der Universität hinausweist. Das war im Juni 1966, am Vorabend des ersten großen Sit-ins an der FU. Von da an ging alles schneller. Und spätestens seit seinem Beitrag in dem zusammen mit Rudi Dutschke, Uwe Bergmann und Bernd Rabehl verfaßten APO-Bestseller »Die Rebellion der Studenten« galt er Zehntausenden außerhalb Berlins als einer der Wortführer der studentischen Opposition.

Heute lehrt Wolfgang Lefèvre als Privatdozent für Philosophie an der Freien Universität Berlin. Hinter dem hochtrabenden Wort Privatdozent verbirgt sich eine Lehrberechtigung ohne Einkommen.

Wir überlegen lange, ob und wie ich darüber schreiben soll. »Das kommt«, fürchtet er, »immer in einen bestimmten Kanal.« Aber auch dieser Teil seiner Geschichte hat mit der Studentenbewegung zu tun. 1969, der SDS war ein mehr oder minder zersplitterter Verband, engagierte sich Wolfgang Lefèvre beim Aufbau einer K-Gruppe. Lange blieb er dort nicht, bereits zwei Jahre später setzte sich bei ihm der Gedanke durch, daß man es mit einer »Erkenntnis ohne Bewegung« zu tun hätte – mit den typischen Folgen des Sektierertums: Ehemalige Freunde hätten sich nicht mehr gegrüßt, einander als »Konterrevolutionäre« bezeichnet, als »Revisionist«. Wolfgang Lefèvre heute: »Eine erschreckende Erkenntnis.« Bereits 1971 sagte er sich los, damals stand bereits ein Assistentenvertrag in Aussicht, und am 1.2.1972 sollte er eingestellt werden. Einen Tag vorher hatten die Ministerpräsidenten den Extremistenbeschluß erlassen.

Wolfgang Lefèvre wurde das erste Opfer. Zwar wurde er zunächst eingestellt, aber der Senat für Wissenschaft veranlaßte die Kündigung. Die Universität klagte dagegen, Wolfgang Lefèvre trat in der Rolle des Nebenklägers auf. Das Verfahren zog sich hin, die Lage auf dem akademischen Arbeitsmarkt wurde aussichtsloser, und 1977 kam dann das endgültige »Aus«. Die Universität verlor den Prozeß, in die Revision zu gehen wurde unterbunden. Später, 1982, wurde Wolfgang Lefèvre immerhin ein Zeitvertrag auf eine Professur zugebilligt. Ironie des Schicksals: Damals hatte die CDU die Regierungsgewalt in Berlin übernommen.

Seine Haltung gegenüber der APO-Revolte als die Resignation eines Frustrierten und Gebeutelten abzutun, das wäre dennoch falsch. Fertige Antworten sind das nicht, die er mir bei unserem Interview gibt. Er wägt ab, denkt nach, formuliert vorsichtig.

»Man darf sich nichts vormachen«, sagt er, »es erscheint heute einfach lächerlich, wenn man von Revolution redet. Das soll gar nicht heißen, daß ich von der Zeit nichts mehr wissen will, aber man muß realistisch sein und sehen, daß man damals in Phantasmagorien schwelgte. (...) Es gab keine Arbeiterbewegung, die der eigentliche Träger dieser Bewegung hätte sein müssen. Man kann nicht stellvertretend die Revolution betreiben.«

Als was sich die Studentenbewegung ihm denn heute darstelle, möchte ich von Wolfgang Lefèvre wissen. Er zögert mit einer Antwort. Ein Großteil dessen, meint er schließlich, was heute als spezifisch für die Studentenbewegung angesehen werde, sei ein Selbstläufer gewesen. »Das liegt schon an den Leuten, die da mitgemacht haben. Man ist ja von einem Glaskasten in den nächsten gekommen, von der Schule an die Universität, war vor der gesellschaftlichen Realität bewahrt wie in einem Brutkasten. Und da, wo die Rebellion über die Mauern der Universität hinausging, etwa später bei den Häuserbesetzungen, ist ja auffällig, daß Studenten gar nicht die tragende Rolle gespielt haben.«

Vielleicht sei die Studentenbewegung am ehesten noch ein Randphänomen gewesen, das das Ende der Adenauer-Ära begleitet habe, ein »Epi-Phänomen in einer Phase der Normalisierung völlig einseitiger Nachkriegsverhältnisse«, sagt er und bringt damit einen neuen Begriff ins Spiel, »ein klein bißchen weniger Kaiser Wilhelm. Und das ist gut so.«

Wolfgang Lefèvre: »Solche Epi-Phänomene haben ein Eigenleben, das über das hinausgeht, was zu einem Regierungswechsel nötig gewesen wäre, einfach weil die Handelnden, die Studenten, keine Rücksicht nehmen mußten. Es fing ja damit sehr moralisch an, daß die Kinder der Re-Education den Soll-Zustand mit dem Ist-Zustand verglichen. Vietnam war in diesem Zusammenhang wie ein Trauma: Der, von dem man Demokratie gelernt hatte, handelte plötzlich völlig entgegen den eben gelernten Grundsätzen. Das griff der SDS auf, und die Auseinandersetzung mit dem Marxismus gehörte dann schon zum Eigenleben des Epi-Phänomens.« Am Ende seiner Erklärung räumt er allerdings ein, das treffe auch nur einen Teil der Wahrheit, und gibt zu: »Ich habe keine plausible Erklärung.«

Das klingt so ratlos, wie die Formulierung resigniert klingen mag, die »68er« seien heute »Fossile«, die keinen rechten Platz hätten, an dem sie sich politisch engagieren könnten. Doch gleich darauf wird der Privatdozent wieder kämpferisch. »Aber auf der Analyseseite lagen wir völlig richtig, und die sozialistische Ausrichtung, die ich damals erfahren habe, nehme ich nicht zurück. Denn die Probleme, die wir damals analysiert haben, werden wieder auf diese Gesellschaft zukommen. Bei zweieinhalb Millionen Arbeitslosen ist das nur eine Frage der Zeit. Vielleicht gelten die alten ›68er‹«, sagt er, »dann einmal als die Vorläufer dieser kommenden Auseinandersetzungen.« Ein wenig selbstironisch klingt das schon, aber er wird, kurz bevor wir uns verabschieden, wieder ernst.

»Heute«, sagt er, »wäre eine moralische Empörung wie damals gar nicht möglich. Statt moralischer Entrüstung herrscht heute eher Zynismus bei den Jugendlichen.« Er sehe das an seinem Sohn, der übrigens in meinem Alter sei. »Doch dieser Zynismus ist zu einem großen Teil Selbstschutz.« Und um die Folgen der Studentenbewegung ad acta zu legen, sei es noch viel zu früh. »Es ist noch nichts entschieden.«

Vieles ist nicht entschieden, auch die Frage, in welcher Partei ehedem APO-Bewegte ihr Aktionsfeld sehen, bleibt ungeklärt, zu beantworten nur von jeder und jedem einzelnen. Das weist zurück zum »Paradoxon des Erfolges« und zur »Ambivalenz zwischen Scheitern und Erfolg«: Die »alten 68er« werden, weil sie nie als geschlossene Menge auftraten, aus allen Richtungen kamen, alle möglichen politischen Überzeugungen mitbrachten, auch nie als geschlossene Gruppe irgendwo besonders dingfest zu machen sein. Und gerade weil dies so ist, weil sie überall sitzen, im Bundestag, in Parteien, Instituten, Behörden usw. konnte die Studentenbewegung kulturpolitisch, klimatisch, atmosphärisch – oder welchen Begriff man immer verwenden möchte –, so erfolgreich sein. Ein Erfolg, der gleichzeitig vielfach getrübt ist, wie dieses Kapitel zu zeigen versucht hat.

Vieles wurde in diesem Buch nicht berücksichtigt. Die Musik, die Kunst, die Studentenbewegungen in anderen Ländern wurden nur am Rande erwähnt. Die 60er Jahre haben Stoff für viele Bücher geliefert und werden dies weiter tun. Doch selbst die relativ enge Beschränkung auf die Bundesrepublik fördert ein Bild zutage, das, auch nach einer Reise quer durch Deutschland, nach mehr als 60 Interviews, widersprüchlich bleibt. Sowenig einheitlich die Zeit der späten 60er Jahre von ihnen beurteilt wird, so unterschiedlich ihre Rollen und Standpunkte waren und sind, sowenig unterliegen die APO-Revolutionäre einer einheitlichen Sozialisation, einem »APO-Lebenslauf«.

Es ist nichts entschieden.

# VII. Zeittafel

## 1960

|  |  |
|---|---|
|  | Bundesinnenminister Gerhard Schröder legt einen ersten Entwurf für eine Notstandsgesetzgebung vor. |
| Ostern | Etwa 1200 Menschen demonstrieren nach mehrtägigem Marsch durch die Lüneburger Heide vor dem Raketengelände Bergen-Lohne gegen die Stationierung von Atomraketen. Der erste Ostermarsch in Deutschland. |
| 9.5. | Eine Gruppe von Studenten trennt sich vom SDS und gründet den SPD-konformen Sozialistischen Hochschulbund (SHB). |
| 19.7. | Die SPD bricht die Beziehungen zum SDS offiziell ab. |
| Juni | Studentenunruhen und Massenstreiks in Tokio. |
| Juli | In der Republik Kongo wird, einen Monat nach der Unabhängigkeitserklärung, der Ministerpräsident Patrice Lumumba verschleppt. Die Separatistenregierung Moise Tschombés übernimmt die Regierungsgewalt. Im Januar 1961 wird Lumumba ermordet. |

## 1961

|  |  |
|---|---|
| 20.1. | John Fitzgerald Kennedy wird Präsident der Vereinigten Staaten. |
| 3.4. | Etwa 10000 Menschen folgen dem Aufruf der Ostermarschbewegung. Die Vorstände von SPD und DGB hatten ihren Mitgliedern die Teilnahme untersagt. |
| 16.4. | US-Invasion in der kubanischen Schweinebucht. |

| | |
|---|---|
| Sommer | Mehr als 15000 Menschen verlassen monatlich die DDR. |
| 13.8. | Mauerbau in Berlin. |
| 17.9. | Bei den Bundestagswahlen verliert die CDU/CSU erstmals ihre absolute Mehrheit. Die SPD erringt mit dem neuen Godesberger Programm von 1959 mehr als 35 Prozent der Wählerstimmen. |
| Herbst | 50 bis 100 Kinder mit bis dahin unbekannten Behinderungen werden monatlich geboren. Die Contergan-Affäre wird zum bis dahin größten Pharma-Skandal, doch Jahre vergehen, bis den Betroffenen eine – wenn auch geringe – Entschädigung zugesprochen wird. |
| 8.11. | Der »Unvereinbarkeitsbeschluß« verbietet SPD-Mitgliedern künftig die Mitgliedschaft im SDS oder im Förderkreis des Sozialistischen Studentenbundes. Im Herbst erscheint die hochschulpolitische Denkschrift des SDS, »Hochschule in der Demokratie«. Die Studentenschaft müsse, so heißt es darin, treibende Kraft der Reform an den bürgerlich-technokratischen Universitäten werden. |
| Dezember | Südvietnams Präsident Diem erhält von den USA militärische Hilfe für den Kampf gegen den Vietcong. Immer mehr Soldaten, Berater und technisches Gerät werden nach Vietnam verschifft. |

## 1962

| | |
|---|---|
| 14.2. | Der Rektor der FU verbietet eine vom Konvent der Freien Universität beschlossene Sammlung zugunsten algerischer Flüchtlinge. Die Studentenschaft habe kein politisches Mandat. Als im Juni Studenten für Kommilitonen in der sowjeti- |

| | schen Besatzungszone sammeln wollen, wird dieses erlaubt. |
|---|---|
| 27.3. | In Vietnam unterstützen US-Militärs regierungstreue Truppen bei der ersten großen Offensive gegen den Vietcong. |
| April | Mehr als 50000 Menschen folgen den Aufrufen der Ostermarsch-Bewegung. |
| Juni | Weil Münchener Polizisten zwei Straßenmusikanten wegen »ruhestörenden Lärms« festnehmen wollen, kommt es in Schwabing an mehreren Tagen zu Straßenschlachten zwischen Jugendlichen und den Ordnungshütern. |
| 1.10. | Nur mit Hilfe der National Guard kann sich James Meredith als erster Schwarzer an der Universität Oxford in Mississippi, USA, einschreiben. |
| Oktober/ November | Kuba-Krise. Präsident Kennedy stellt Chruschtschow ein Ultimatum und blockiert die Zuckerinsel. Die sowjetischen Raketenbasen werden daraufhin abgebaut. |
| | Die »Spiegel«-Affäre. Rudolf Augstein und mehrere Redakteure werden inhaftiert und des Landesverrats bezichtigt. Die Vorwürfe erweisen sich als haltlos, die FDP kündigt die Mitarbeit im vierten Kabinett Adenauers auf. Erst als Bundesverteidigungsminister Franz Josef Strauß seinen Hut nimmt, wird das fünfte Kabinett gebildet. Augstein bleibt allerdings bis zum 7.2.1963 inhaftiert, obwohl ein Hauptverfahren mangels Beweisen nicht eingeleitet werden konnte. |
| | Bundesinnenminister Hermann Höcherl legt seinen, auf der Grundlage des von seinem Amtsvorgänger Schröder erarbeiteten Entwurf, zur Notstandsgesetzgebung vor. |

## 1963

| | |
|---|---|
| 20.2. | Rolf Hochhuths Theaterstück »Der Stellvertreter« wird uraufgeführt, sofort entbrennen heftige Diskussionen um das Verhältnis der Kirche zum Nationalsozialismus. |
| Juni | Präsident Kennedy besucht die Bundesrepublik und Berlin, wo er den berühmten Satz, »Ich bin ein Berliner« radebrecht. |
| 19.8. | Die Bundesrepublik unterzeichnet das Atomteststopp-Abkommen. |
| 24.8. | In Südvietnam ruft der katholische Präsident Diem das Kriegsrecht aus, weil mehrere buddhistische Mönche mit Selbstverbrennung gegen sein Regime demonstriert haben und es zu Unruhen unter den Buddhisten kommt. |
| 13.10. | Die englische Band »The Beatles« wird durch eine BBC-Show über Nacht berühmt. |
| 15.10. | Bundeskanzler Adenauer tritt, wie bereits ein Jahr zuvor während der Kabinettsumbildung angekündigt, zurück. Sein Nachfolger wird Ludwig Erhard. |
| 22.11. | John F. Kennedy wird in Dallas, Texas, ermordet. Vizepräsident Lyndon B. Johnson tritt seine Nachfolge an. |
| 1.12. | Der südvietnamesische Präsident Diem wird ermordet. Amerikanische Piloten bombardieren »Vietcongdörfer«. |

## 1964

| | |
|---|---|
| 15.2. | Bei dem außerordentlichen Parteitag der SPD wird Willy Brandt, Regierender Bürgermeister Berlins, zum Parteivorsitzenden gewählt. |
| 5.5. | Die Jahrestagung des Bundes deutscher Werbeleiter wird von zwei Mitgliedern der »Subversi- |

|         | ven Aktion«, Dieter Kunzelmann und Frank Böckelmann, gestört. Von der Empore der Stuttgarter Liederhalle flattern Flugblätter mit dem »Aufruf an die Seelenmasseure«. Kunzelmann und Böckelmann werden festgenommen, später vor Gericht freigesprochen. |
|---|---|
| 1.7. | Heinrich Lübke wird erneut zum Bundespräsidenten gewählt, unbeeindruckt vom Spott, den Karikaturisten und Kabarettisten über ihm ausgießen und allen zum Trotz, die wegen seiner Beteiligung am Bau von KZs gegen seine Präsidentschaft demonstriert hatten. |
| 2.8. | Im Golf von Tonking wird, amerikanischen Militärberichten zufolge, der Zerstörer »Maddox« von nordvietnamesischen Torpedobooten angegriffen. Präsident Johnson ordnet Vergeltungsschläge an, die im Februar 1965 als Manöver »Rollender Donner« über Vietnam hereinbrechen. Erst 1971, mit der Veröffentlichung geheimer »Pentagon-Papiere«, stellt sich heraus, daß der Angriff auf die »Maddox« nicht stattgefunden hat. |
| September | Massenstreiks und Universitätsbesetzung in Berkeley, Kalifornien, weil der Black-Power-Führer Malcolm X Redeverbot erhalten hatte. Bis zum Dezember dauern die Auseinandersetzungen zwischen Polizei und Studenten, bis am 8.12. alle Forderungen der Studenten erfüllt und Inhaftierte freigelassen werden. |
| 15.10. | Sturz Nikita Chruschtschows. |
| 28.11. | Gründung der Nationaldemokratischen Partei Deutschlands (NPD) in Hannover. Zwischen '66 und '68 zieht die NPD in insgesamt sieben Landtage ein, teilweise mit mehr als zehn Prozent der Stimmen. |
| 18.12. | Moise Tschombé beehrt Berlin mit seinem Besuch. Bei Demonstrationen gegen den kongolesischen Ministerpräsidenten durchbrechen Stu- |

denten die Polizeiabsperrungen und dringen bis zum Rathaus Schöneberg vor.

## 1965

| | |
|---|---|
| 21.2. | Malcolm X, radikaler Schwarzenführer, wird in New York erschossen. |
| 28.2. | Rudi Dutschke, Mitglied der Berliner »Anschlag-Gruppe«, einer Fraktion der Subversiven Aktion, wird in den politischen Beirat des SDS gewählt und bildet zusammen mit Bernd Rabehl eine antiautoritäre »Keimzelle« im SDS. |
| 17.4. | Mehr als 25 000 Menschen demonstrieren in Washington gegen Amerikas Vietnam-Politik. |
| 7.5. | »Restauration oder Neubeginn« – unter diesem Motto soll im Auditorium Maximum eine Podiumsveranstaltung stattfinden, zu der auch Erich Kuby geladen ist. Die Diskussion muß ins Studentenhaus verlegt werden, weil Erich Kuby Hausverbot an der Freien Universität hat. Proteste und Institutsstreiks folgen – das Kuby-Krippendorff-Semester an der FU Berlin. |
| 30.5. | Zusammen mit anderen Hochschulgruppen veranstaltet der SDS in Bonn den Kongreß »Demokratie vor dem Notstand«. |
| 1.6. | Das erste »Kursbuch«, herausgegeben von Hans Magnus Enzensberger und K. M. Michael, erscheint in Frankfurt. |
| 23.6. | »Jesus war der erste Gammler« – für diese Inschrift an der Berliner Gedächtniskirche werden fünf »Gammler« verhaftet. |
| 19.8. | In Frankfurt endet der Auschwitz-Prozeß mit sechs lebenslangen, elf Zeitstrafen und drei Freisprüchen. |
| 15.9. | »I can't get no satisfaction«, viel weiter als über diesen Song kommen die Rolling Stones bei ihrem Konzert in der Berliner Waldbühne nicht. |

|        | Bei mehrstündigen Straßenschlachten werden 85 Jugendliche vorübergehend festgenommen, 87 verhaftet, 17 S-Bahn-Waggons werden demoliert. |
|---|---|
| 19.9. | Bundestagswahl, Ludwig Erhard wird erneut Kanzler. |
| 16.10. | Denkschrift des Rats der Evangelischen Kirche in Deutschland über die »Lage der Vertriebenen und das Verhältnis des deutschen Volkes zu seinen östlichen Nachbarn«. |
| Oktober | Vietnam-Day: In Amerika protestieren über 100000 Studenten an mehr als 30 Colleges gegen den Krieg in Vietnam. |
| 13.12. | Beginn einer SDS-Ausstellung in Berlin über den Vietnam-Krieg. |

## 1966

| | |
|---|---|
| 3./4.2. | »Amis raus aus Vietnam« steht auf den Plakaten, die Berliner SDS-Mitglieder in der Nacht geklebt haben. Vier SDSler werden dabei verhaftet, aber am 5.2. demonstrieren mehr als 2500 gegen den Vietnam-Krieg, einige ziehen zum Amerika-Haus und bewerfen die Fassade mit Eiern. Empörung allüberall. |
| März | Amsterdamer »Provos« bewerfen die Hochzeitskarosse der Königin Beatrix mit Rauchbomben. |
| 26.3. | »Internationaler Tag des Protests«, 100000 Demonstranten marschieren durch New York. |
| 8.4. | 30000 amerikanische Militärangehörige werden von Deutschland nach Vietnam verlegt. |
| 22.5. | »Vietnam – Analyse eines Exempels« – unter diesem Motto beginnt in Frankfurt der erste Vietnam-Kongreß des SDS, an dem mehr als 2000 Studenten, Professoren und Gewerkschafter teilnehmen. |
| 25.5. | Die »Große proletarische Kulturrevolution« beginnt im Speisesaal der Pekinger Universität mit dem Anschlag einer Wandzeitung. |

| | |
|---|---|
| Juni | Am Kochel-See in Bayern treffen sich neun Männer, fünf Frauen und zwei Kinder, Mitglieder der Münchner Subversiven Aktion um Dieter Kunzelmann und des Berliner SDS-Arbeitskreises »Formierte Gesellschaft« um Bernd Rabehl und Rudi Dutschke. Auf der Grundlage von Herbert Marcuses gerade auf deutsch erschienenen Werkes »Der eindimensionale Mensch« diskutieren sie über die Möglichkeiten, in Kommunen persönliche und politische Sphäre miteinander zu verbinden. |
| 22./23.6. | Erstes großes Sit-in an der Freien Universität Berlin, mehr als 3000 Studentinnen und Studenten fordern den Unirektor zu einer Diskussion über die Zwangsexmatrikulation und das Raumvergabeverbot für politische Veranstaltungen der Studenten heraus. Bis spät in die Nacht wird das Sit-in als Teach-in fortgesetzt. |
| Sommer | San Francisco und New York werden die Hochburgen der Hippie-Bewegung. »Aufklärungspapst« Kolle avanciert zum »Leitrammler der Nation«. |
| August | »Africa Addio«, ein rassistischer Film über Afrika, wird aufgrund des Studentenprotestes vom Programm des Berliner Astor-Kinos abgesetzt. |
| 1.10. | Herbert Marcuses Essay »Repressive Toleranz« erscheint in Frankfurt. Für unterdrückte und überwältigte Minderheiten, so heißt es darin, besteht ein Naturrecht auf Widerstand. |
| 27.10. | Die FDP verläßt die Regierungskoalition. |
| 30.10. | Über 5000 Studenten, SPD-Mitglieder, Gewerkschafter und Professoren versammeln sich in Frankfurt zum Kongreß »Notstand der Demokratie«. |
| 13.11. | Bertrand Russell eröffnet das erste »Vietnam-Tribunal«. |
| 26.11. | In Berlin sprengt das »Provisorische Komitee zur Vorbereitung einer studentischen Selbstorganisation«, hinter dem sich der Gründerkreis der späteren Kommune II verbirgt, mit Mao-Abzeichen am Revers eine Diskussion zwischen AStA und dem Unirektor um die Hochschulreform und verliest das sogenannte »Fachidioten-Flugblatt«. |

| | |
|---|---|
| 30.11. | Bundeskanzler Erhard tritt zurück. Am 1.12. wird Kurt Georg Kiesinger (CDU) Kanzler einer Großen Koalition aus CDU/CSU und SPD gewählt. In Berlin gründet sich daraufhin die »Novembergesellschaft«. |
| 3.12. | Heinrich Albertz, SPD, wird Regierender Bürgermeister in Berlin. |
| 10.12. | Rudi Dutschke ruft, nachdem eine Demonstration gegen den Vietnam-Krieg wegen des verkaufsoffenen Sonnabends durch menschenleere Straßen umgeleitet wurde, zur Gründung einer außerparlamentarischen Opposition auf. Am selben Abend kommt es zu Tumulten und Festnahmen, weil Kommunarden auf dem Ku'damm Pappmaché-Figuren, die Lyndon B. Johnson und Walter Ulbricht darstellen, verbrennen. |
| 18.12. | Spaziergangsdemo auf dem Ku'damm. Polizei verhaftet wahllos 90 Demonstranten, Hausfrauen, Journalisten. |

## 1967

| | |
|---|---|
| 1.1. | Rainer Langhans, Fritz Teufel, Dieter Kunzelmann u. a. gründen in Berlin die Kommune I. Bereits im Mai werden sie wegen »falscher Unmittelbarkeit« und Gefährdung der Förderungswürdigkeit des SDS aus dem SDS ausgeschlossen. |
| 26.1. | Die Mitgliederkartei des Berliner SDS wird beschlagnahmt. |
| Januar | Studentenunruhen brechen in Spanien und Italien aus. |
| 5.4. | Elf Kommunarden werden von der Berliner Polizei verhaftet, weil sie angeblich einen Sprengstoffanschlag gegen den amerikanischen Vizepräsidenten Hubert Humphrey vorhaben. Die unbekannten »Bombenchemikalien«, die die Polizei |

|        | sicherstellt, entpuppen sich als Puddingpulver und Farbstoff. |
|---|---|
| 19.4.  | Tod Konrad Adenauers. |
| 21.4.  | Militärputsch in Griechenland. |
| 30.4.  | Der »Republikanische Club« wird in Berlin gegründet. |
| 21.5.  | Großbrand in einem Brüsseler Kaufhaus fordert 253 Menschenleben. Einige Tage darauf tauchen in Berlin Flugblätter auf, die das Feuer mit den Napalmverwüstungen in Vietnam vergleichen und fragen: »Wann brennen die Berliner Kaufhäuser?« |
| 2.6.   | Der Schah von Persien besucht mit seiner Frau Berlin. Noch am Vorabend hat Bahman Nirumand, Professor persischer Herkunft, auf einem Teach-in über 3000 Studenten über die Schah-Diktatur in seiner Heimat aufgeklärt. Abends vor der Deutschen Oper prügeln lattenbewehrte »Jubelperser« auf die Demonstranten ein, während die Polizei tatenlos zusieht. Als Greiftrupps flüchtende Studenten verfolgen, wird im Hinterhof des Hauses Krumme Straße 66/67 der Student Benno Ohnesorg erschossen. Über Berlin wird ein generelles Demonstrationsverbot verhängt, doch am nächsten Tag treffen sich mehr als 6000 Studierende auf dem Campus. In der ganzen Bundesrepublik demonstrieren Studenten und Professoren. Als der Sarg Ohnesorgs am 8.6. nach Hannover überführt wird, reihen sich mehr als 15000 Menschen in den Trauerzug ein. Die DDR läßt die Wageneskorte unkontrolliert passieren, zum erstenmal in der deutsch-deutschen Geschichte. Am 9.6. findet in Hannover der Kongreß »Bedingungen und Organisation des Widerstandes« statt, bei dem der Frankfurter Professor Habermas erstmals seinen Vorwurf vom »linken Faschismus« erhebt. |

| | |
|---|---|
| 22.6. | 100 Studenten der Berliner ESG hungern für die Freilassung Fritz Teufels. |
| 10.7. | Herbert Marcuse kommt zu vier Vorträgen nach Berlin. Während er unter dem Motto »Das Ende der Utopie« mit Studenten über die Möglichkeiten der antiautoritären Revolte diskutiert und dabei immer wieder auf die amerikanische Bürgerrechtsbewegung verweist, kommt es in Newark zu den größten Schwarzen- und Farbigen-Aufständen in den USA. Der Einsatz der Nationalgarde fordert 27 Tote und 1100 Verletzte. |
| 26.9. | Heinrich Albertz tritt von seinem Amt als Regierender Bürgermeister zurück. |
| 10.10. | Ernesto Che Guevara wird in Bolivien festgenommen und ermordet. |
| 21.10. | Das Pentagon kann nur mit Hilfe von etwa 10 000 Soldaten und Polizisten vor den mehr als 250 000 Belagerern geschützt werden, die gegen den Vietnam-Krieg demonstrieren. Vietnam-Demonstrationen auch in Rom, London, Paris, Berlin, Amsterdam und anderen europäischen Metropolen. |
| 1.11. | Im Berliner Audimax wird die Kritische Universität gegründet. In 33 Arbeitskreisen lernen die Studenten fortan auf eigene Rechnung, das Springer-Tribunal wird vorbereitet, ebenso der Vietnam-Kongreß. |
| November | 525 000 Mann – so viele amerikanische Soldaten kämpfen in Vietnam. |
| 9.11. | »Unter den Talaren Muff von tausend Jahren« – mit diesem Spruchband, entrollt anläßlich der feierlichen Rektoratsübergabe im Hamburger Audimax, liefern die beiden Studenten Gert-Hinnerk Behlmer und Detlev Albers eine der fortan geflügelten Parolen der Studentenrevolte. |
| 23.11. | Karl-Heinz Kurras, Kriminalobermeister in Berlin, wird von der Anklage der fahrlässigen Tötung des Studenten Ohnesorg freigesprochen. |
| 28.11. | Eröffnung des Prozesses gegen Fritz Teufel, dem |

|  |  |
|---|---|
|  | zur Last gelegt wird, bei der Anti-Schah-Demonstration Steine geworfen zu haben. Die über 1000 Demonstranten vor dem Gerichtsgebäude werden mit Wasserwerfern auseinandergetrieben. |
| 24.12. | Als Rudi Dutschke während des Weihnachtsgottesdienstes in der Berliner Gedächtniskirche über den Vietnam-Krieg redet, wird er beim Verlassen der Kirche von einem Gottesdienstbesucher niedergeschlagen. |

## 1968

| | |
|---|---|
| 5.1. | Alexander Dubcek wird Parteichef der ČSSR, der »Prager Frühling« beginnt. |
| 30.1. | Im Verlauf der »Tet-Offensive« dringen Vietcong-Streitkräfte bis nach Saigon vor. Die US-Regierung willigt in die Aufnahme von Friedensgesprächen ein. |
| 1.2. | Vorbereitungsveranstaltung für das »Springer-Tribunal« in Berlin. Holger Meins zeigt einen Film über den Bau von Molotow-Cocktails. Unbekannte zertrümmern nachts die Fenster mehrerer Springer-Filialen. |
| 17.2. | »Internationaler Vietnam-Kongreß« in Berlin. Am nächsten Tag marschieren mehr als 12 000 Menschen durch die Stadt, nachdem ein vom Senat verhängtes Demonstrationsverbot gerichtlich aufgehoben wurde. |
| 18.2. | Jerry Rubin und Abbie Hoffmann gründen in den Vereinigten Staaten die Youth International Party, die »Yippies«. |
| 21.2. | DGB, Senat und Springer-Konzern rufen nach der Vietnam-Demonstration zu einer Gegenkundgebung auf, an der sich ca. 60 000–80 000 Berliner beteiligen. Motto: »Berlin darf nicht Saigon werden!«. Aber auch: »Dutschke Volksfeind Nummer 1«. |

| | |
|---|---|
| 16.3. | Amerikanische Soldaten verwüsten das vietnamesische Dorf My Lai und töten seine Einwohner. |
| 3.4. | In zwei Frankfurter Kaufhäusern explodieren Brandsätze. Am Tag darauf werden Baader, Ensslin, Söhnlein und Proll als Täter festgenommen. |
| 4.4. | Martin Luther King wird in Memphis erschossen. Bei den darauffolgenden Aufständen in 125 amerikanischen Großstädten werden 46 Menschen getötet, mehr als 2000 verletzt und 21000 verhaftet. |
| 11.4. | Rudi Dutschke wird von Josef Bachmann mit drei Schüssen niedergestreckt und lebensgefährlich verletzt. Bei den darauffolgenden Demonstrationen gegen den Springer-Konzern werden mehrere Verlagsfahrzeuge in Brand gesteckt. Die Molotow-Cocktails hierfür stellte der Berliner Verfassungsschutz in Person des »Agents provocateurs« Peter Urbach zur Verfügung. In der ganzen Bundesrepublik entbrennen Straßenschlachten. Die Auslieferung der Springer-Zeitungen zu verhindern gelingt aufgrund des massiven Polizeieinsatzes allerdings kaum. Die Osterunruhen sind die bis dahin schwersten Auseinandersetzungen zwischen Demonstranten und Polizei in der Geschichte der Bundesrepublik, 400 Menschen werden zum Teil schwer verletzt, zwei Personen, ein Student und ein Pressefotograf, sterben. Elf Jahre später, Weihnachten 1979, ertrinkt Rudi Dutschke nach einem Anfall, Folge des Attentats, in Aarhus in der Badewanne. |
| Mai/Juni | Pariser Mai-Unruhen. Die Gewerkschaften CGT und CFDT schließen sich den französischen Studenten an, Millionen Arbeiter streiken, zeitweise überlegt die Regierung de Gaulles, mit Hilfe in Deutschland stationierter Truppen den Aufstand unter Kontrolle zu bringen. Erst Reformzusagen, das Versprechen, Neuwahlen anzu- |

setzen und massiver Einsatz von Staatsgewalt beenden die Mai-Revolte. Daniel Cohn-Bendit wird des Landes verwiesen.

Auf der ganzen Welt kommt es, in Verlauf und Entwicklung unabhängig voneinander, zu Studentenaufständen, etwa in Rom, Mailand, Rio de Janeiro, Tokio, New York ...

30.5. Alle Demonstrationen, Sternmärsche und Kongresse, Universitätsbesetzungen und Streiks haben nichts genutzt: Die Notstandsgesetze werden verabschiedet.

3.6. »Die Scheinrevolution und ihre Kinder« – Jürgen Habermas' Thesen, vorgebracht auf einem Studentenkongreß, lösen kontroverse Diskussionen aus.

5.6. Robert Kennedy wird ermordet.

21.8. Russische Panzer dringen in die ČSSR ein und beenden den »Prager Frühling« gewaltsam.

13.9. Sigrid Rüger, SDS, schmeißt ihrem SDS-Genossen Hans-Jürgen Krahl eine Tomate ins Gesicht. Die SDS-Frauen proben den Aufstand gegen die »sozialistischen Eminenzen mit den bürgerlichen Schwänzen«.

16.9. Die Deutsche Kommunistische Partei wird gegründet.

2.10. Zehn Tage vor den Olympischen Spielen schießt die mexikanische Polizei in eine Studentenversammlung und bringt 500 Menschen um.

4.11. Ehrengerichtsverhandlung gegen Horst Mahler im Gericht am Tegeler Weg. Bei der Straßenschlacht vor dem Gerichtsgebäude zwingen die etwa 1000 Demonstranten, unter ihnen Berliner Rocker, erstmals die Polizei zur Flucht. Der Berliner SDS feiert die Schlacht als großen Erfolg. Der SDS zerfällt, wie die nächste Delegiertenkonferenz in Hannover zeigt, immer mehr in einzelne Fraktionen.

8.11. Beate Klarsfeld ohrfeigt Bundeskanzler Kiesinger.

## 1969

| | |
|---|---|
| 12.1. | Die wegen der Teilnahme an den Jugendfestspielen in Sofia ausgeschlossenen SDSler gründen den MSB-Spartakus. |
| 20.1. | Richard M. Nixon wird amerikanischer Präsident. |
| 5.3. | Gustav Heinemann wird Bundespräsident. Die Kommune I wird durchsucht, dabei wird laut BKA-Wiesbaden ein Spreng-Brandsatz mit Zeitzünder sichergestellt. |
| 1.4. | Das »Sozialistische Büro« wird, unter dem Eindruck der sich mehrenden K-Gruppen, vor allem von Mitgliedern der ehemaligen Kampagne für Demokratie und Abrüstung in Offenbach gegründet. |
| Mai | An der FU werden mehrere Institute besetzt und teilweise erst unter Polizeieinsatz wieder geräumt. |
| 7.5. | Weil die Räume der »Konkret«-Redaktion in Hamburg vorsorglich verrammelt wurden, stürmen etwa 30 Berliner die Blankeneser Villa des »Konkret«-Herausgebers und Ulrike-Meinhof-Ehemanns Klaus Rainer Röhl. Ulrike Meinhof, Kolumnistin des Blattes, hatte sich bereits einige Wochen zuvor von ihrem Mann getrennt und war nach Berlin gezogen. |
| 12.6. | »Die revolutionäre Berufspraxis im Klassenkampf« vorzubereiten schreibt sich die Rote Zelle Germanistik an der Freien Universität Berlin aufs Panier, die an diesem Tag gegründet wird. »Zerschlagung der Bourgeoisie« und »Bekämpfung der Klassenuniversität« sind weitere Formulierungen aus der Klassenkampfrhetorik der »Rotzeg«. |
| 21.7. | Neil Armstrong hinterläßt seine Fußstapfen auf dem Mond. |

| | |
|---|---|
| 17.8. | Woodstock-Festival, drei Tage lang »love and peace«. |
| 3.9. | Ho Chi Minh stirbt im Alter von 79 Jahren. |
| September | Ausgehend von 3000 Stahlarbeitern der Hoesch AG, die wegen zu niedriger Tarifangebote streiken, schwappt über die ganze Bundesrepublik eine Streikwelle, an der sich bis zu 150 000 Arbeiter beteiligen. Der »Aufstand der Arbeiterklassen«, von den rebellierenden Studenten ersehnt, findet jedoch statt, als es eine einheitliche APO längst nicht mehr gibt. |
| 28.10. | Wahlen zum 6. Bundestag. Die Sozialdemokraten koalieren mit der FDP, und knapp einen Monat später wird Willy Brandt der erste SPD-Bundeskanzler. Die SPD, vor allem aber die Jungsozialisten, erleben einen wahren Mitgliederboom. |
| 20.12. | Brandanschlag auf das KaDeWe in Berlin. |

## 1970

| | |
|---|---|
| 10.2. | Der frühere SDS-Vorsitzende Hans-Jürgen Krahl kommt bei einem Autounfall ums Leben. Noch während der Trauerfeier wird die Auflösung des Studentenverbandes beschlossen. Ein Teil der SDSler ist mit der Gründung einer marxistischen Aufbau-Organisation beschäftigt, andere ziehen sich ganz zurück. |
| 24.2. | Dutschke-Attentäter Josef Bachmann erhängt sich in seiner Gefängniszelle. |
| 21.3. | Formelle Auflösung des SDS. Eine letzte SDS-Gruppe in Heidelberg wird nach schweren Auseinandersetzungen mit der Polizei verboten. |
| 4.4. | Andreas Baader wird zur Verbüßung der Reststrafe wegen einer Kaufhausbrandstiftung verhaftet. |

| | |
|---|---|
| 15.4. | Andreas Baader wird aus dem »Deutschen Zentralinstitut für Soziale Fragen«, in das er unter dem Vorwand gelangt war, ein Buch schreiben zu wollen, gewaltsam befreit. Organisatorinnen der Befreiungsaktion, bei der ein Mann schwer verletzt wird, sind hauptsächlich Ulrike Meinhof und Gudrun Ensslin. Die Rote Armee Fraktion (RAF) beginnt sich zu formieren. |
| 4.5. | Die Bundesregierung führt eine begrenzte Amnestie für »Demonstrationsstraftäter« ein. |

# Anmerkungen

## I. Angekommen

1) Schauer, Helmut; Prima Klima; Hamburg 1987; Seite 3.
2) zit. nach: Dorothea Hilgenburg, »Und sie bewegen sich doch«; DIE ZEIT, 18/87; Seite 24.
3) ebda; im übrigen wird der aufmerksame Zeitungsleser fast jede Woche auf ähnliche Formulierungen stoßen.
4) Mittlerweile auch als Buch erschienen: Cohn-Bendit, Daniel; »Wir haben sie so geliebt, die Revolution«; Frankfurt 1987.
5) Hajo Steinert, »Yippie, Yuppie, Yeah«; DIE ZEIT, 13/87.
6) Fatima Ingraham u. a.; »Die Kinder von Summerhill – wie sie leben, was sie wurden«; TEMPO, 2/87.
7) Oskar Negt; »Radikaler als die Studenten von 1968«; SPIEGEL-Interview; 26/87; Seite 86 ff.
8) Leserbrief von Helmut Schreppel aus Tübingen, abgedruckt im SPIEGEL, Heft 28/87; Seite 10.
9) Ekkehart Krippendorf; »Die Deutschen sind nicht mehr, was sie waren«; DER SPIEGEL, 23/87; Seite 34 ff.
10) Schwendter, Rolf (Hg.); »Apo-Adreßbuch 69/70«; Berlin 1969/70.
11) Otto, Karl A.; »Vom Ostermarsch zur APO«; Frankfurt 1977; Seite 25.
12) Dorothea Hilgenberg, a.a.O.
13) Dutschke, Rudi; »Mein Langer Marsch«; herausgegeben von Gretchen Dutschke-Klotz u. a.; Reinbek 1980; Seite 15 ff. Dort sind auch die Beiträge Augsteins und Dahrendorfs nachzulesen.
14) Schauer, Helmut (Hg.) a.a.O.; Seite 7; in dem Buch ist der gesamte Prima-Klima-Kongreß vom 21. bis 23. November 1986 dokumentiert.
15) FRANKFURTER RUNDSCHAU; 15.1.1987; dort ist der gesamte Wortlaut der Erklärung nachzulesen unter dem Titel: »Die Menschheit als Geisel«.
16) Mehr über die Mutlangen-Blockaden in: Vack, Klaus und Hanne (Hg.); »Mutlangen – unser Mut wird langen«; Komitee für Grundrechte und Demokratie; Sensbachtal 1986. Zum Zeitpunkt der Niederschrift war unklar, wie lange die Dauerblockierer noch vor Ort bleiben würden angesichts der bevorstehenden Abrüstungsverträge zwischen den Vereinigten Staaten und der Sowjetunion. Siehe dazu auch: KÖLNER STADTANZEIGER; »Blockierer müssen neue Friedens-Themen suchen«; 27.11.87; Seite 4.
17) Dieses und alle weiteren Zitate entstammen einem eigenen Interview mit Ernst Grothe am 15.4.87.

18) zit. nach: Dutschke, Rudi; a.a.O.; Seite 80 ff.
19) Siegler, v. H. v. (Hg.); »Archiv der Gegenwart«; zitiert nach Borowsky, Peter; »Deutschland 1970–1976«; Hannover 1980; Seite 111.
20) siehe auch: Knirsch, Hanspeter u. a. (Hg.); »Radikale im Öffentlichen Dienst«; Frankfurt, 1973.
21) zit. nach: Duve, Freimut; »Aufbrüche – Chronik der Republik«; Reinbek 1986; Seite 777.
22) Borowsky, Peter; a.a.O.; Seite 111.
23) Michael Passauer habe ich am 24. April 1987 interviewt.
24) Chaussy, Ulrich; »Die drei Leben des Rudi Dutschke«; Frankfurt, 1985; Seite 92.
25) Die Satzung der »Neuen Richtervereinigung« wurde mir freundlicherweise von Herrn Udo Hochschild, Richter in Tübingen und im Vorstand der Vereinigung, zur Einsicht überlassen.
26) Zitate von Ulf Panzer beruhen auf eigenem Interview vom 14. April 1987.

## II. Von Bewegungen zur Bewegung

1) Das Interview mit Andreas Buro wurde am 17. August 1987 geführt.
2) Otto, Karl A.; »Vom Ostermarsch zur APO«; Frankfurt 1977; Seite 73.
3) Buro, Andreas; »Zwischen sozial-liberalem Zerfall und konservativer Herrschaft«; Offenbach 1982; Seite 39.
4) Zinn, Howard; »A people's history of the United States«; New York 1980, Seite 462.
5) Mitscherlich, Alexander und Margarete; »Die Unfähigkeit zu trauern«; München 1967, Seite 42.
6) ebenda; Seite 36.
7) Andreas Buro, zitiert nach: Otto, Karl A.; a.a.O.; Seite 185 ff.
8) siehe dazu auch: Rupp, Hans Karl; »Außerparlamentarische Opposition in der Ära Adenauer«; Köln 1970.
9) Otto, Karl A.; a.a.O.; Seite 150.
10) Ruffmann, Karl-Heinz; »Sowjetrußland 1917–1977«; München 1979 (8. Aufl.); Seite 251.
11) Fichter, Tilman und Lönnendonker, Siegward; »Freie Universität Berlin«; Bd. 3; Seite 37; die Chronik der Freien Universität Berlin, die mittlerweile in fünf Bänden vorliegt, ist wohl die umfassendste Quellensammlung für diejenigen, die sich mit der APO und den Studentenunruhen – nicht nur in Berlin – beschäftigen wollen; im folgenden wird der bibliographische Hinweis mit Fi/Lö; »FU« abgekürzt.
12) Borowsky, Peter; »Deutschland 1963–1969«; Hannover 1983, S. 10.

13) ebda; Seite 12.
14) Hofmann, Werner u. Maus, Heinz (Hg.); »Notstandsordnung und Gesellschaft in der Bundesrepublik«; Reinbek 1967; Seite 148.
15) siehe dazu auch: Lilge, Herbert (Hg.); »Deutschland 1945–1963«; Hannover 1967, Seite 315.
16) Fi/Lö; »FU«; Band 3; Seite 48.
17) zit. nach: Borowsky, Peter; a.a.O.; Seite 7.
18) Fichter, Tilman und Lönnendonker, Siegward; »Kleine Geschichte des SDS«; Berlin 1977; Seite 55. Diese Publikation wird im folgenden abgekürzt Fi/Lö; »SDS«.
19) Fi/Lö; »SDS«; Seite 15. Die in diesem Abschnitt beschriebene Trennung der SPD vom SDS beruht zudem auf der Darstellung der beiden Autoren.
20) Habermas, Jürgen u. a.; »Student und Politik«; Frankfurt 1967 (2. Auflage); Seite 252.
21) Fi/Lö; »SDS«; Seite 85.
22) Die Tageszeitung; 1. April 1987.
23) Das Interview mit Helmut Schauer habe ich am 1. Juli 1987 in Frankfurt geführt.
24) Urs Müller-Pantenberg habe ich am 23. September 1987 in Berlin interviewt.
25) zit. nach: Fi/Lö; »SDS«; Seite 76 f.
26) Siegward Lönnendonker habe ich am 22. September 1987 im APO-Archiv besucht.
27) Fi/Lö; »SDS«; Seite 82.
28) siehe dazu auch: Miermeister, Jürgen; »Rudi Dutschke«; Reinbek 1986; Seite 46.
29) zit. nach: Chaussy, Ulrich; a.a.O.; Seite 38.
30) siehe dazu auch: ebda; Seite 56. Die Proteste gegen Tschombé werden auch bei Fi/Lö »FU« und »SDS« geschildert.
31) dokumentiert bei: Fi/Lö; »FU«, Band 4; Seite 9 f.
32) Mit Klaus Meschkat habe ich am 21. Oktober 1987 in Hannover gesprochen. Dieses und alle weiteren Zitate entstammen dem Interview.
33) Bergmann, Uwe, in: Bergmann, Dutschke, Lefèvre, Rabehl; »Rebellion der Studenten«; Reinbek 1968; Seite 18.
34) Baumann, Michael; »Wie alles anfing«; Duisburg 1986 (3. Auflage); Seite 14 f.
35) zit. nach: Fi/Lö; »FU«; Band 4, Seite 333.
36) Zinn, Howard; a.a.O.; Seite 463.
37) ebda; Seite 461; eigene Übersetzung.
38) Halberstam, David; »Vietnam oder wird der Dschungel entlaubt?«; Reinbek 1965; Seite 198.

39) Horlemann, Jürgen und Gäng, Peter; »Vietnam – Genesis eines Konflikts«; Frankfurt 1966. Dieses Buch wurde, wie die Autoren selbst anmerken, wesentlich durch den Berliner SDS unterstützt.
40) Fi/Lö; »FU«; Band 4; Seite 59.
41) beide Zitate wurden entnommen: Rolke, Lothar; »Protestbewegungen in der Bundesrepublik«; Opladen 1987; Seite 257 bzw. 242.
42) Chaussy, Ulrich; a.a.O.; Seite 144.


## III. Das Ende im Anfang

1) zit. nach: Fi/Lö; »FU«; Band 5; Seite 192 f.
2) siehe auch: Aust, Stefan; »Der Baader-Meinhof-Komplex«; Hamburg 1985; Seite 314.
3) Das Interview mit Christian Arndt habe ich am 29. Oktober 1987 in Hamburg-St. Pauli geführt.
4) Peter Wapnewski in DIE ZEIT; 24/67; 16. Juni 1967; zit. nach: Bauß, Gerhard; »Die Studentenbewegung der 60er Jahre«; Köln 1977; Seite 66.
5) ebda.; Seite 65.
6) Das Interview mit Knut Nevermann fand am 15. September 1987 in Soest statt.
7) nach: Albertz, Heinrich; »Blumen für Stukenbrock«; Stuttgart 1981; zit. nach Chaussy; a.a.O.; Seite 147. Heinrich Albertz ließ sich trotz mehrfacher Versuche aus Zeitgründen nicht für ein Interview gewinnen.
8) nach: Andreas Juhnke, in: TEMPO; »Der Tag, der Deutschland veränderte«; 6/87; Seite 28 ff. Ebenso die Angaben und Zitate über und von Duensing und Kurras.
9) entnommen einem Informationsheft über das Landesinstitut, das Knut Nevermann mir freundlicherweise zur Verfügung gestellt hat.
10) Der Artikel von Knut Nevermann wurde mir von ihm als Typoskript übergeben.
11) Der Kongreß »Bedingungen und Organisation des Widerstandes« ist vollständig dokumentiert in der »Voltaire-Flugschrift Nr. 12«, herausgegeben von Bernward Vesper; Berlin 1967. Das Habermas-Zitat ist auf Seite 47 zu finden.
12) Die Überlieferung dieses Ausspruches ist ungenau. Diese Version hält sich an Mosler, Peter; »Was wir wollten, was wir wurden«; Reinbek 1977; Seite 268. In einer Sendung des WDR II vom 27.11.1987 heißt es: »Was geht mich Sozialismus an ...«
13) Fi/Lö; »SDS«; Seite 103.
14) Klaus Leggewie; »Zeitzeichen«; WDR II; 27.11.1987.
15) siehe auch: DIE ZEIT; Heft 32/87; 31. Juli 1987.

16) Der Redebeitrag von Rainer Langhans ist nachzulesen in: Schauer, Helmut (Hg.); a.a.O.; Seite 84 ff.
17) Kommune 2; »Versuch der Revolutionierung des bürgerlichen Individuums«; Berlin 1969; Seite 274.
18) nach: Aust, Stefan; a.a.O.; Seite 133. Darin auch die Schilderung der Todesnacht in Stammheim auf Seite 9 ff.
19) nachzulesen in: Marcuse, Herbert; »Das Ende der Utopie«; Berlin 1967. In dem Band sind sämtliche Reden und Diskussionsbeiträge der vier Veranstaltungen vom 10. bis zum 13. Juli 1967 abgedruckt.
20) DER SPIEGEL; 29/67; 10. Juli 1967.
21) Fi/Lö; »FU«; Band 5, Seite 51.
22) Fi/Lö; »SDS«, Seite 118.
23) ebda.; Seite 122.
24) etwa Bernd Rabehl in einem SPIEGEL-Interview vom 22. April 1968.
25) Tilman Fichter und Siegward Lönnendonker in: Ruetz, Michael; »Ihr müßt diesen Typen nur in die Augen sehen«; Berlin 1980; Seite 167.
26) Das Interview mit Rolf Vieten führte ich am 29. Juni 1987 in Göttingen.
27) zit. nach einer Meldung von Radio FFN vom 16.10.1987.
28) Der SHB-Antrag, in dem das Verhältnis zum SDS geklärt wird, wurde mir freundlicherweise von Herrn Rainer Linke von der Bildungseinrichtung der Grünen, »Umdenken e. V.«, zur Verfügung gestellt.
29) Interview mit Gert-Hinnerk Behlmer in Hamburg am 22. Juni 1987.
30) siehe dazu auch: Duve, Freimut (Hg.); »Der Thesenstreit um ›Stamokap‹«; Reinbek 1973.
31) Jürgen Leinemann; »Mit fremden Muskeln Gewichte gehoben«; in DER SPIEGEL; 52/87; Seite 26.
32) Das Interview mit Detlev Albers fand am 1. September 1987 in Hamburg statt.


**IV. Ziele im Nebel**

1) Dutschke, Rudi; »Mein Langer Marsch«; a.a.O.; Seite 86.
2) Fi/Lö; »FU«; Band 5, Seite 115.
3) nachzulesen in: »Die Linke antwortet Jürgen Habermas«; Frankfurt 1968; Seite 11 f. Habermas' Thesen werden in dieser Aufsatzsammlung von Vertretern der APO-Revolte, u. a. von Klaus Meschkat, Oskar Negt, Helmut Schauer, erwidert.
4) siehe dazu: Langguth, Gerd; »Die Entwicklung der Protestbewegung in der Bundesrepublik 1968–1975«; Dissertation der Phil. Fa-

kultät der Rheinischen Friedrich-Wilhelms-Universität; 1975; Seite 65 ff.
5) Wilfert, Otto (Hg.); »Lästige Linke – ein Überblick über die außerparlamentarische Opposition ...«; Mainz 1968; Seite 89 ff.
6) Otto, Karl A.; a.a.O.; Seite 172 ff.
7) siehe dazu auch: Fi/Lö; »SDS«; Seite 143.
8) Interview mit Oskar Negt vom 21. Oktober 1987 in Hannover.
9) Negt, Oskar; »Radikaler als die Studenten 1968«; a.a.O.
10) Negt, Oskar, in: »Die Linke antwortet Jürgen Habermas«; a.a.O.; Seite 17.
11) Die Rede von Oskar Negt beim Frankfurter SDS-Treffen ist nachzulesen in: Schauer, Helmut; a.a.O.; Seite 158 ff.
12) Aust, Stefan; a.a.O.; Seite 592.
13) Der Bekennerinnenbrief der »Roten Zora« wurde abgedruckt in: »Die Tageszeitung«; 18. August 1987; Seite 4.
14) nachzulesen in einem SPIEGEL-Gespräch mit drei Autonomen, die sich selbst Clara, Hugo und Gurke nannten; SPIEGEL 36/86; Seite 40; Zitat stammt von »Hugo«.
15) Horst Mahler in: »Verständnis selbst für Herrn Zimmermann«; SPIEGEL-Gespräch; 50/87; Seite 52 ff.
16) DER SPIEGEL; »Die Deutschen sind irrsinnig geworden«; 36/87; Seite 106 ff. Dort auch das Zitat von Helmut Schmidt.
17) Langguth, Gerd; a.a.O.; Seite 72.
18) Schwarzer, Alice; »So fing es an – Die neue Frauenbewegung«; München 1983; Seite 13.
19) Marcuse, Herbert; »Das Ende der Utopie«; a.a.O.; Seite 14.
20) aus: Lassahn, Bernhard und Modick, Klaus (Hg.); »Man müßte nochmal 20 sein – oder doch lieber nicht?«; Reinbek 1987; Seite 116.
21) Das Interview mit Claus Peter Müller-Thurau wurde am 24. August 1987 in Hamburg aufgenommen.
22) Das Gespräch mit Doris Henning wurde am 17. Juni in Hamburg aufgezeichnet.
23) Die Schilderung der Deutschland-Reise beruht auf einem eigenen Interview mit Jürgen Treulieb vom 25. August 1987 in Osnabrück.
24) ebda.; siehe dazu auch: Chaussy; a.a.O.; Seite 261 f., der sich auf die gleiche Quelle beruft.
25) Mit Helmut D. Gollwitzer habe ich am 17. Juli 1987 in Berlin gesprochen.

## V. Früchte eines kollektiven Lernprozesses?

1) Das Gespräch mit Jutta Oesterle-Schwerin wurde am 2. Februar 1988 in Bonn aufgenommen.
2) siehe dazu: Schwarzer, Alice; a.a.O.; Seite 54.

3) Lottemi Doormann; »Die neue Frauenbewegung – Zur Entwicklung von 1968 bis Anfang der 80er Jahre«; in: Hervé, Florence (Hg.); »Geschichte der deutschen Frauenbewegung«; Köln 1987; Seite 260.
4) FRANKFURTER RUNDSCHAU; 3.10.1983.
5) Das Gespräch mit Helmuth Prieß habe ich am 4. Juni 1987 in Swisttal-Heimerzheim geführt.
6) zit. nach: »Wehrkraftzersetzung« – Fritz J. Raddatz im Gespräch mit Heinrich Böll; DIE ZEIT; 10/84; Seite 43.
7) Das Interview mit Ellis Huber wurde am 23. September 1987 in Berlin geführt.
8) SÜDDEUTSCHE ZEITUNG; 16./17. Mai 1987; Seite 3.
9) ebda.
10) Das Protokoll der Veranstaltung wurde mir freundlicherweise vom Arbeitskreis »Hamburger Signal« übergeben.
11) Das Zitat ist einem eigenen Interview entnommen, das ich am 5. Juni 1987 mit Michael Horn in Hamburg geführt habe.
12) Basiert auf einem eigenen Interview mit Dorothea Schiefer vom 13. August 1987.

## VI. Das Dilemma der Angekommenen

1) Noelle-Neumann, Elisabeth und Köcher, Renate; »Die verletzte Nation«; Stuttgart 1987; Seite 290.
2) ebda.; Seite 304.
3) Das Zitat von Ministerpräsident Hans Filbinger entstammt einem Brief, den er am 9.1.1975 an die »Lieben Wyhler Bürger« richtete, nachzulesen bei: Nössler, Bernd und de Witt, Margret (Hg.); »Wyhl – Betroffene Bürger berichten«; Freiburg 1976; Seite 74.
4) Walter Moßmann; »Der lange Marsch von Wyhl nach Anderswo«; in: Kursbuch 50, Berlin 1977; Seite 3.
5) Trautwein, Ekkehard; »Bürgerinitiativen als gesellschaftspolitisches Problem – dargestellt am Beispiel Wyhl«; wissenschaftliche Arbeit an der Berufspädagogischen Hochschule Stuttgart, vorgelegt 1977; Seite 20. Die Arbeit wurde mir freundlicherweise von Frau Lore Haag von der Bürgerinitiative Wyhl zur Verfügung gestellt.
6) Cohn-Bendit, Daniel; »Wir haben sie so geliebt, die Revolution«; Frankfurt 1987; Seite 15.
7) ebda.; Seite 253.
8) Das Interview mit Daniel Cohn-Bendit habe ich am 5. Februar 1988 geführt.
9) Peter Schneider; »Im Todeskreis der Schuld«; in: DIE ZEIT; 14/87; Seite 65 f.
10) zit. nach: Aust, Stefan; a.a.O.; Seite 44.

11) ebda.; Seite 181.
12) basiert auf einem eigenen Interview, a.a.O.
13) siehe dazu auch: Knirsch, Hanspeter u. a. (Hg.); a.a.O.; Seite 12.
14) Das Interview mit Tilman Fichter habe ich am 27. Januar 1988 im Bonner Erich-Ollenhauer-Haus geführt.
15) zit. nach: Chaussy, Ulrich; a.a.O.; Seite 282.
16) Das Gespräch mit Rainer Trampert fand am 20. Januar 1988 im Bonner Bundeshaus am Tulpenfeld statt.
17) Mit Wolfgang Lefèvre traf ich mich am 21. September 1987 in Berlin.

## VII. Zeittafel

Die vorliegende Chronologie wurde überwiegend aus folgenden Werken zusammengestellt:
Borowsky, Peter; a.a.O.; Seite 185 ff.
Duve, Freimut (Hg.); »Aufbrüche – Die Chronik der Republik«; a.a.O.; Seite 751 ff.
Mosler, Peter; a.a.O.; Seite 249 ff. Der chronologische Anhang in diesem Buch wurde von Wolfgang Kraushaar zusammengestellt.

# Register

Abendroth, Wolfgang 52, 73, 130
Adenauer, Konrad 51, 218, 224
Adorno, Theodor W. 66
Ahlers, Conrad 51
Albers, Detlev 122, 126, 225
Albertz, Heinrich 44, 87, 95, 223, 225
Anderson, Judy 164
Apel, Hans 97
Armstrong, Neil 229
Arndt, Christian 90, 99
Augstein, Rudolf 51, 217
Aust, Stefan 140

Baader, Andreas 107, 201, 230
Bachmann, Josef 112, 227, 230
Bahro, Rudolf 206
Baldeney, Christopher 66
Baumann, Michael 71
Behlmer, Gert-Hinnerk 119, 123, 129, 225
Benneter, Klaus-Uwe 126
Bense, Max 73
Bergmann, Uwe 70
Blanke, Bernhard 110
Bloch, Ernst 133, 139
Böckelmann, Frank 66, 219
Böll, Heinrich 170
Bölling, Klaus 141
Bonhoeffer, Dietrich 91
Boock, Peter-Jürgen 142, 200
Bookhagen, Christl 102
Brandt, Willy 29, 67, 80, 84, 135, 203, 218, 230

Braunmühl, Gerold von 198
Brownmiller, Susan 193
Buback, Siegfried 201
Buro, Andreas 43, 48
Büsch, Wolfgang 95

Chaussy, Ulrich 87
Che Guevara, Ernesto 81, 111, 148, 225
Chruschtschow, Nikita 52, 219
Cohn-Bendit, Daniel 12, 130, 193, 194, 206, 228

Dahrendorf, Ralf 18, 149, 176
Diem, Ngo Dinh 75, 216
Döpfner, Julius 67
Drenkmann, Günter von 201
Dubcek, Alexander 135, 226
Duensing, Erich 96
Dutschke, Rudi 17, 37, 50, 65, 68, 80, 81, 84, 99, 101, 111, 148, 152, 154, 176, 202, 206, 220, 222, 223, 226, 227
Dutschke-Klotz, Gretchen 158

Ensslin, Gudrun 107, 201, 231
Enzensberger, Hans Magnus 220
Erhard, Ludwig 51, 218, 221

Fichter, Tilman 12, 62, 203
Fischer, Joschka 19, 193
Frings, Klaus 112
Fuchs, Anke 95

Gäng, Peter 76
Gaschè, Rudolph 66
Gatter, Peter 164
Gaus, Günter 111
Genscher, Hans-Dietrich 29
Göbel, Wolfgang 211
Gollwitzer, Brigitte 154
Gollwitzer, Helmut 44, 89, 158, 187, 201
Goppel, Alfons 67
Grass, Günter 169
Grothe, Ernst 24, 41
Gruhl, Herbert 206
Gustmann, Hartmut 12

Haag, Loore 200
Habermas, Jürgen 100, 134, 202, 228
Halberstam, David 76
Hameister, Hans-Joachim 101
Heinemann, Gustav 84, 154, 229
Hemmer, Heike 102
Henning, Doris 148
Hentig, Hartmut von 73
Höcherl, Hermann 217
Hochhuth, Rolf 218
Hoffmann, Abbie 193, 226
Hoffmann, Werner 130
Horkheimer, Max 66
Horlemann, Jürgen 76, 80
Horn, Michael 183
Huber, Ellis 175
Humphrey, Hubert 85, 223

Ihns, Marion 164

Jens, Walter 21

Johnson, Lyndon B. 76, 218
Jungk, Robert 21, 44

Kennedy, John Fitzgerald 50, 215, 218
Kiesinger, Kurt Georg 84, 223, 228
King, Martin Luther 227
Klarsfeld, Beate 225
Klein, Joachim 193
Kleinert, Hubert 206
Köcher, Renate 186
Krahl, Hans Jürgen 134, 143, 165, 230
Krippendorf, Ekkehart 16, 41, 70
Kuby, Erich 69, 220
Kunzelmann, Dieter 66, 101, 102, 106, 219, 222, 223
Kurras, Karl-Heinz 13, 90, 96, 225

Langhans, Rainer 12, 101, 106, 223
Lefèvre, Wolfgang 73, 210
Lenk, Elisabeth 62
Lönnendonker, Siegward 62, 71, 73, 76, 102, 203
Lorenz, Peter 90
Lübke, Heinrich 219
Lumumba, Patrice 66, 215

Mahler, Horst 89, 133, 141, 225
Malcolm X 75, 220
Marcuse, Herbert 66, 110, 143, 222, 225
McBundy, George 76
McNamara, Robert 76

Mechtersheimer, Alfred 169
Meinhof, Ulrike 211, 229, 231
Meins, Holger 226
Meschkat, Klaus 68, 81, 99
Miermeister, Jürgen 158
Minh, Ho Chi 75, 81, 111, 230
Mitscherlich, Alexander 47
Moßmann, Walter 191
Müller-Plantenberg, Urs 58
Müller-Thurau, Claus Peter 144

Negt, Oskar 12, 14, 83, 135
Neill, Alexander Sutherland 13, 147
Nevermann, Knut 72, 95, 101
Nevermann, Paul 95
Nirumand, Bahman 224
Nixon, Richard M. 229
Noelle-Neumann, Elisabeth 186
Nössler, Bernd 190

Oesterle-Schwerin, Jutta 163
Ohnesorg, Benno 13, 15, 87, 89, 159, 201, 224
Ohnesorg, Christa 95
Ossietzky, Carl von 51
Otto, Karl A. 17

Pahlevi, Reza 87, 224
Panzer, Ulf 40
Passauer, Michael 32, 41
Pol Pot 81
Ponto, Jürgen 142, 201
Prieß, Helmuth 169

Rabehl, Bernd 12, 68, 80, 101, 220, 222

Raspe, Jan-Carl 102, 107, 201
Reich, Wilhelm 137
Röhl, Klaus Rainer 229
Rolling Stones 70, 220
Rosenthal, Hans 111
Roth, Karl-Heinz 26
Rubin, Jerry 193, 226
Rüger, Sigrid 143, 164, 228
Russell, Bertrand 222

Salvatore, Gaston 81
Scharrer, Manfred 152
Schauer, Helmut 54, 99
Schiller, Karl 84
Schleyer, Hanns Martin 140, 201
Schmid, Norbert 29
Schmidt, Helmut 52, 142
Schmiederer, Ursula 12
Schmücker, Ulrich 201
Schneider, Peter 198, 200
Schoner, Herbert 29
Schreck, Rüdiger 112
Schröder, Gerhard 50, 215
Schumacher, Kurt 53
Schwarzer, Alice 189
Semler, Christian 193
Sölle, Dorothee 44
Springer, Axel 111, 145
Stergar, Marion 102
Strauß, Franz Josef 51, 217
Strecker, Reinhard 52, 74

Teufel, Fritz 90, 101, 106, 223, 225
The Beatles 218
Trampert, Rainer 207
Traube, Klaus 44
Trautwein, Ekkehard 192

Treulieb, Jürgen 152, 155, 191
Truman, Harry S. 46
Tschombé, Moise 66, 215, 219

Vack, Klaus 44
Vieten, Rolf 113
Vollmer, Antje 12

Wehner, Herbert 84
Weizsäcker, Carl Friedrich von 186
Wolff, Frank 110, 187
Wolff, Karl-Dietrich 110, 187
Woodstock-Festival 230

**Heyne Report...**

## Nicht alle müssen hungern, aber arm sind sie alle

Wer keine Arbeit hat, wer von der Sozialhilfe oder von einer kleinen Rente leben muß, ist im Vergleich zu der übrigen Bevölkerung arm. Es ist eine stille Armut, die die Seele kaputtmacht, sich ins Blut hineinfrißt und langsam wie eine heimtückische Krankheit die Persönlichkeit und den Körper zerstört. Die Sozialleistungen des Staates können den Hunger verhindern, nicht aber die Armut und den sozialen Abstieg der Betroffenen.

*Dieser Report schildert anhand vieler Beispiele und Aussagen die Folgen der Neuen Armut vor allem in der Bundesrepublik Deutschland.*

Anton Kovacic:
**Suppe genug, aber Seele kaputt**
Die Neue Armut in
der Industriegesellschaft
Originalausgabe
10/10 - DM 7,80

**Wilhelm Heyne Verlag München**

# Heyne Report...

## »Ich habe dem deutschen Volk meinen Dienst aufgekündigt.«

Eine junge Jüdin, nach dem Krieg in Deutschland geboren, verläßt im Jahr 1979 die Bundesrepublik – und geht nach Israel. Sie ist mit deutschen Kindern zur Schule gegangen, hat mit deutschen Kommilitonen studiert, schließlich fünf Jahre lang deutsche Schulkinder unterrichtet. Die Fülle ihrer Erfahrungen faßt sie in einem Satz zusammen: »Dies ist nicht mein Land«. *Lea Fleischmann klagt an, »sehr subjektiv und sehr emotionsgeladen. Ihre Betroffenheit macht sie einseitig und glaubwürdig zugleich«.*

*Süddeutsche Zeitung*

Lea Fleischmann:
**Dies ist nicht mein Land**
Eine Jüdin verläßt die Bundesrepublik
10/11 - DM 6,80

**Wilhelm Heyne Verlag München**

**HEYNE BÜCHER**

# Bewußter und verantwortlicher leben durch bessere Information und mehr Wissen.

Bechmann, Arnim
**Öko-Bilanz**
Anleitungen für eine neue Umweltpolitik
01/7289 – DM 10,80

Haaf, Günter
**Rettet die Natur**
01/7265 – DM 16,80

Hillary, Sir Edmund
**Zeitbombe Umwelt**
01/7283 – DM 19,80

Nachtigall, Werner
**Biostrategie**
Eine Überlebenschance für unsere Zivilisation
01/7278 – DM 9,80

Heinrich, Michael/ Schmidt, Andreas
**Atom-Atlas**
10/24 – DM 9,80

Vester, Frederic
**Bilanz einer Ver(w)irrung**
10/25 – DM 7,80

**Öko-Atlas Bundesrepublik Deutschland**
10/31 – DM 19,80

Aigner, Rosemarie/ Melzer, Elisabeth/ Seissler, Hanjo
**Die Strahlenschutz-Fibel**
08/9055 – DM 6,80

Thelen, Simon
**Umweltschutz im Alltag**
08/9010 – DM 7,80

Fischer, Claudia und Reinhold
**Mach mit!**
Aktiver Umweltschutz zuhause
08/9118 – DM 7,80

**Wilhelm Heyne Verlag München**

**Heyne Report...**

## Bundesrepublik Deutschland – gesundes Land??

Welche Regionen sind vom Waldsterben am stärksten betroffen? Wo fällt am meisten Müll an, und wie beseitigen wir ihn? Welche Krebsart ist wo die verbreitetste? Wo stehen die Atomkraftwerke?

Technischer und wirtschaftlicher Fortschritt und seine Begleiterscheinungen, Umweltkatastrophen und ihre Folgen verursachen in immer stärker werdendem Maße Unsicherheit und Unwissenheit in der Bevölkerung. Die unüberschaubare Informationsflut der Medien erschwert den Zugang zu Wesentlichem und Wissenswertem: Fragen bleiben offen. Auf diese gibt der **Öko-Atlas Bundesrepublik Deutschland** durch informative Karten und Tabellen, Übersichten und Statistiken eine anschauliche Antwort.

Bernhard Michalowski/
Gerhard Theato:
**Öko-Atlas
Bundesrepublik
Deutschland**
Originalausgabe
10/31 - DM 24,80

**Wilhelm Heyne Verlag München**